新版
消防刑法入門

消防大学校客員教授 **関　東一 著**

近代消防社　刊

新版に寄せて

　平成元年、消防刑法の入門書として、消防法令上の罰則規定の解説書を上梓して以来、20年以上の年月をけみしましたが、その間消防刑法の一般法である刑法の条文文体の改変のほか、消防法の改正による火災現場における情報提供拒否等の罪（法第25条第3項、法第42条第1項第11号）、防火対象物の使用禁止・停止等命令違反罪（法第5条の2第1項、法第39条の2の2）、防火対象物内の物件等に対する火災予防措置命令違反罪（法第5条の3第1項、法第41条第1項第1号）、点検虚偽表示罪（法第8条の2の2第3項、法第44条第3号）その他の犯罪の新設、従前の罰則規定における法定刑の全般的な引上げ、両罰規定の法定刑の引上げと両罰規定の対象となる犯罪の追加などの変せんがみられました。

　そこで、このような変せんを契機として本書の内容を見直し、必要な補正を行うとともに、新たに設けられた罰則規定等について解説し、より充実を図ることとしました。

　本書は、既刊の「火災予防違反処理の基礎」、「消防官のための刑事訴訟法入門」とあわせ、違反処理業務執行上の参考図書三部作として、また、消防大学校の教材として活用できるよう作成したものですが、各消防本部、消防署における違反処理業務あるいは消防学校における予防専科などの授業に少しでもお役に立てるところがあれば幸いです。

　なお、本書の編集等にあたっては、近代消防社社長三井栄志氏に大変お世話をいただきました。ここに記して厚くお礼を申し上げます。

　　平成22年3月春陽　　　　　　　　　　中成沢の小庵にて

　　　　　　　　　　　　　　　　　　　　　関　　東　一

目　次

新版に寄せて
凡　例

第1編　総　論

第1章　序　説

1	消防刑法の意義	15
2	消防法令違反と犯罪	16
3	消防法令違反と刑法総則との関係	17
4	消防刑法の機能（役割）	18
5	罪刑法定主義	18
6	消防刑法の効力（適用範囲）	20

第2章　犯罪の成立

1	犯罪の意義	23
2	行　為	25
3	構成要件該当性	26
4	違法性	41
5	責　任	48

第3章　犯罪の形態

1	総　説	98
2	共　犯	98
3	正犯と共犯の関係	99
4	共同正犯（共謀共同正犯）	101
5	教唆犯	104
6	幇助犯（従犯）	107

7	共犯と錯誤	109
8	共犯と身分犯	111
9	共犯と中止犯	112

第4章 罪数（犯罪の個数）

1	罪数の意義	113
2	本来の1罪（本来的1罪）	114
3	科刑上1罪	118
4	併合罪	122

第5章 刑　罰

1	刑罰の意義	127
2	刑罰の種類	127
3	刑罰の適用	130
4	刑の執行	137
5	刑罰権の消滅	141

第2編　各　論

第1章 消防施設の損壊等に関する罪

1	総　説	147
2	望楼、警鐘台の損壊・撤去罪（法第38条）	147
3	火災報知機、消火栓等の損壊・撤去罪（法第39条）	150
4	火災報知機等の濫用・使用妨害罪（法第44条第13号）	154
5	消防信号等の濫用罪（法第44条第14号）	157
6	指定消防水利の無届撤去等の罪（法第44条第15号）	158

第2章 危険物の漏出等に関する罪

1	故意による危険物の漏出等の罪（法第39条の2）	160
2	過失による危倹物の漏出等の罪（法第39条の3）	166
3	告発事例等	168

目　　　次

第3章	消防活動の妨害等に関する罪

1　総　説 176

2　消防車通過妨害罪（法第 40 条第 1 項第 1 号）................... 176

3　消防団員の消火活動等妨害罪（法第 40 条第 1 項第 2 号）.... 178

4　応急消火義務者等の消火活動等妨害罪

（法第 40 条第 1 項第 3 号）.. 179

5　2、3、4 の犯罪の刑罰 180

6　火災現場における情報提供拒否等の罪

（法第 42 条第 1 項第 11 号）.. 181

第4章	製造所等の体制等に関する罪

1　総　説 183

2　製造所等の無許可設置・変更の罪（法第 42 条第 1 項第 2 号）.. 184

3　完成検査前使用の罪（法第 42 条第 1 項第 3 号）............... 187

4　危険物保安監督者の選任義務違反罪

（法第 42 条第 1 項第 6 号）.. 188

5　定期点検記録の作成・保存義務違反罪（法第 44 条第 5 号）... 191

6　予防規程作成義務違反罪（法第 42 条第 1 項第 8 号）......... 192

第5章	危険物の貯蔵取扱いに関する罪

1　総　説 195

2　危険物の無許可貯蔵取扱違反罪（法第 41 条第 1 項第 3 号）... 195

3　製造所等における危険物の貯蔵取扱基準違反罪

（法第 43 条第 1 項第 1 号）.. 199

4　無資格者による危険物の取扱違反罪

（法第 42 条第 1 項第 7 号）.. 202

第6章	危険物の運搬・移送に関する罪

1　総　説 204

2　危険物の運搬基準違反罪（法第 43 条第 1 項第 2 号）......... 204

3	危険物取扱者同乗義務違反罪（法第 43 条第 1 項第 3 号）	207
4	危険物取扱者免状携帯義務違反罪（法第 44 条第 6 号）	209

第7章　公務執行拒否等に関する罪

1	総　説	211
2	立入検査拒否等の罪（法第 44 条第 2 号）	211
3	消防用設備等の設置検査拒否等の罪（法第 44 条第 4 号）	214
4	走行中の移動タンク貯蔵所に対する停止措置拒否等の罪 （法第 44 条第 7 号）	214
5	保安検査拒否等の罪（法第 44 条第 4 号）	215
6	消防の用に供する機械器具等の販売業者等の報告義務違反・ 検査拒否等の罪（法第 44 条第 16 号）	217
7	火災による被害状況調査拒否罪（法第 44 条第 22 号）	218

第8章　命令違反罪

1	総　説	219
2	屋外における火災予防等措置命令違反罪 （法第 3 条第 1 項、法第 44 条第 1 号）	220
3	防火対象物に係る資料提出命令・報告徴収違反罪 （法第 4 条第 1 項、法第 44 条第 2 号）	222
4	防火対象物に対する火災予防措置命令違反罪 （法第 5 条第 1 項、法第 39 条の 3 の 2 第 1 項）	223
5	防火管理者選任命令違反罪 （法第 8 条第 3 項、第 42 条第 1 項第 1 号）	224
6	防火管理業務適正執行命令違反罪 （法第 8 条第 4 項、法第 41 条第 1 項第 2 号）	226
7	製造所等の使用停止命令違反罪 （法第 12 条の 2、法第 42 条第 1 項第 4 号）	227
8	製造所等に対する緊急使用停止等命令違反罪 （法第 12 条の 3 第 1 項、法第 42 条第 1 項第 5 号）	228

目　　　　次

9　危険物取扱者免状返納命令違反罪

　　　（法第 13 条の 2 第 5 項、法第 44 条第 9 号）———— 229

10　予防規程変更命令違反罪

　　　（法第 14 条の 2 第 3 項、法第 42 条第 1 項第 8 号）———— 230

11　製造所等に対する応急措置命令違反罪（法第 16 条の 3 第 3 項・

　　　第 4 項、法第 42 条第 1 項第 9 号）———— 232

12　製造所等に係る資料提出命令・報告徴収違反罪

　　　（法第 16 条の 5 第 1 項、法第 44 条第 2 号）———— 233

13　消防用設備等・特殊消防用設備等の設置・維持命令違反罪

　　　（法第 17 条の 4 第 1 項・第 2 項、第 41 条第 1 項第 5 号、

　　　法第 44 条第 12 号）———— 234

14　消防設備士免状返納命令違反罪（法第 7 条の 7 第 2 項において

　　　準用する法第 13 条の 2 第 5 項、法第 44 条第 9 号）———— 238

15　火災警戒区域における火気使用の禁止・退去命令等違反罪

　　　（法第 23 条の 2 第 1 項、第 44 条第 19 号）———— 239

16　消防警戒区域からの退去命令等違反罪

　　　（法第 28 条第 1 項・第 2 項、第 44 条第 21 号）———— 240

第9章　消防の用に供する機械器具等の違法販売等に関する罪

1　総　説———— 242

2　検定対象機械器具等の違法販売等の罪（法第 43 条の 4）———— 242

3　自主表示対象機械器具等の違法販売等の罪（法第 43 条の 4）—— 244

第10章　不正・虚偽表示に関する罪

1　総　説———— 247

2　防炎対象物品に係る不正防炎表示罪（法第 44 条第 3 号）———— 247

3　検定対象機械器具等に係る個別検定合格不正表示罪

　　　（法第 44 条第 3 号）———— 249

4　自主表示対象機械器具等に係る規格適合不正表示罪

　　　（法第 44 条第 3 号）———— 249

5	自主表示対象機械器具等に係る不正表示除去・消印命令違反罪	
	（法第 44 条第 17 号）	250

第11章　虚偽通報に関する罪

1	総　説	251
2	製造所等の事故に係る虚偽通報罪（法第 44 条第 10 号）	251
3	火災の発生または傷病者に係る虚偽通報罪	
	（法第 44 条第 20 号）	252

第12章　各種届出等義務違反罪

1	総　説	254
2	防火管理者の選・解任届出義務違反罪（法第 44 条第 8 号）	254
3	圧縮アセチレンガス等の貯蔵・取扱いに係る届出義務違反罪	
	（法第 44 条第 8 号）	256
4	製造所等の譲渡・引渡届出義務違反罪（法第 44 条第 8 号）	259
5	危険物の品名、数量等の変更届出義務違反罪	
	（法第 44 条第 8 号）	260
6	製造所等の用途廃止届出義務違反罪（法第 44 条第 8 号）	263
7	危険物保安統括管理者の選・解任届出義務違反罪	
	（法第 44 条第 8 号）	264
8	危険物保安監督者の選・解任届出義務違反罪	
	（法第 44 条第 8 号）	265
9	消防用設備等の設置届出義務違反罪（法第 44 条第 8 号）	266
10	消防用設備等の点検・報告義務違反罪（法第 44 条第 11 号）	268
11	消防用設備等の着工届出義務違反罪（法第 44 条第 8 号）	270

第13章　指定試験機関に関する罪

1	総　説	272
2	守秘義務違反罪（法第 41 条の 2）	272
3	試験事務停止命令違反罪（法第 41 条の 3）	273

目　　　　次

	4	帳簿備付等義務違反罪（法第43条の2第1号）	274
	5	報告懈怠・立入検査拒否等の罪（法第43条の2第2号）	275
	6	無許可試験事務廃止罪（法第43条の2第3号）	276

第14章　指定検定機関に関する罪

	1	総　説	277
	2	守秘義務違反罪（法第41条の5）	277
	3	検定等業務停止命令違反罪（法第41条の6）	278
	4	帳簿備付等義務違反罪（法第43条の5第1号）	279
	5	報告の懈怠・立入検査拒否等の罪 （法第43条の5第2号）	280
	6	無許可業務廃止罪（法第43条の5第3号）	281

第15章　危険物保安技術協会・日本消防検定協会に関する罪

	1	総　説	283
	2	守秘義務違反罪（法第41条の4）	283
	3	報告懈怠・立入検査拒否等の罪（法第43条の3）	284

第16章　その他の罪

	1	映写室の構造等違反罪（法第41条第1項第4号）	286
	2	無資格者による消防用設備等の設置等の罪 （法第42条第1項第10号）	287
	3	火災警報発令時等の火気使用制限違反罪（法第44条第18号）	289

第17章　火災予防条例違反罪

	1	総　説	292
	2	少量危険物取扱基準違反罪（条例第49条第1号・2号）	292
	3	指定可燃物貯蔵取扱基準違反罪（条例第49条第3号）	294

第18章　両罰規定

| | 1 | 両罰規定の意義 | 296 |

	2	法人処罰の根拠（法意）	296
	3	両罰規定における事業主に対する刑罰	297
	4	両罰規定と公訴時効	297
	5	消防刑法上の両罰規定	297

第19章　追　補

1　総　説 300

2　防火対象物の使用禁止・停止等命令違反罪
　　（法第5条の2第1項、法第39条の2の2） 300

3　防火対象物内の物件等に対する火災予防措置命令違反罪
　　（法第5条の3第1項、法第41条第1項第1号） 303

4　防火対象物の点検報告義務違反罪
　　（法第8条の2の2第1項、法第44条第11号） 304

5　点検虚偽表示罪
　　（法第8条の2の2第3項、法第44条第3号） 305

6　点検虚偽表示除法・消印命令違反罪
　　（法第第8条の2の2第4項、法第44条第17号） 306

7　特例認定虚偽表示罪
　　（法第8条の2の3第8項、法第44条第3号） 307

8　特例認定虚偽表示除去・消印命令違反罪
　　（法第8条の2の3第8項、法第44条第17号） 307

参考文献 / 309

索　引 / 311

凡　例

法 令 名 等 の 略 語
（文中の（　　　）内に使用される場合）

法	消防法
政　　令	消防法施行令
規　　則	消防法施行規則
危 政 令	危険物の規制に関する政令
危　　則	危険物の規制に関する規則
条例（例）	火災予防条例（例）
刑 訴 法	刑事訴訟法
大　　判	大審院判決
最　　判	最高裁判所判決
最　　決	最高裁判所決定
高　　判	高等裁判所判決
地　　判	地方裁判所判決

第1編

総　　論

第1章　序　説

第2章　犯罪の成立

第3章　犯罪の形態

第4章　罪数（犯罪の個数）

第5章　刑　罰

第1編　総　　論

第1章　序　　説

1 消防刑法の意義

　「消防刑法」というのは、学問上の用語で、実務上、一般に用いられている用語ではありませんが、消防法令上の罰則規定、すなわち、消防法および火災予防条例上の犯罪と刑罰を定めたものを総称したものです。たとえば、消防法第41条第1項第1号の「第5条の3第1項の規定による命令に違反した」ことが犯罪にあたり、同項柱書の「1年以下の懲役又は100万円以下の罰金」が刑罰にあたります。同様に火災予防条例（昭和37年3月東京都条例65号）第66条第2号の「第31条の規定に違反した」ことが犯罪にあたり、同条柱書の30万円以下の罰金」が刑罰にあたるわけです。

　通常、刑法典（明治40年法律第45号）のことを刑法または普通刑法・一般刑法などと呼び、刑法典以外の行政法規において犯罪と刑罰を定めたものを総称して、学問上行政刑法または特別刑法といいますが、このような行政刑法のうち、消防固有の犯罪と刑罰を定めたものを特に「消防刑法」と呼びます（**図1**参照）。これに類似する概念としては、「経済刑法」、「防衛刑法」、「労働刑法」などがあります。

　なお、行政法規上の義務違反に対し制裁として科される罰を学問上行政罰といいますが、このうち、刑法に刑名のある刑罰を科す場合を行政刑罰といい、過料を科す場合を行政上の秩序罰といいます（**図2**参照）。

15

第1編　総　論

図1　行政刑法（特別刑法）

図2　行政罰

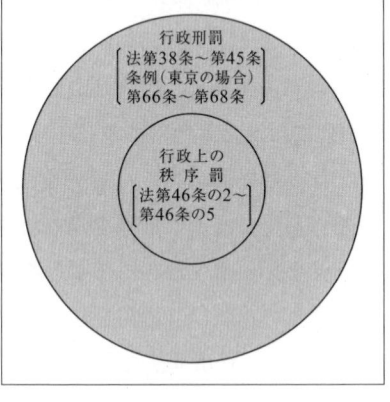

図3　消防法令違反

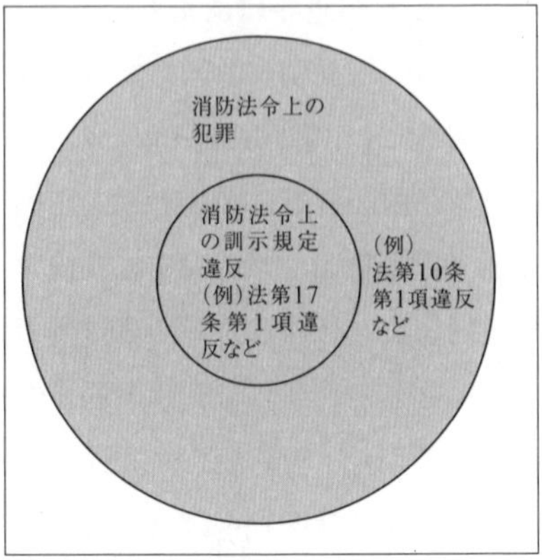

2　消防法令違反と犯罪

　消防法令違反とは、消防法、消防法施行令、危険物の規制に関する政令、消防法施行規則、危険物の規制に関する規則、火災予防条例などの法令上の義務規定、すなわち、作為義務規定（○○しなければならない。＝法第8条第1項、第11条第1項、第13条第1項、第17条第1項の規定など）

16

第1章　序　説

や不作為義務規定（○○してはならない。＝法第10条第1項、第13条第3項、第17条の第5の規定など）に違反する場合および消防法に基づく命令に違反する場合をいい、罰則が担保されているか否かを問いません。

これに対し、犯罪とは、消防法令違反のうち、罰則の担保のあるものを指します。たとえば、消防法第5条命令違反、危険物の無許可貯蔵・取扱い（法第10条第1項）、製造所等の無許可設置・変更（法第11条第1項）、危険物保安監督者の未選任（法第13条第1項）など多くの例がみられます。

このように、消防法令違反と犯罪とを比較した場合、前者の方が広い概念ということができましょう。

なお、消防法令違反のうち、犯罪となるものを学問上あるいは捜査機関の実務上、消防法令違反罪（消防法違反罪または火災予防条例違反罪）と呼ばれることがあります。

以上のような消防法令違反と犯罪の関係を図示すると、**図3**のとおりです。

3　消防法令違反と刑法総則との関係

刑法第8条は、「この編の規定は、他の法令の罪についても、適用する。ただし、その法令に特別の規定があるときは、この限りでない。」と規定し、他の法規に対する刑法総則（第1編、第1章ないし第13章）の適用関係を明示していますが、消防法令中の罰則規定は、ここにいう「他の法令の罪」に該当し、また、消防法令には、刑法総則の適用を除外する旨の特別の規定がありません。

したがって、刑法総則は、消防法令の罰則規定にもろに適用されることになるわけです。

17

第1編 総　論

4 消防刑法の機能（役割）

　消防刑法は、すでに説明したように、消防法令において、消防目的を達成するため種々の義務を課し、一定の義務違反に対して罰則を設けています。このような仕組みから、消防刑法も、一般刑法と同様に次のような3つの機能をもっています。

1　規制的（抑制的）機能

　消防法令上の一定の義務に違反する行為に対し、一定の刑罰を科する旨の規定を設ける結果、法令の適用を受ける者に対しこれらの違反行為（犯罪）をしてはならないという規制的（抑制的）機能をもっています。

2　保護的機能

　消防法令上の一定の義務に違反する行為に対し、一定の刑罰を科する旨の規定を置くことにより、安寧秩序や社会公共の安全が侵害されたり、危険にさらされることのないよう保護する機能をもっています。

3　保障的機能

　消防刑法は、規制的な機能や保護的な機能によって、消防法令の履行の確保と社会公共の安全を図っているわけですが、副次的には、消防法令に違反する行為であっても、罰則規定に抵触しない限り犯罪として処罰されることがないという点において、消防法令違反者に対し、一種の保障機能をもっているともいえましょう。

5 罪刑法定主義

1　罪刑法定主義の意義

　罪刑法定主義というのは、どのような行為が犯罪とされるのか、また、犯罪とされた行為に対しどのような刑罰が科せられるのかについては、あらかじめ、法律（一定の刑罰を設けることについて法律の委任を受けた政令および条例を含む。以下同じ）において明らかに定めておかなければならないと

いう考え方ですが、一般に、「法律がなければ犯罪なく、法律がなければ刑罰もない」という言葉で簡潔にいい表されています。

　日本国憲法は、第31条において、「何人も、法律の定める手続きによらなければ、その生命若しくは自由を奪われ、又はその他の刑罰を科せられない。」と定め、また第39条前段に、「何人も、実行の時に適法であった行為……については、刑事上の責任を問われない。」としているのは、罪刑法定主義を宣言したものです。

2　罪刑法定主義の内容

　罪刑法定主義の考え方から、一般に次のような原則が導き出されるとされています。

(1)　慣習法禁止の原則

　罪刑法定主義によれば、すでに説明したように犯罪と刑罰は、法律の明文で定めておかなければなりませんが、ここにいう法律というのは、いうまでもなく、国会で制定された法律という名前の法を意味します。ところが、慣習法というのは、社会において、繰り返し行われる一定の慣習(慣行)が人々によって一つの規範として認められるようになった場合に成立するもので法律ではありません。

　したがって、慣習法によって処罰することは禁じられることになります。このような慣習法で処罰されることになりますと、人々は、あらかじめ、慣習法上の罪と刑を明確に知ることができず、人権尊重のうえから極めて不都合なことになるわけです。しかし、消防刑法の場合、慣習法による刑罰が問題となることは、皆無といってよいでしょう。

(2)　そ及処罰禁止（刑罰不そ及）の原則

　罪刑法定主義は、何人も実行の時に存在する法律によってでなければ処罰されないことを意味します。したがって、実行の時に適法であった行為について、その後の法律によって犯罪として処罰することができません。

　憲法第39条が「何人も、実行の時に適法であった行為又は既に無罪とされた行為については、刑事上の責任を問われない。」と規定しているのは、

第1編　総　論

このことを指しています。

　また、罪刑法定主義は、単に実行のときに、適法であった行為が、その後制定または改正された法律によって処罰されることがないというだけのことではなく、実行のときに犯罪とされた行為について、その後制定または改正された法律によって刑を加重することも許されないことを意味するとされています。

(3) 類推解釈の禁止

　類推解釈というのは、ある事項について直接適用される法律の規定がないのに、その事項と類似する事項を規定する他の法規を適用することです。このことは、罪刑法定主義から当然に許されないことですが、法文の意味を法律の趣旨に照らして合理的に拡張すること、すなわち拡張解釈は許されるとされています。

(4) 絶対不定期刑の禁止

　罪刑法定主義は、犯罪だけでなく、刑罰についても法定すべきことを要求しています。したがって、単に処罰するというだけで、どのような刑罰を科すのか具体的に定めていない絶対不定期刑は当然に禁止されています。ただし、刑期の長期と短期を定めている相対的不定期刑は許されます。

6　消防刑法の効力（適用範囲）

　消防刑法の効力については、時に関する効力、場所に関する効力および人に関する効力が考えられます。

1　時に関する効力

　　① 　消防刑法は、他の行政刑法と同じように、施行のときから廃止されるまで効力を有します。

　　② 　実行のときに犯罪とされなかったものが、その後の消防刑法の改正により新たに犯罪とされたような場合には、そ及が認められないため、処罰されません。

20

③　実行のときに犯罪とされた行為であっても、その後消防刑法の改正によって刑罰規定が削除された場合には、もはや、その行為を犯罪として処罰することができません（刑訴法第337条第2号）。

④　実行のときに犯罪とされたものの、刑がその後の消防刑法の改正により変更された場合には、新旧の刑を比較し、軽い方の規定が適用されることになっています（刑法第6条）。また、実行のときに犯罪とされた行為に関する罰則規定の条項などが変更されても刑に変更がない場合には、行為時法の原則により旧法が適用されます。

なお、「刑の変更」とは、「刑罰法規に定められている刑が改正されて、特定の犯罪を処罰する刑の種類または量が犯罪時と裁判時とにおいて差異を生じた場合をいう。」とされています（最判昭和23年2月10日刑集2巻12号1660の1頁）。

⑤　一定の期間に限って効力を有する旨の規定が設けられている刑罰法規を限時法といいます。ところで、このような限時法の有効期間中に行われた犯罪は、限時法の効力が失われたときにどのように扱われるかの問題がありますが、特別の規定がない限り限時法の失効したのちは、刑の廃止があったものとして処罰できないというのが判例の考え方です（最判昭和29年刑集8巻1791頁）。

2　場所に関する効力

消防刑法の場所に関する効力は、属地主義のみが適用され、属人主義が適用されることはありません。

属地主義というのは、日本国内（日本の領域内）で行われた消防法違反（犯罪）については、国籍のいかんを問わず、消防法上の罰則の適用をうけたり、また、他の市町村において条例違反を行った場合、日本国内における住所のいかんにかかわらず、犯罪を行った地域の市町村条例の罰則の適用を受けるという考え方です。

日本国内とは、日本の領土、領海および領空を意味し、領海とは、日本国が領有する海域をいい、その範囲については、領海法（昭和52年5月2日

第1編　総　　論

法律 30 号）第 1 条によれば、基線からその外側 12 海里の線までの海域と
されています。領空とは、領土および領海の上空を指し、上空である限り無
制限です。

　なお、日本国外の日本船舶内および日本の航空機内において行われた犯罪
については、日本国内で行われたものとみなされます。（刑法第 1 条第 2 項）。

　以上のような属地主義の考え方によれば、たとえば、他府県に住所をもつ
日本人が、東京都の特別区内において、少量危険物の貯蔵・取扱いに係る火
災予防条例（昭和 37 年来京都条例 65 号）第 31 条違反を行ったような場合に
は、東京都民でなくとも、当該条例によって処罰されることになるわけです。

　なお属人主義というのは、消防刑法は日本人のみに適用されるという考え
方です。

3　人に関する効力

　消防刑法は、時に関する効力および場所に関する効力が及ぶ限り、原則と
して、すべての人の犯罪に対して適用されることになります。ただし、外国の
君主、大統領等とその家族および日本人でない従者、信任された外国の外交官、
使節とその家族および日本人でない従者、承認を得て入国した外国の軍隊およ
び外国の軍艦に属する者については、国際法上、治外法権（外国人が在留国の
裁判権に服さない権利のこと）を有するため、消防刑法の適用自体除外されな
いものの、裁判権が免除され、訴追できないことになっています。

　また、「日本国とアメリカ合衆国との間の相互協力及び安全保障条約第 6
条に基づく施設及び区域並びに日本国における合衆国軍隊の地位に関する
協定」（条約）およびこの協定に伴う刑事特別法（昭和 27 年法律第 138 号）
により、日本国領域内にあるアメリカ合衆国軍隊の構成員、軍属およびその
家族の犯罪のうち、もっぱら合衆国の財産もしくは安全に関するもの、もっ
ぱら合衆国軍隊の構成員、軍属、家族の身体、財産に対するもの、合衆国の
公務に従事中の犯罪などについては、アメリカ合衆国の軍当局が第 1 次裁
判権を行使し、その他の罪については、日本国が第 1 次裁判権を行使する
旨およびその手続が定められています。

第2章　犯罪の成立

1　犯罪の意義

　犯罪というのは、法令に違反する行為で、刑罰が科せられるものであることについては、すでに説明したとおりですが、確立された学問上のいい方をすれば、犯罪とは、「犯罪構成要件に該当する違法、かつ、有責な行為である」と定義されています。

　ここで、「犯罪構成要件」とは、刑罰を科せられる行為として法令上特定されたものをいい、「違法」とは、法令上許されない行為を意味します。

　構成要件は、違法な行為の類型ですから、これに該当する行為は、違法の推定を受けますが、形式的に構成要件に該当する行為であっても法秩序の全体からみて許される場合があります（違法性阻却事由）。また、「有責な行為」あるいは「責任のある行為」とは、ある行為について行為者を非難することができること（非難可能性）を意味します。そのためには、責任能力者（刑事責任を負担する能力をもっている者）の行為で、故意または過失があり、かつ、違法行為を行わないことが期待されていること（期待可能性）が必要です。

　ところで、この3つの要件は、犯罪が成立するための必要要件ですから、これらの要件がすべて充足されたときに、はじめて犯罪が成立することになります。

　したがって、犯罪構成要件に該当する行為であっても、違法とされない行為（たとえば、法第29条第2項に基づく延焼のおそれのある建物を破壊するいわゆる破壊消防は、形式的には、刑法第260条の建造物損壊罪を構成するが、法令に基づく行為として許される）や責任のない行為（たとえば、精神異常者が危険物の無許可貯蔵を行った場合、あるいは責任能力者が過失により許可品名外の危険物を貯蔵したような場合）は犯罪とはなりません。

第1編 総 論

犯罪成立要件の構造を図示すると**図4**のようになります。

図4　犯罪の成立要件

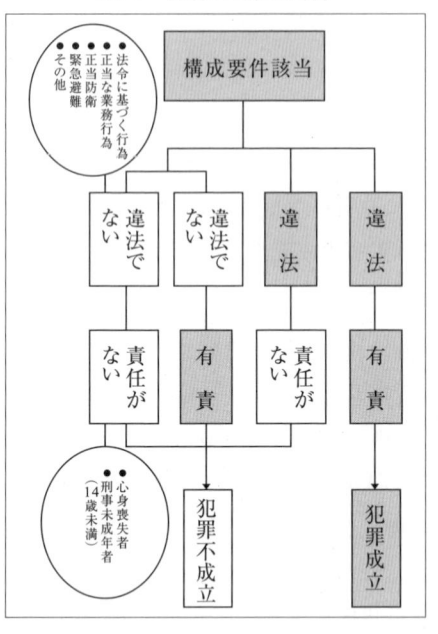

○犯罪の成立と処罰

　犯罪は、構成要件に該当する違法、有責の行為ですから、この3つの要件が、充足された場合は、犯罪が成立し、それに対して原則として国家の刑罰権が発生するわけですが、犯罪によっては、犯罪が成立しているのに、一定の条件がなければ刑罰権が発生しない場合があります。このように一定の犯罪について、犯罪成立後処罰を可能にするための条件を処罰条件といいます。たとえば、事前収賄（刑法第197条第2項）の場合、処罰されるためには、賄賂を収受、要求または約束した者が、のちに公務員となることが必要ですから、公務員となることが処罰条件にあたります。また、犯罪が成立しているのに、一定の条件があれば、刑罰権の発生が妨げられる場合、その事由を処罰阻却事由といいます。たとえば、窃盗罪（刑法第235条）などの犯罪が成立しても、一定の親族関係にある者が行った場合には処罰されな

24

いことから（刑法第244条）、このような親族関係にあることが処罰阻却事由にあたります。

　消防刑法の場合、この種処罰条件と処罰阻却事由は存在しません。

　なお、消防法第39条の2および第39条の3のただし書「公共の危険が生じなかったときは、これを罰しない」と定めた要件は、構成要件の要素と解されます。したがって、故意または過失によって製造所等から、危険物の漏出等があっても火災に係る公共の危険を発生させなかった場合には、犯罪として成立しないことになります。詳しくは、第2編の各論において触れることにします。

2　行　　為

　犯罪は、構成要件に該当する違法、有責な行為ですが、行為というのは、人間の意思に基づく身体の動静のことで、身体の動を作為といい、身体の静を不作為といいます（図5参照）。

　したがって、重症の精神障害者の行動、抵抗不能な強度の脅迫や強制による行動、泥酔時等の意識喪失中の行動等は、消防刑法上の行為とはみることができず、処罰の対象となりません。もっとも、これらの行動を行為とみたところで、意思のない行為には責任がありませんから、結局処罰されないことになります。

　また、どんなに悪いことでも、心の中で考えたり、思ったりするだけでは犯罪とはなりません。しかし、消防法第17条の4第1項に基づく消防用設備等の設置命令を受けた関係者が、履行期限を経過してもこれを履行しない

図5

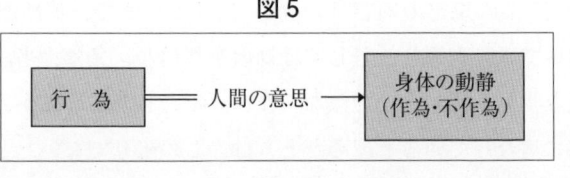

第1編 総 論

ような場合は、関係者が命令を履行しないことを心の中で考えていただけと
はいえません。この場合は、心で考えていたことが、消防用設備の未設置と
いう不作為の形で具体的に現れているからです。

3 構成要件該当性

1 犯罪構成要件

　消防刑法上の犯罪構成要件は、消防法および火災予防条例の規定において、
罰則の対象となる行為（作為・不作為または受忍義務規定違反または命令違
反）として定められています。

　ところが、義務の内容や命令の内容については、消防法や火災予防条例の
実体規定（義務や命令を定めた規定）に明確に定められている場合もありま
すが、具体的には、政・省令、条例の施行規則または告示等に定められてい
る場合の方がむしろ多いようです。このような場合には、当該政・省令等に
定められた内容が構成要件を形成することになります。

　たとえば、消防法第10条第3項の規定に違反したこと（法第43条第1
項第1号）の犯罪構成要件について考えてみますと、消防法第10条第3項
の規定の内容は、「製造所、貯蔵所又は取扱所は、政令で定める技術上の基
準に従ってこれをしなければならない」となっており、政令で定める技術
上の基準は、危険物の規制に関する政令第24条ないし第27条の規定に具
体的に定められていますから、これらの政令の基準に従って危険物を貯蔵し、
または取扱っていないことが構成要件となるわけです。

　また、東京都における火災予防例第23条第1項の規定に違反したこと
（条例第67条の2第1号）の犯罪構成要件について考えてみますと、火災
予防条例第23条の規定の内容は、「次に掲げる場所で、消防総監が指定す
るものにおいては、喫煙し、若しくは裸火を使用し、又は、当該場所に火災
予防上危険な物品を持ち込んではならない。ただし消防署長が、消防総監が
定める基準に適合していると認めたときは、この限りでない」と規定してお

26

り、消防総監が指定するものについては、火災予防施行規程（昭和37年7月東京消防庁告示17号）第7条に示されています。

したがって、同規程（告示）により指定されたものにおいて、ただし書による消防署長の承認を受けないで、喫煙や裸火の使用等を行ったことが構成要件となります。

なお、ただし書に該当する場合、つまり、火災予防上支障がないとして、消防署長の承認を受けた場合は、火災予防条例第23条違反罪の構成要件に該当せず、犯罪の成立が否定され、そうでない場合は、犯罪として成立することから火災予防上支障があるか否かの判断基準は、法としての性格をもっています。

したがって、この基準については、少なくとも告示の形式で公示しておくべきでしょう。そして、このことは、罪刑法定主義の立場からも要請されましょう。

2 犯罪の主体

（1）自然人

犯罪の主体というのは、犯罪を行う能力をもっている者、つまり、犯罪行為能力者のことですが、消防刑法上の犯罪の主体は、一般刑法と同様、自然人（生きた人間）です。

法律の世界で、人という場合には、自然人のほか、国や公共団体あるいは会社などの法人が含まれますが、目にみえない抽象的な存在である法人には犯罪行為能力がないというのが、判例、通説の立場です（大判昭和10年11月25日刑集14巻1217頁）。

ところで、消防刑法上の犯罪の主体については、おおむね次のように大別されています。

ア　何人も犯罪の主体となるもの（犯罪の主体が限定されていないもの）

たとえば、①望楼、火災報知機等の損壊等の罪（法第38条、第39条、第44条第13号）、②消防車通過故意妨害罪（法第40条第1項第1号）③危険物の無許可貯蔵・取扱違反罪（法第41条第1項第3号）、④危険物の

第1編　総　論

運搬基準違反罪（法第43条第1項第2号）、⑤火災発生または傷病者に係る虚偽通報罪（法第44条第20号）、その他多くの例があります。

　イ　防火対象物の関係者、権原を有する関係者が犯罪の主体となるもの

　たとえば、①危険物保安監督者の選任義務違反（法第42条第1項第6号）、②防火管理者や危険物保安監督者の選・解任届義務違反（法第44条第8号）、③消防用設備等の点検報告義務違反罪・虚偽報告の罪（法第44条第11号）、④消防法第5条第1項の防火対象物に対する火災予防措置命令違反等消防法上の各種の命令違反（法第39条の3の2第1項等）、その他多くの例がみられます。

　ウ　一定の資格をもっている者が犯罪の主体となるもの

　たとえば、①危険物取扱者免状の携帯義務違反罪（法第44条第6号）、②危険物取扱者または消防設備士の免状返納命令違反罪（法第44条第9号）、③消防用設備等の着工届義務違反罪（法第44条第8号）、その他の例があります。

※　犯罪の主体と刑罰を受ける主体

　犯罪の主体と刑罰を受ける主体とは、区別されなければなりません。

　一般に、犯罪の主体は、同時に刑罰を受ける主体でもあるわけですが、犯罪の主体となることができない者でも刑罰を受ける主体となることがあります。すなわち、法人の代表者、代理人、使用人その他の従業者が、法人の業務に関し違反行為を行ったとき、自然人の従業者が罰せられるほか、法人も、従業者に対する監督上の過失責任として刑罰を受ける旨の定めがある場合、このような処罰規定を両罰規定といい、犯罪能力がなくとも監督責任を問われ、刑罰を受忍しなければならない地位にある者を刑罰を受ける受刑主体といいます。

　両罰規定は、行政上の取締りの実効を期すために消防刑法をはじめ特別刑法においてのみ認められているもので、一般刑法には認められておりません。

※　消防刑法と法人の犯罪能力

　行政刑法（特別刑法）においては、法人をも刑罰の対象とする旨の立法措

置として両罰規定が多くみられます。

　両罰規定の形式は、一般に、「法人の代表者又は法人若しくは人の代理人、使用人その他の従業者が、その法人又は人の業務に関し、○○○の違反行為をしたときは、その行為者を罰するほか、その法人又は人に対しても、各本条の罰金を科する。」という形式で構成されています。

　消防刑法の両罰規定（第45条）もこの形式にならっているわけです。

　ここで、行為者となるのは、法人の「代表者」のほか、「代理人・使用人その他の従業者」で、代理人および使用人は、従業者の例示です。また、「人」というのは、個人経営の業務主体（事業主）であることを意味します。

　両罰規定の構成を図示すると、**図6**のとおりです。

　ところで、このような両罰規定によって法人が処罰されることの本質については、法人自身が犯罪能力をもち、したがって、法人は、自らの犯罪行為によって罰則をう

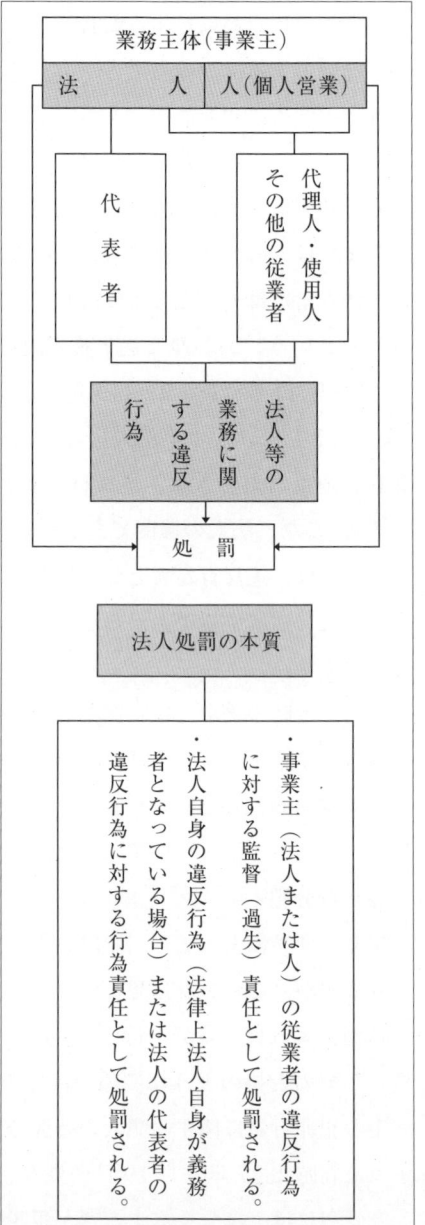

図6

第1編 総　論

けるものであるとする考え方と法人には犯罪能力があるわけではなく、ただ、従業者の違反行為に対する監督不行届という過失責任として刑罰を受けるに過ぎないとする二つの考え方があります。

前者の法人に犯罪能力があるとする考え方は、主として行政法学者の主張するところですが、判例通説は、一般に、後者の考え方をとっています。つまり、判例は、実定法である両罰規定の解釈として法人の犯罪能力を否定し、法人または人の従業者が法人または人の業務に関し、違反行為を行った場合は、法人または人が従業者に対し、選任・監督上の注意を怠ったものと推定されるという、いわゆる過失推定説をとっています（最判昭和32年11月27日刑集11巻12号3、113頁、最判昭和40年3月26日刑集19巻2号83頁）そして、法律上法人自身が義務者となっている場合で、法人が当該義務に違反したときは、違反行為者として（最高裁昭和55年11月7日決定等）、また、法人の機関である代表者が法人の業務に関し違反行為を行った場合には、違反行為者として処罰されるほか、代表者の行為の効果は、直接、法人に帰属することから法人もその責任を負うという仕組みになっているわけです。

なお、近時の法令では、産業廃棄物処理業など公害・環境問題等に関連する事業の事業主（法人）に犯罪行為能力を認めているものもみられますが（産業廃棄物処理法第25条第1号等、最高裁昭和55年11月7日決定）、消防法上、事業主（法人）に犯罪行為能力を認めた罰則規定は存在しません。

(2) 身分犯

犯罪の種類によっては、犯罪の主体は、一定の身分を必要とされるものがありますが、これを身分犯といいます。

判例によれば、身分とは、「男女の性別、内外人の別、親族の関係、公務員としての資格のような関係だけでなく、他人の物の占有者というように、一定の犯罪行為に関する犯人の特別の地位または状態をいう」とされています（最判昭和27年9月19日刑集6巻8号1083頁）。

身分犯には、身分を有する者が犯罪行為を行った場合のみ犯罪となり、そ

の身分を有しない者が行ってもなんらの犯罪を構成しない真正身分犯（たとえば、収賄罪——刑法第197条）と、身分がなくとも成立する犯罪を身分のある者が行ったことによって、法定刑が重くなったり、軽くなったりする不真正身分犯（たとえば、業務上横領罪——刑法第253条）がありますが、消防刑法上の身分犯はすべて真正身分犯と考えられます。消防刑法の中で身分犯あるいは身分犯的なものとしては、前述の一定の資格をもっている者のみが犯罪の主体となる場合（たとえば、危険物取扱者免状の携帯義務違反（法第16条の2第3項、第44条第6号）、消防設備士の着工届出義務違反（法第17条の14、第44条第8号）など）、あるいは防火対象物の関係者や権原を有する関係者のみが犯罪の主体となる場合がこれにあたります。

3　行為（作為・不作為）

　行為とは、人の意思に基づく身体の動静のことであり、身体の動、つまり、積極的な動作を作為といい、また、身体の静、つまり、消極的な態度を不作為といいます。もっとも、不作為というのは、単に何もしないことを意味するだけではなく、一定のことをなすべきであるのに何もしないことに意味があるわけです。作為によって行われる犯罪を作為犯といい、不作為によって行われる犯罪を不作為犯といいます。

　たとえば、危険物の無許可貯蔵（法第10条第1項違反）や消火栓の撤去（法第18条第1項違反）などは作為犯にあたり、防火管理者の選・解任届の未提出（法第8条第2項違反）や消防用設備等の設置命令不履行（法第17条の4第1項違反）などが不作為犯にあたります。

(1)　不作為犯の種類

　ア　真正不作為犯

　真正不作為犯とは、構成要件が、通常、不作為によって実現されることを予定したもので、消防刑法上の不作為犯の殆どは真正不作為犯に属します。そして、この真正不作為犯の成立については、特にむずかしい問題はありません。

　イ　不真正作為犯

第1編 総 論

　不真正不作為犯とは、構成要件が、通常、作為によって実現されることを予定しているものを不作為によって実現する場合をいい、たとえば、道路上に駐車している自動車を故意に移動させず、これによって消防自動車の通行を妨害したり、消火等の障害となる物件を故意に除去せずに消防職員の消火活動を妨害したような場合がこれにあたります。

(2) 不真正不作為犯の成立要件

　不真正不作為犯が成立するためには、不作為と結果発生との間に因果関係が存在することのほか、違法な結果の発生を防止すべき高度の作為義務があり、かつ、作為によって容易に結果の発生を防止できる可能性があることが必要です。

　改正刑法草案第12条が、「罪となるべき事実の発生を防止する責任を負う者が、その発生を防止することができたにもかかわらず、ことさらにこれを防止しないことによって、その結果を発生させたときは、作為によって罪となるべき事実を生ぜしめた者と同じである。」と定めているのは、このような趣旨を示したものと解されます。

　ここにいう「作為義務」とは、単なる人道上の義務ではなく、法的な義務を指し、契約に基づく義務なども作為義務に含まれるとされています。

　しかし、具体的に、どのような場合に不真正不作為犯が成立するような作為義務があるといえるかについては、必ずしも容易ではなく、結局、作為による結果の発生と同視できるとき、あるいは同価値であるとき」というほかないとされています（平野・刑法総論152頁）。

(3) 行為の状況

　消防刑法上、犯罪によっては、犯罪行為が一定の状況のもとで行われることを犯罪構成要件の要素としているものがあります。

　たとえば、消防団員の消火活動等妨害罪（法第40条第1項第2号）は、火災または水害以外の災害発生時でないと成立しませんし、また、応急消火義務者等の消火活動等妨害罪（法第40条第1項第3号）は、火災発生時においてのみ成立するものです。

32

このように構成要件に該当するために必要な状況的要素を構成要件的状況といいます。

4　犯罪の客体と結果

(1)　犯罪の客体と保護の客体

ア　犯罪の客体

犯罪行為により侵害される直接的な対象（人または物）を犯罪の客体といいます。たとえば、殺人罪における人や窃盗罪における財物等などがこれにあたります。一般刑法上の犯罪には、原則として客体があるとされていますが、偽証罪（第169条）などのように客体のない犯罪もあります。したがって、客体は、常に構成要件の要素となるわけではありません。殊に、消防刑法の場合、反社会的な侵害行為の向けられる対象としてて考えられるのは、望楼や火災報知機等の損壊・撤去罪（法第38条、第39条）消防車通過妨害罪（法第40条第1項第1号）、消防団員の消火活動妨害罪（法第40条第1項第2号）、応急消火義務者等の消火活動等妨害罪（法第40条第1項第3号）など、ごく一部の犯罪に限られます。

これらの犯罪の損壊・撤去や妨害などの反社会的な行為は、火災報知機等の公共的財産（公益財産）を侵害したり、消防車の通行や消火活動等の公益活動を妨害するものですから、火災報知機や消防車・消火活動などは犯罪の客体となるわけです。

このように消防刑法上の犯罪には、客体となるものが少なく、たとえば、危険物の無許可貯蔵違反罪（法第41条第1項第3号）について考えてみますと、その構成要件は、「許可を受けずに製造所等以外の場所で指定数量以上の危険物を貯蔵すること」ですが、「貯蔵すること」が指定数量以上の危険物に対し侵害を加えることでないわけですから、「指定数量以上の危険物」は犯罪の客体とはいえません。「指定数量以上の危険物を貯蔵すること」自体が犯罪行為となるものです。

同様に、各種の命令違反罪についても「命令事項を履行しないこと」は、犯罪行為そのものであって、命令事項を犯罪の客体とすることは意味のない

第1編　総　　論

ことです。

　また、危険物取扱者免状の携帯義務違反罪（法第44条第6号）について
も、「免状を携帯しないこと」自体が犯罪行為であって、「免状」が「携帯し
ないこと」の客体ではありません。「携帯しない」行為が「免状」を侵害す
るということはあり得ないからです（図7参照）。

　このような考え方から、この外、危険物保安監督者の選任義務違反罪（法
第42条第1項第6号）、危険物運搬基準違反罪（法第43条第1項第2号）、
火災発生または傷病者に係る虚偽通報罪（法第44条第22号）など多くの
犯罪については、客体について顧慮する必要がないわけです。

　イ　保護の客体

　保護の客体というのは、保護法益または単に法益といわれるもので、犯罪
の客体と異なり、すべての刑罰法規に存在します。刑罰法規は、法益を保護
することを任務とするからです。保護法益は、犯罪によって侵害される利益
または価値のこと、つまり、法によって保護されなければならない利益また
は価値のことです。

　犯罪の客体は、犯罪行為によって侵害される対象のことですから、犯罪の

図7

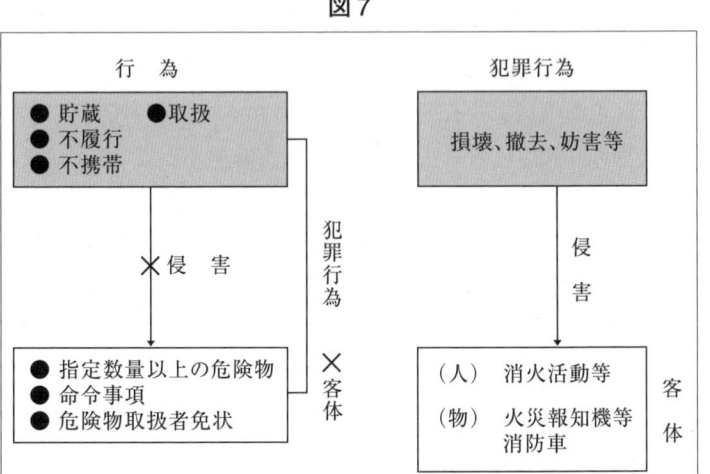

客体にはもちろん、法益がありますが、客体のない犯罪においても法益の侵害は存在します。法益侵害のない犯罪はあり得ません。

また、保護の客体は、犯罪の客体と異なり、刑罰法規に明示されていないことが多いことから解釈によって導き出すことになります。

ところで、消防刑法における犯罪の保護法益は、その性質上、消防に関連する公益、すなわち、火災危険からの安全の確保や円滑な消防活動の確保など消防上の公共の利益であって、個人的法益ではありません。

なお、消防刑法上の犯罪に於ける個々の保護法益については、第2編の各論において具体的に説明することにします。

(2) 犯罪の結果

犯罪が成立するためには、保護法益（法益）の侵害があったこと、あるいは法益侵害の危険があったことが必要です。この両者を含めて広義の法益侵害といい、結果の発生ともいいます。

このように、犯罪の成立には身体の動静としての行為があっただけでは足りず、結果が発生したことが必要です。

しかし、行為という言葉は広い意味では、その結果をも含めたものとして用いられております。

殊に、消防刑法の場合、単純行為（挙動）犯（行為と同時に結果が発生するもの）が殆どですから、行為といった場合、その中には、当然に結果の内容を含めたものとして理解されます。たとえば、危険物の無許可貯蔵（法第10条第1項違反）が行われれば、同時に火災危険の発生という公益侵害の結果が発生し、また、法第17条の4の命令に違反して履行期限内に所定のスプリンクラー設備が設置されないことにより、火災が発生した場合の拡大危険、人命危険の発生という公益侵害の結果が発生することになります。したがって、この種犯罪については、殊更に「結果」を犯罪の構成要件と意識したり、あえて、行為と結果を分けて考える必要がないように思われます。

このようなことから、消防刑法の各論においては、法益侵害の結果については あえて言及しないこととします。

第1編　総　　論

5　犯罪の成立と法益侵害（結果）との関係からみた犯罪の種類

　犯罪がいつ成立するかの観点から犯罪を分類すると、まず、形式犯と実質犯に大別され、実質犯については、侵害犯と危険犯に分けられます。そして、危険犯については、さらに抽象的危険犯と具体的危険犯に細分されます。

(1)　形式犯

　形式犯というのは、構成要件の内容として、保護法益に対する侵害または侵害の危険の発生を必要としない犯罪をいいます。一般に行政犯にその例が多いとされています。行政犯である消防法令違反のうち、形式犯に属するものとしては、危険物保安監督者の選・解任届出義務違反（法第44条第8号）など各種の届出義務違反の大半、危険物取扱者免状の携帯義務違反（法第44条第6号）など比較的多くの例がみられます。

(2)　実質犯

　実質犯というのは、法益の侵害または侵害の危険が構成要件の内容として取り入れられている犯罪をいいます。大部分の犯罪は、実質犯に属しますが、このうち、保護法益を現実に侵害することを構成要件の内容としているものを侵害罪といい、単に保護法益侵害の危険性の発生を内容とするものを危険犯といいます。

ア　侵害犯

　侵害犯というのは、前述のとおり、構成要件の内容となっている一定の保護法益を現実に侵害することによって成立する犯罪で実害犯ともいいます。消防刑法上の例としては、製造所等からの危険物の漏出等による致死傷罪（法第39条の2第2項、法第39条の3第2項）、消防自動車の通過妨害、消防団員の消火活動等に対する妨害・応急消火義務者の消火活動等に対する妨害による致死傷罪（法第40条第3項）などの犯罪があげられます。

イ　危険犯

　危険犯というのは、構成要件の内容となっている行為を行うことにより、法益侵害の危険性を生じさせたものとみなされ、犯罪が成立するもので危殆犯ともいいます。

36

危険犯については、さらに具体的危険犯と抽象的危険犯に分けられます。

（ア）具体的危険犯

具体的危険犯というのは、個々の場合に、具体的に法益侵害の危険が生じたことを必要とする犯罪で、消防刑法上の代表的な例として、製造所等からの危険物の漏出等の罪（法第39条の2第1項、法第39条の3第1項）があげられます。

（イ）抽象的危険犯

抽象的危険犯というのは、構成要件の内容となっている行為自体に一定の法益侵害の危険性が内在するものとみなされ、具体的に法益侵害の危険が生じたことを必要としない犯罪で、その危険性について、特に構成要件中に明文をもって明らかにされていないものです。消防刑法上、危険物の無許可貯蔵（法第41条第1項第3号）、望楼の損壊・撤去罪（法第38条）、火災報知機等の損壊・撤去罪（法第39条）、消防車の通過妨害罪（法第40条第1項第1号）、消防団員の消火活動等妨害罪（法第40条第1項第2号）、応急消火義務者の消火活動等妨害罪（法第40条第1項第3号）、危険物保安監督者の選任義務違反罪（法第42条第1項第6号）、消防法第3条第1項命令違反罪その他の措置命令違反罪等その大半は、抽象的危険犯に属します。

抽象的危険犯の中心観念は、行為の危険性ですが、危険性というのは、法益侵害の事実が発生し得る可能性を意味します。そして、この可能性は、一定の行為が、これに他の条件と結合して一定の結果を発生する蓋然性があると認められるときに成立するものです。つまり、社会一般の経験則により、一定の原因となる事実があれば、そこから一定の結果が発生するものと予想されることが必要です。このような危険性が内在する行為に対して、国家は、法益侵害が現実に発生するのをまつまでもなく、その行為自体を処罰することによって結果の発生を未然に防止しようとしているわけです。

たとえば、避難階段の欠陥の改修を命ずる消防法第5条第1項命令違反、あるいはスプリンクラー設備の設置を命ずる同法第17条の4第1項命令違反について考えてみると、前者については、火災が発生した場合、避難階段

第1編　総　　論

の欠陥により避難上の障害が生じ、人命損傷の可能性（人命危険）が予想され、また、火災が発生した場合、スプリンクラー設備の未設置により火災の拡大防止に重大な支障をきたし、人命損傷の可能性（人命危険）が予想されることから、これらの犯罪は、いずれも、その危険を未然に防止するための抽象的危険犯といわれるわけです。

　侵害犯、危険犯の関係は、**図8**のとおりです。

図8　消防刑法上の形式犯・実質犯の分類

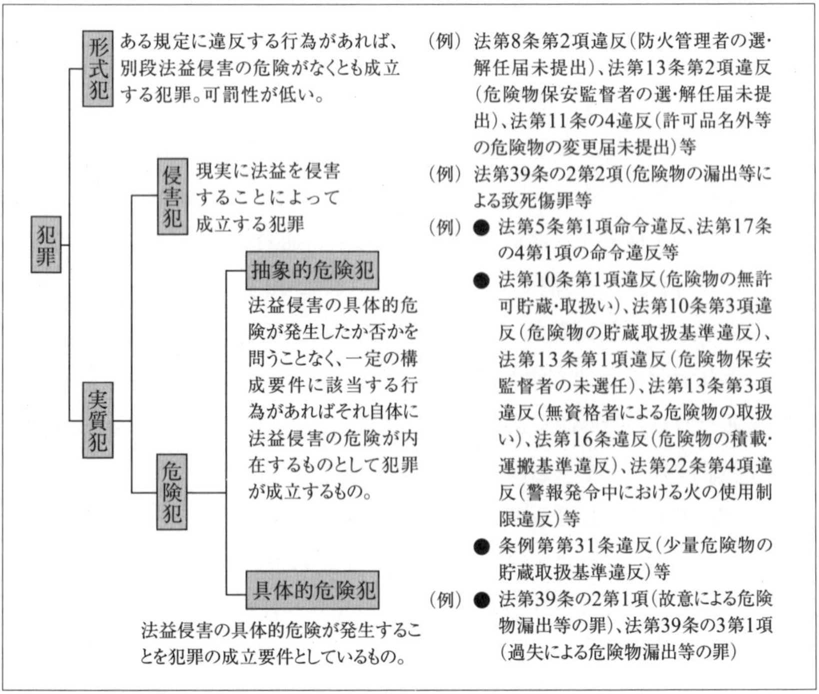

犯罪	形式犯		ある規定に違反する行為があれば、別段法益侵害の危険がなくとも成立する犯罪。可罰性が低い。	（例）法第8条第2項違反（防火管理者の選・解任届未提出）、法第13条第2項違反（危険物保安監督者の選・解任届未提出）、法第11条の4違反（許可品名外等の危険物の変更届未提出）等
	実質犯	侵害犯		現実に法益を侵害することによって成立する犯罪	（例）法第39条の2第2項（危険物の漏出等による致死傷罪等
		危険犯	抽象的危険犯	法益侵害の具体的危険が発生したか否かを問うことなく、一定の構成要件に該当する行為があればそれ自体に法益侵害の危険が内在するものとして犯罪が成立するもの。	（例）● 法第5条第1項命令違反、法第17条の4第1項の命令違反等 ● 法第10条第1項違反（危険物の無許可貯蔵・取扱い）、法第10条第3項違反（危険物の貯蔵取扱基準違反）、法第13条第1項違反（危険物保安監督者の未選任）、法第13条第3項違反（無資格者による危険物の取扱い）、法第16条違反（危険物の積載・運搬基準違反）、法第22条第4項違反（警報発令中における火の使用制限違反）等 ● 条例第31条違反（少量危険物の貯蔵取扱基準違反）等
			具体的危険犯	法益侵害の具体的危険が発生することを犯罪の成立要件としているもの。	（例）● 法第39条の2第1項（故意による危険物漏出等の罪）、法第39条の3第1項（過失による危険物漏出等の罪）

6　法益の侵害（結果）と犯罪の終了との関係からみた犯罪の種類

　犯罪がいつ終了するかの観点から犯罪を分類すると、即時犯、継続犯および状態犯に分けられます。

1　即時犯

即時犯というのは、即成犯ともいわれ、構成要件に該当する行為を行い、

法益の侵害（結果の発生）があったと同時に犯罪が成立、終了し、しかも法益侵害の状態がなくなるものをいいます。火災・救急の虚偽通報罪（法第44条第22号）、立入検査拒否等の罪（法第44条第2号）、火災被害財産の調査拒否罪（法第44条第22号）、無資格者による危険物取扱違反罪（法第42条第1項第7号）、移動タンク貯蔵所に対する停止措置拒否罪（法第44条第7号）、無資格者による消防用設備等の設置工事等違反罪（法第42条第1項第10号）、火災報知機・消火栓等の損壊撤去罪（法第39条）、消防信号等の濫用罪（法第44条第14号）、たき火・喫煙制限違反罪（法第44条第18号）、消防車通過妨害罪（第40条第1項第1号）、応急消火義務者の消火活動等妨害罪（法第40条第1項第3号）その他消防刑法上の犯罪の多くは即時犯に属します。

(2) 継続犯

継続犯というのは、法益の侵害により犯罪が成立したのちも、その侵害は続き、しかも、法益は侵害されている間は犯罪が終了しないものを意味します。消防刑法上の代表的な例としては、危険物の無許可貯蔵取扱違反罪（法第41条第1項第3号）、製造所等無許可設置・変更の罪（法第42条第1項第2号）、危険物保安監督者選任義務違反罪（法第42条第1項第6号）、許可品名外の危険物の貯蔵取扱違反罪（法第43条第1項第1号）、危険物取扱者免状携帯義務違反罪（法第44条第4号）などがあげられます。

(3) 状態犯

継続犯に似た概念として状態犯がありますが、状態犯というのは、法益侵害の発生によって犯罪が成立し、終了するが、犯罪終了後も法益侵害の違法状態が存続し、しかも、その違法状態に対しては犯罪とされないものをいいます。

消防法上の各般の命令違反罪は、命令の履行期限内に、命令が履行されない場合に成立、終了しますから、一般に即時犯の性質を有するものと解されがちです。しかし、即時犯は、犯罪の成立、終了後、法益が消滅し、法益侵害の状態がなくなるものであるところ、命令違反は、犯罪終了後も法益侵害

第1編　総　　論

の状態が存続することから、状態犯の性質を有するものと解すべきでしょう。しかし、学界においても、また実務界においても、これについて論及した文献は見当たらないようです。いずれにしても、命令違反を即時犯とみようと、状態犯と捉えようと、命令の履行期限経過後に犯罪が成立し、終了する点において、両者には実質的な差異はなく、したがって、実務上は、そのいずれに該当するかについて議論する実益はないといえるかもしれません。

なお、状態犯が、犯罪終了後の法益侵害状態（違法状態）について処罰されないのは、次のような理由によるものと考えられます。

① 犯罪が成立し、終了した時点で処罰されることにより、本罪の制裁として評価し尽されていること。

② そもそも、消防用設備等の設置命令違反に代表される状態犯は、履行期限を経過したのちにおいても所要の設備を設置せず、法益侵害の状態が存続するが故に処罰の対象とされるのであるから、犯罪終了後においても違法状態が存続しているのは、犯罪の性質上当然のこととして理解すべきものであること。

また、状態犯は、犯罪事実が終了した後においても違法状態が継続する性質の犯罪ですから、違法状態が存続する限り、犯罪の終了がない継続犯とは区別されます。

7　因果関係

犯罪が成立するためには、行為と結果との間に因果関係が存在することが必要です。因果関係というのは、ある行為に原因して、ある結果が生じたという原因・結果の関係です。ところで、刑法上どのような場合にこの因果関係が認められるかについては、必要な考え方として条件説と相当因果関係説があります。

(1)　条件説

条件説というのは、Ａという行為からＢという結果が生じたといえるためには、Ａという行為がなかったならばＢという結果は生じなかったという条件関係が必要で、この条件関係があれば、刑法上、行為と結果との間に

因果関係があるとする考え方です。しかし、この考え方は、因果関係を不当に拡大することにならないかとの疑問が指摘されます。

（2）相当因果関係説

相当因果関係説というのは、ある行為からある結果が発生することが社会通念上一般的であるときに限って行為と結果との間に、刑法上の因果関係を認めようとする考え方です。つまり、ある条件関係が存在する場合であってもその行為からその結果が発生することが社会通念上稀であるとされるときは、相当性がなかったとして刑法上の因果関係を否定しようとする考え方ということもできます。

ところで、どのような場合に相当因果関係が認められるかについては、考え方の対立がありますが、客観的に存在した事情のうち、一般人なら通常知り得たと認められるもの、および行為者が特に知っていた事情を基礎とすべきであるとする折衷説が多数説となっています。

（3）判例の考え方

大審院および最高裁判所は、従来、基本的には条件説をとってきたといえますが、昭和 40 年代後半から相当因果関係説を採り入れた判例がみられ、現在では、基本的には相当因果関係説をとっているといってよいでしょう。

4 違法性

1 違法性の意義

違法性と言うのは、行為が法に違反すること、すなわち、法律上許されないことであって、構成要件該当性、責任とならんで犯罪成立要件の一つです。

犯罪の構成要件は、違法行為の定型ですから、ある行為が構成要件に該当するとなれば、その行為の違法性は推定されます（これを構成要件の違法性推定機能という）。しかし、ときには、ある行為が構成要件に該当しながら、特別の事由のため違法性が阻却されることがあります。この特別の事由を違法性阻却事由といい、正当防衛、緊急避難、法令による行為および正当業務

第1編 総　論

行為などはその代表的なものとされていますが、消防刑法において、特に重要と思われる違法性阻却事由は緊急避難と法令による行為および正当業務行為です。たとえば、旅館・ホテル等に立入検査として立ち入ることや、消火活動中延焼のおそれのある建物を破壊する行為などは、法令（法第4条第1項または第29条第2項）に基づく行為として違法性が阻却されます。違法性阻却事由という言葉の意味で注意しなければならないのは、違法性阻却事由があるということは、一たん違法となった行為から、改めてその違法性を阻却するということではなく、その事由があるときは、はじめから違法性をもたないことを意味するということです。

　ある行為が構成要件に該当すれば、違法性阻却事由がない限り、その行為は違法となりますから、実務上、違法とは何かということよりも、違法性阻却事由の有無が重要となっているわけです。というのは、構成要件に該当する行為は、違法性阻却事由がない限り違法性を具備するものとみなされるからです。

2　可罰的違法性

(1)　意義

　違法性の問題に関連して近時注目をあびているものに可罰的違法性の理論があります。この理論は、刑罰に値する質と量を備えていないような極めて軽微な違法行為は、可罰的なほどに違法でないから処罰すべきではないという考え方です。

　この理論については、現在、犯罪論の立場から二つの異なった説明がなされています。

　その一つは軽微な違法行為は、形の上では構成要件に該当するようにみえても、その実は、処罰に値するような違法とはいえないから、そもそも構成要件に該当しないとし、他の一つは、軽微な違法行為は、たとえ構成要件に該当しても超法規的に違法性が阻却されるとしています。説明のしかたに違いこそあれ、いずれも軽微な違法行為は、可罰的なほどに違法ではないとして処罰の対象からはずそうとする点では一致しています。

42

(2) 問題点

　この理論は、従来、下級審においては、かなり採用されてきましたが、論理的な面で問題があるように思われます。というのは、論理的にみた場合、違法の程度というのは、違法行為があるということを前提としてはじめて問題とされるはずのものであること、つまり、違法行為が軽微であるというのは違法行為があるということを前提としてのみ成り立つものであるのに、軽微であるから違法性がないというのでは論理的に矛盾するからです。

　このようなことから、可罰的違法性の理論は、違法性の有無と程度の問題、つまり、犯罪の成否と情状の問題を混同しているとの批判が生まれるわけです。

(3) 最高裁判所の態度

　一方、最高裁判所は、この理論の考え方を必ずしも否定はしていませんが、最近は、この理論を採用した下級審の判断を否定する判決（最判 50 年 8 月 27 日日本鉄工所事件、同 50 年 2 月 25 日光文社事件、同 50 年 12 月 25 日東北大学事件など）が出されていることから、この理論の採用には極めて厳格な姿勢を示していることがうかがえます。

　いずれにしても、可罰的違法性の理論は、現段階では、必ずしも確立されたものとはいえず、また、法的安定性の面からも好ましい考え方とも思われません。

　刑罰法規の構成要件の該当する行為は、あくまでも違法行為であり、違法性の軽微など違法性の程度の問題は、違法であるけれども、あえて処罰するまでもないという可罰性の有無の問題、つまり、情状の問題として理解すべきでしょう。

第1編　総　　論

3　違法性阻却事由

(1) 明文化されている違法性阻却事由

刑法総則上の違法性阻却事由としては前述のとおり、正当防衛（刑法第36条）、緊急避難（刑法第37条）および法令または正当の業務による行為（刑法第35条）があります。なお、緊急避難については、責任阻却事由であるとする考え方もありますが、違法阻却事由であるとするのが通説です。

　ア　正当防衛

正当防衛というのは、急迫不正の侵害に対し、自己または他人の権利を防衛するため、やむを得ずにした行為をいい、たとえ、その行為が構成要件に該当していても、違法性を阻却するため犯罪を構成せず、したがって、処罰されません（刑法第36条第1項）。

　(ア) 正当防衛の要件

正当防衛の要件は、次のとおりです。

　a　急迫不正の侵害があること

急迫というのは、法益の侵害がきわめて間近に迫っているときをいいます。（最判昭和24年8月18日）。したがって、過去の侵害や将来の予想される侵害に対しては、正当防衛は許されません。

不正というのは、法律上許さないこと、つまり、違法なことを意味します。正当防衛は、違法な侵害に対するものですから、正当な侵害に対しては許されません。違法は、客観的あるいは外形的に違法であればよく、違法行為者の責任能力の有無は問いません。

しかし、不正の侵害は人の侵害行為に限られるというのが多数説の考え方です。

　b　自己または他人の権利を防衛するための行為であること

防衛するためというのは、防衛の意思をもってすることをいい、権利というのは、法律が保護する利益（法益）をいい、自己または他人の権利は、個人的法益のみならず、国家または社会的法益をも含むと解されています。したがって、自己防衛の場合だけでなく、人助けのため、あるいは国家の危難

第 2 章　犯罪の成立

を救うための正当防衛も認められるとするのが通説の考え方です。

　c　防衛行為は、やむを得ずにした行為であること

　やむを得ずにしたといえるためには、その具体的事情のもとで、防衛の必要性および手段・程度等が社会通念上の妥当であることが必要で、これを防衛の相当性といいます。もっとも、正当防衛は、後述の緊急避難の場合のように正対正の関係になく、不正対正の関係にありますから、相手方に与えた害が守ろうとした害よりも小さいこと、すなわち、法益均衡の原則は厳密に要求されません。

　（イ）過剰防衛

　急迫不正の侵害に対する防衛行為が程度をこえたときは、もはや正当防衛に該当せず、したがって違法性は阻却されません。しかし、緊急の場合には、常に冷静な判断が期待できないため、このような場合には、情状によって刑を減軽または免除することができます（刑法第 36 条第 2 項）。

　（ウ）誤想防衛

　急迫不正の侵害がないにもかかわらず、このような侵害があるものと誤信して防衛行為に出た場合をいいます。この場合も、正当防衛ではありませんから、違法性は阻却されませんが、故意を欠くため過失犯のみが成立することになります。したがって、誤想防衛により傷害を負わせた場合は過失傷害罪が成立しますが（刑法第 209 条）、暴行だけにとどまった場合、暴行罪（刑法第 208 条）には過失犯処罰の規定がありませんから、結局、犯罪を構成しないことになります。

　イ　緊急避難

　緊急避難というのは、自己または他人の生命、身体、自由または財産に対する現在の危難をさけるため、やむを得ずにした行為で、これによって生じた害が、さけようとした害の程度をこえない場合をいい、正当防衛と同様に違法性を阻却するため、犯罪を構成せず、したがって、処罰されません（刑法第 37 条）。

45

（ア）緊急避難の要件

緊急避難の要件は、次のとおりです。

a　自己または他人の生命、身体、自由、財産に対する現在の危難があること

危難にさらされる法益は、上記の生命、身体、自由、財産だけにかぎらず、名誉や貞操に対するものでもよいとされています。危難は、人の行為によって生じた場合にかぎりませんから、自然の事実によって生じた場合でもよいことになります。「現在」と「急迫」は同義で、改正刑法草案第15条第1項は、「急迫した危難」の語を用いています。また、危難は不正な行為によって生じたことを必要としません。

b　危難を避けるためにやむを得ずにした避難行為であること

避難の意思により避難するために他に方法がなく、やむを得ず行った行為であることが必要です。他に方法がなかったときにかぎって補充的に許されるという意味で、これを補充の原則といいます。他に方法がなかったかどうかは、具体的事情に照らし、健全な社会常識によって判断すべきものとされています。

c　避難行為により生じた害が、そのさけようとした害の程度をこえないこと（法益均衡の原則）

したがって、小さな法益を救うために大きな法益を侵害することは許されません。しかし、害の程度が等しい場合は、一方の害を救うために他方を害することも許されるとされています。

（イ）過剰避難

緊急避難行為がその程度をこえたときを過剰避難といいます。この場合は、違法性を阻却しませんから犯罪は成立しますが、場合によって刑が減免されます（刑法第37条第1項ただし書）。程度をこえた行為というのは、やむを得ない程度にこえた場合または法益の均衡を破った場合をいいます。

（ウ）誤想避難

現在の危難がないのに、このような危難があると誤信して避難行為をした

場合は、誤想防衛の場合のように違法性は阻却されませんが、故意を欠くことになりますから、過失犯のみが犯罪として成立し、過失犯処罰の規定がない場合は犯罪を構成しません。

(エ) 緊急避難と特別義務者

緊急避難の要件にあてはまる場合でも、警察官、消防職員、自衛官、水防団員、船長などのように、その業務の性質上、危難に身をさらさなければならない業務上の義務を有する者には、緊急避難の規定は適用されません（刑法第37条第2項)。このような業務上の義務ある者は、他人の犠牲で自己の法益を救うことは許されないからです。しかし、特別義務者は、いかなる場合でも、危難を甘受しなければならないと解することは、酷に失することから、他人の法益に対する危難をさけるため、それよりも小さな法益を侵害するような行為、たとえば、消火活動中の消防職員が、類焼を阻止しようとして、火災中の建物に隣接した他人の塀を倒壊させたような行為とか、自己の生命や身体にかかわる重大な法益をまもるための避難行為、たとえば、消防職員が、煙にまかれ、生命に危険が差し迫った場合に、まだ燃えていない塀を壊して避難したような行為などは違法性が阻却されると解されます。

なお、緊急避難を認めない立法例として、船員法第12条、第13条などがあります。

(2) その他の違法性阻却事由

ア　法令による行為

法令による行為というのは、法律、命令がそれを行うことを許している場合で（刑法第35条前段)、次の3つに分類されます。

①　職務権限または権利（義務）の行使（履行）として行われる行為（たとえば、前出の立入検査、破壊消防など)

②　一定の政策的理由から、特に法令によって違法性が阻却されている行為（たとえば、宝くじ、馬券、競輪、競艇の券の発売など)

③　技術的に方法と範囲を限定して違法性を阻却している行為（たとえば、優生手術、人工妊娠中絶など)

第1編　総　　論

④　校長・教員の学生生徒に対する懲戒行為（学校教育法第11条）、親権者の懲戒行為（民法第822条）

⑤　私人による現行犯の逮捕（刑訴法第213条）

イ　正当な業務行為

医師、はり、きゅう、あんま、スポーツ選手のように、業務そのものが正当なものであると同時に、行為がその業務の正当な範囲に属するときは、違法性が阻却されます。なお、この場合、方法を誤ることによって（たとえば、医師が治療を誤る）、違法性が阻却されない場合があります。

（注）　正当な業務行為に関する判例

①　正当な業務行為とは、法令、慣習、条理の命ずるところに従い、適当なる業務の執行と認められるべき行為をいう（大判昭和5年7月4日新判例大系刑法2巻202の4頁）。

②　目的が正しいといっても、それだけでその目的を達する手段が正当化されるわけではない。その手段は、秩序を守りつつ個人の自由や権利を侵さないように行わなければならない（最判昭和25年10月2日刑集4巻10号2012頁）。

5 責　　任

1　責任の意義

責任というのは、犯罪行為について、その行為を非難することができることです。

ある事実が構成要件に該当し、かつ、違法性を具備していても、心神喪失者の行為のように、行為者を非難することができない場合は、犯罪が成立しません。したがって、責任は、構成要件該当性、違法性とともに犯罪が成立するための要件とされているわけです。なお、広く刑事責任という場合には、刑罰を受ける地位を意味しますが、狭い意味では、ここにいう犯罪成立要件の一つとしての非難可能性を指します。

責任の本質をどのように理解するかについては、代表的なものとして、次の四つの考え方があります。

(1) 道義的責任論

この説によれば、人が自由意思に基づいて適法行為か違法行為のいずれかを選択することができたにも拘らず、あえて違法行為を選択した行為に対する客観的な非難であるとしています。

(2) 社会的責任論

この説によれば、犯罪は、犯人の犯罪的性格が行為によって現れたものであるから、責任の軽重は、犯罪の反復の危険性の大小によって決められるべきであり、責任は、このような行為者の危険な性格に対する社会の防衛処分であるとしています。

(3) 人格的責任論

この説によれば、犯罪は、行為者の人格の現実化であるから、行為者の人格に対し、非難を加えるところに責任の本質があるとしています。

(4) 規範的責任論

この説によれば、責任は、行為者の単なる心理的な状態からのみ生ずるものではなく、さらに、行為者に適法行為の期待可能性があったという規範的要素にその本質があるとするもので、現在の通説となっています。

責任の要素としては、責任能力と故意・過失があります。そして行為者に責任能力があり、故意または過失があっても、行為者に適法な行為を行うことが期待できないような事情がある場合には、責任を生じないことになります。これが、いわゆる期待可能性の問題です。

しかし、期待可能性については、わが国では、責任能力のある者の行為である以上、期待可能性がないとして責任が阻却されるのは特殊な場合だけであるとするのが判例の考え方です。なお、期待可能性があっても、その程度が低い場合は、責任の軽減がみとめられています（刑法第36条第2項、第37条第2項など）。

通説に基づいて責任の内容を図示すると**図9**の通りです。

第1編　総　論

図9

```
          ┌─────────────────────────────┐
          │    ①責任能力のあること          │
 ┌────┐   │                              │
 │責 任│───│    ②故意または過失のあること    │
 └────┘   │                              │
          │    ③期待可能性のあること        │
          └─────────────────────────────┘
```

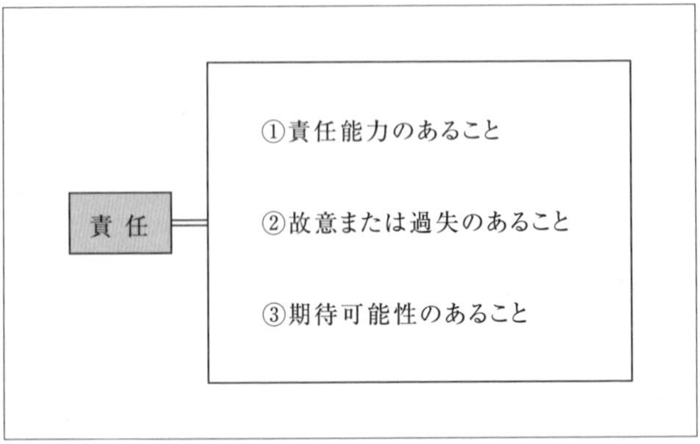

2　責任能力

　責任能力というのは、行為の是非善悪を弁別（判断）し、その弁別に従っ
て行動することのできる能力のことです。この責任能力は、責任の基礎をな
すもので、責任能力をもっていることが有責性の基本的な判断要素となりま
す。したがって、責任能力のない者は、故意・過失や期待可能性の有無を詮
索するまでもなく責任は問えないことになります。

　ところで、一般人は、通常、責任能力をもっているとみることができます
から、刑法は、責任能力について積極的に定義することをしないで消極的に
責任能力を阻却する事由だけを規定しているわけです。責任能力を全く欠い
ている責任無能力者と著しく減弱している限定責任者に関する規定（刑法第
39条、第41条）がこれにあたります。

　責任能力は、犯罪の実行行為のときに存在していなければなりません。こ
のことを行為と責任の同時存在の原則といいます。したがって、犯罪の実行
行為の時に責任能力をもっている限り、その後、心神喪失者の状態となって
も犯罪の成立が否定されることはありません。

50

(1) 責任無能力者

ア　心神喪失者

心神喪失者というのは、精神機能の障害により、事物の是非善悪を弁別する能力がなく、また、この弁別に従って行動する能力のない者のことで（大判昭和6年12月3日刑集10巻666頁）、その原因のいかんを問いませんし、一時的なものであっても、精神障害、知的障害などのような継続的なものであってもよいとされています。したがって、とにかく、行為の時に心神喪失の状態であれば、その行為は処罰されないことになります。

ただし、自己の意思で心神喪失の状態を招来し、この状態を利用して犯罪行為を行った場合は、行為者の責任を免除する理由がありませんから、故意に犯罪行為を行ったものとみることができます。また、誤って心神喪失の状態を招来し、その結果犯罪行為が行われたような場合は、過失により犯罪行為を行ったことになります。したがって、当該犯罪が過失をも罰する犯罪である場合には、処罰を受けることになるわけです。これらの行為は、行為者において、事前に心神喪失の状態にいたらないようその原因を自由に抑制できるはずのものであり、したがって、行為者の責任を免除できないという意味で、「原因において自由な行為」といわれています。

イ　刑事未成年者

14歳に満たない者を刑事未成年者といいます。14歳に満たない者は、是非善悪の弁別の有無や心身の発育程度のいかんを問わず、無条件に刑事無能力者として扱われ、その行為は罰せられません（刑法第41条）。

(2) 限定責任能力者

限定責任能力者に属する者は、心神耗弱者ですが、心神耗弱者というのは、心神の障害の程度が、心神喪失者程ではないが、事物の是非善悪を弁別する能力およびそれに従って行動する能力が著しく減弱している者のことです。心神喪失と心神耗弱は、結局、精神障害の程度の差ということになります。裁判の実務上は、心神喪失は、容易に認定されにくいものの、心神耗弱については、比較的容易に認められる傾向にあるようです。

第1編 総 論

3 故意

　責任能力のある行為について、責任が認められるためには、行為の具体的な心情を検討し、その責任を追求できるための条件が備わっていなければなりません。この条件を責任を問うための条件という意味で「責任条件」といいます。責任条件の内容は、故意と過失から成り立っています。

(1) 故意の意義

　通説によれば、故意というのは、罪となるべき事実およびその違法性を認識することをいいます。刑法第38条は、「刑を犯す意」といっているところから故意のことを犯意ともいいます。

　故意が成立するためには、次のような要件が必要です（54頁**図10**参照）。

　ア　罪となるべき事実を認識すること

　罪となるべき事実というのは、構成要件に該当する事実、たとえば、製造所以外の場所において、許可を受けずに指定数量以上の危険物を貯蔵または取り扱うこと（法第10条第1項違反、第41条第1項第3号）をいいます。そして、罪となるべき事実の認識さえあれば、結果の発生を希望することも必要としません（大判大正11年5月6日刑集1巻255頁）。

　イ　行為の違法性を認識すること

　違法性というのは、法秩序に違反することです。刑法第38条第3項は、「法律を知らなかったとしても、そのことによって、罪を犯す意思がなかったとすることはできない」と規定していますから、法規を知らないからといって、故意がないということはできません。しかし、少なくとも、違法性を認識していることが必要であるとするのが、通説の考え方です。これに対して、判例は、一貫して「故意の成立には、違法性の認識は必要としない」という立場をとっています。

　実務上、通説をとるべきか、判例に従うべきかの問題がありますが、もちろん判例の考え方に従うべきでしょう。

　したがって、実務上、消防法令違反について、行為者が、罪となるべき事実の認識をもっていたことが確認された場合には、もちろん故意の成立があ

52

ると処理してよいわけですが、あわせて、違法の認識までも確認しておくことはベターな処理といえるでしょう。

消防刑法上の犯罪は、危険物取扱者免状の携帯義務違反（法第 16 条の 2 第 3 項、第 44 条第 6 号）、危険物運搬容器の転倒落下など通常不注意によって惹起される運搬基準違反（法第 16 条、第 43 条第 1 項第 2 号）、製造所等からの過失による危険物の漏出等で公共危険を発生させた行為（法第 39 条の 3 第 1 項）などの犯罪を除き、ほとんど故意犯（故意によって犯罪を行った場合に処罰されるもの）です。したがって、これらの犯罪については、行為者において、犯罪事実を認識していれば、故意の成立が認められることになります。

※　結果的加重犯の場合

故意に関連して理解しておかなければならないのは、いわゆる結果的加重犯と故意の問題です（54 頁図 11 参照）。

結果的加重犯というのは、一つの基本的な構成要件が実現されたのち、さらに、行為者の予期しない重い結果に対して責任が加重される犯罪のことです。この犯罪の場合、基本となる構成要件に該当する行為について故意が認められる限り、重い結果の発生については、因果関係があれば足り、故意を必要としません。したがって、行為者は、故意のない結果について責任を負わされることになりますが、本来、結果的加重犯が規定されているのは、基本となる行為自体に結果発生の危険が内在することを前提としているのですから相当因果関係の立場に立つ限り必ずしも不当な責任の拡張とはいえず、犯罪の性質上、やむを得ないこととされています。

消防刑法上、結果的加重犯の性質をもつ犯罪としては、製造所等における危険物の漏出等による致死傷罪（法第 39 条の 2 第 2 項、第 39 条の 3 第 2 項）および消火活動等妨害致死傷罪（法第 40 条第 3 項）などの犯罪ですが、これらの犯罪については基本となる行為、すなわち、故意による危険物の漏出等（法第 39 条の 2 第 1 項）、過失による危険物の漏出等または消火活動等に対する故意による妨害が認定されるならば人の死傷という重い結果の発

第1編　総　　論

生については、故意を必要としないことになります。

　なお、消防法第39条の2、第39条の3および第40条第3項に関する消防刑法上の詳細な解説については、第2編の各論に譲ることにします。

(2)　故意の種類

ア　確定的故意

　確定的故意というのは、特定の犯罪事実が確定的に発生することを認識した場合です。

イ　不確定的故意

　不確定的故意というのは、特定の犯罪事実が不確定的に発生することを認識した場合です。不確定的故意には、択一的故意（二つ以上の犯罪事実のうち、その一つが確実に発生するものとして認識した場合）、概括的故意（一定範囲内のいくつかの客体のいずれかに結果が発生することを認識した場

図10

故意
- 罪となるべき事実（構成要件に該当する事実）の認識（判例）
- 罪となるべき事実の認識＋違法性の認識（通説）

図11

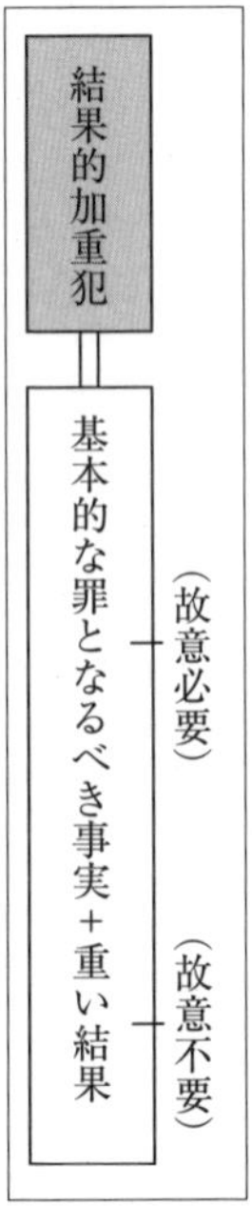

結果的加重犯

基本的な罪となるべき事実（故意必要）＋重い結果（故意不要）

図12

認識ある過失　←→　未必の故意

認識ある過失 ＝ 結果発生の可能性の認識＋結果発生の否定

未必の故意 ＝ 結果発生の可能性の認識＋結果発生の容認

54

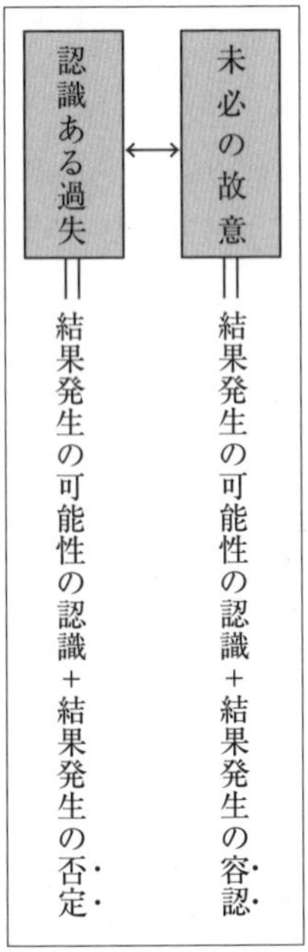

合）のほか、未必の故意に分けられ、消防刑法上関連のあるものは、未必の故意です。

未必の故意というのは、結果の発生そのものの可能性について不確実ながら認識し、かつ、これを容認した場合であるとされています。

たとえば、このようなことをすると、違反となるかもしれないが、たとえそうなってもやむを得ない（構わない）と考えて行う場合などがこれにあたります。

未必の故意は、後述の「認識ある過失」と似ていますが、認識ある過失というのは、結果発生の可能性を認識していたが、自分の技倆・幸運等を信頼して結果発生を否定した場合です（**図12**参照）。

たとえば、このようなことをすると違反となるかもしれないが、自分の場合には絶対にそのようなことがないと考えて行う場合などがこれにあたります。両者の違いは、結果の発生に対する容認の有無にあるとされています。結果の発生を容認した場合は、そこに法秩序に反抗する積極的な態度を認めることができますから、重い故意責任が負わされ、一方、結果の発生を否定した場合には法秩序に反抗する態度が消極的と認められることから、過失責任だけが問われることになるわけです。

(3) 錯誤

故意は、罪となるべき事実を認識することですから、認識したことと、現実に発生したことが一致することが原則です。しかし、実際問題として、認識したことと結果が一致しないことが起こり得ます。このように認識したことと結果が一致しない場合に故意があるということができるであろうか。これが錯誤の問題です。錯誤には法律の錯誤と事実の錯誤がありますが、ここでは、消防刑法上特に係わりのある法律の錯誤についてのみ言及することにします。

法律の錯誤には、行為者が法律を知らなかったため、法律上許されないと思って行った行為が、実は、法律上許されていた場合（積極的な法律の錯誤）と法律上許されていると思って行った行為が、法律上許されていなかっ

第1編 総 論

た場合（消極的法律の錯誤）の二つがあります。前者は、もともと、罪にならないものを罪となると信じて行ったにすぎませんから、問題となりませんが、後者の場合は、故意があるということができるかどうかが問題となります。この点について、刑法第38条第3項は、「法律を知らなかったとしても、そのことによって、罪を犯す意思がなかったとすることはできない。ただし、情状により、その刑を減軽することができる」と規定していますので、最高裁判所も、「法律の錯誤は故意を阻却しない。ただし、法律を知らなかったことについて酌量すべき事情があるときは、その刑を減軽することができる」と解しています（最判昭和32年10月18日刑集11巻10号2663頁）。

したがって、たとえば、消防法第10条第1項本文にいう「指定数量以上の危険物は、製造所等以外の場所で貯蔵し、または取り扱つてはならない。」という規制条文を知らなくとも、指定数量以上の危険物を貯蔵または取り扱ったという事実を認識していれば、故意に消防法第10条第1項違反（法第41条第1項第3号）を行ったことになります。

4 過失

過失は、故意とともに責任条件の一つですが、過失による行為を処罰できるのは、法律に特別の規定がある場合に限られることは、すでに述べたとおりです。

過失の意義については、刑法上、特段の定義がないため、その意味、内容は学説や判例に委ねられているわけです。

そこで、ここでは、過失とは何か、過失が成立する要件は何か、過失にはどのような種類があるのか、消防法令違反と過失の問題について解説することとします。

特に消防法令と過失の問題は、実務上重要な事項ですので、比較的詳しく説明することとします。

(1) 過失の意義

過失というのは、不注意により犯罪の事実、つまり、構成要件に該当する事実を認識しない心理状態（心的状態）のことです。

56

犯罪事実の認識を欠き、構成要件に該当する結果を発生させたとしても、その結果だけをとらえて、過失があるということはできません。不注意によって犯罪事実を認識しなかった行為者の態度にこそ、非難される余地があるわけです。

(2) 過失の要件

過失が成立するためには、次の二つの要件が必要であるとされています。

 ① 行為者が、犯罪事実を認識しなかったこと

 ② 行為者が、犯罪事実を認識しなかったことに不注意があったこと

ここで、不注意というのは、行為者において、本来、注意すべきであったのに、その注意力が足りなかったというような単純な心理的状態を指すのではなく、法令のほか、条理・社会通念あるいは経験則によって守ることを要求されている注意義務を怠ったことを意味します。

そこで、注意義務とは何かということが問題になるわけですが、注意義務の内容は、行為者がその具体的な事情のもとで、結果の発生を予見・認識しなければならない義務（結果予見義務）と、この予見・認識に基づいて結果の発生を防止するために必要な措置（作為または不作為）をとらなければならない義務（結果回避義務）から構成されます。しかし、その義務の前提として、一般通常人が、客観的にみて、結果の発生を予見し、認識できること（結果の予見可能性）と結果の発生を防止するための必要な措置をとることができること（結果の回避可能性）の二つの事情が存在していることが必要です。不可能な行為についてまで責任を負わせることはできないからです。

以上のことから、一般通常人において、客観的に、結果の発生を予見・認識し、これを回避することができたのに、注意を怠り（意思の緊張を欠くこと）、結果の発生を認識せず、これを回避する決意にでなかったときに、注意義務違反として過失が成立することになります。もちろん、構成要件に定められた結果が発生し、その結果と過失行為との間に因果関係があることが必要であることはいうまでもありません。

一方、一般通常人において、客観的に、結果の発生を予見・認識すること

ができなかったであろうと認められる場合（予見可能性の不存在）あるいは、結果の発生を防止することができなかったであろうと認められる場合（結果の回避可能性の不存在）には、結果の予見の義務や結果の回避義務が存在しませんから、結果を予見し、回避しなかったことにより、結果が発生したとしても、注意義務違反はなく、過失は成立しないことになります。いわゆる「不可抗力」というのは、このような場合を指します。

「不可抗力」について、もう少し説明を加えますと、①行為者が、必要な注意義務を完全に守ったけれども、結果の発生を避けることができなかった場合とか、②注意義務の違反があっても、当該違反と結果の発生との間に因果関係がなかった場合のように、注意義務違反の有無にかかわらず、結果が発生したであろうような場合が「不可抗力」にあたります。このような場合は、人の行為の結果ではあっても、注意義務違反の結果ではないから、その結果を発生させたことについて過失の責任を問うことができないという理屈になるわけです。

(3) 過失の種類

過失の種類については、次のようなものが考えられています。

ア　認識のない過失と認識のある過失

「認識ない過失」というのは、不注意により犯罪事実を全く認識しなかった場合を指し、過失の一般的な形態です。「認識のある過失」というのは、犯罪事実と結果発生の可能性を認識したが、具体的事情の場合、その結果の発生を否定した場合です。一般に過失という場合、認識のない過失と認識のある過失の双方が含まれ、刑法上の処罰については、特段の区別は設けられていません。しかし、この区別は、過失の情状としては、重要であるとされ、「重大な過失」の有無を判断する一つの資料ともなるとされています。

また、「認識のある過失」については、「未必の故意」との区別が問題となります。「認識のある過失」と「未必の故意」の関係は、両者が、結果発生の可能性を認識した点においては同じですが、前者が結果の発生を否定し、あるいは容認しなかったのに対し、後者は、結果の発生を容認した点に差異

が認められます。たとえば、危険物を収納した運搬容器を運搬車両に積載して運搬する場合、落下、転倒などの可能性については、認識しているが、自分の積載したものは、そのようなことがあり得ないと確信して運搬したところ、運搬途上において運搬容器の落下等があった場合には、「認識のある過失」に該当し、運搬容器の落下等があっても仕方がないとかやむを得ないと思って運搬した際、運搬容器の落下等があった場合には「未必の故意」が認められましょう（消防法第16条、危政令第29条、第30条関係）。

　イ　法律の過失と事実の過失

「法律の過失（違法性の過失）」というのは、行為の違法性を認識しないことについての過失、すなわち、ある行為が法律上許されていないものであることを不注意によって知らないことを意味し、「事実の過失」と区別されます。このように「法律の過失」というのは、犯罪事実については、認識していながら、不注意により違法性を認識しない場合ですが、この考え方に立ちますと、たとえば、危険物取扱者を乗車させないで危険物を貯蔵した移動タンク貯蔵所を移送した犯罪事実については、認識はあるが、不注意により、危険物取扱者を乗車させなかったことが違法な行為であることを知らなかった場合がこれにあたります。

図 13

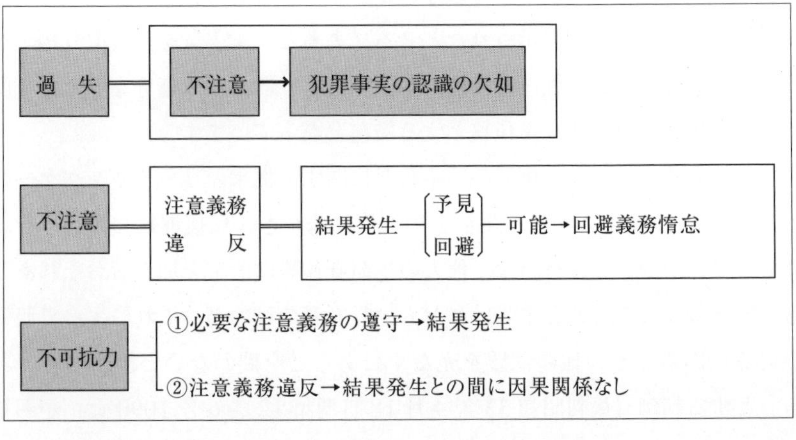

しかし、違法性の認識は、故意の要件ではないという立場に立ちますと、犯罪事実の認識がある以上、違法性の認識の有無に関係なく故意が認められることになり、法律の過失は、犯罪の成立上問題になりません。このことは判例の一貫した考え方です。

したがって、消防の実務上は、「法律の過失」の問題については、特に顧慮する必要がありません。

「事実の過失」というのは、「法律の過失」に対するもので、犯罪事実を認識しないことについての過失、すなわち、不注意により犯罪事実を認識しないことです。一般に過失といっているのは、この事実の過失のことです。

　ウ　業務上過失

「業務上過失」というのは、一定の危険業務に従事する者が、その業務上必要な注意（**注1・2**）を怠った場合です。不注意による過失の程度が重過失であると軽過失であるとを問いません。業務上失火（刑法第117条の2）、業務上過失致死傷（刑法第211条）などがこれにあたりますが、一定の業務に従事する者の業務上の過失であることを刑罰の加重要件としているものです。

判例（最決昭和60年10月21日判例時報1176号151頁）によれば、業務上失火罪の「業務」については、「職務として火気の安全に配慮すべき社会生活上の地位」と定義されており、このうち、職務の内容については、従来の最高裁判所の判例に示されたところによると、①火気を直接取り扱う職務、②火気発生の蓋然性（可能性）が高い物質、器具、設備等を取り扱う職務、③火災の発見、防止を任務とする職務となっています。

また、業務上過失致死傷罪の「業務」に関する従来のリーディングケースとしては、「本来、人が社会生活上の地位に基づき、反復継続して行う行為であって、かつ、その行為は、他人の生命身体等に危害を加えるおそれあるものであることを必要とするけれども、行為者の目的が、これによって収入を得るにあるとその他の欲望を充たすにあるとを問わないと解すべきである」とする判例（最判昭和33年4月18日刑集12巻6号1090頁）があり

ます。しかし、前掲判例（最決昭和 60 年 10 月 21 日判例時報 1176 号 151 頁）は、業務の範囲を拡大し、「人の生命・身体の危険を防止することを義務内容とする業務も含まれる」と判示しています。この判例は、百貨店、旅館等の火災により客などが死傷した場合、経営者等の過失責任を問責するための重要な判例として定着しています。

エ　重過失

「重過失」というのは、わずかな注意をはらえば結果の発生を予見し、これを回避することができたはずなのに、これを予見し、または回避しなかった場合のように注意義務違反が著しい場合です。

ここで、「注意義務違反が著しい」というのは、過失、つまり、不注意の程度が高いことを意味しますが、過失の程度が高いということは、結果が重大であることとは別問題です。結果が重大であっても、過失の程度が軽度である場合は、重過失ではなく、通常の過失ということになります。

重過失が非難され、重く処罰されるのは、結果の重大性ではなく、過失の程度の高いこと、不注意の程度の大きいことにあるわけです。

それでは、どのような場合に過失の程度が重大であるといえるのかについては、法律上、特に規定があるわけではありません。結局、個々の具体的な事情を総合して、判断しなければなりませんが、一般的な判断基準としては、次のようなことが考えられています。

①　注意義務違反が重大な結果を引き起こす可能性の大きい場合ほど過失の程度は大きい。

②　意思の緊張を欠く度合いが大きい場合ほど過失の程度は大きい。

③　結果の予見や回避が容易であればあるほど過失の程度は大きい。たとえば、ガソリン給油中の火気の不始末による失火と漏電による失火を比較した場合、前者の方が過失の程度が大きいことになります。

④　注意能力の高い人ほど、過失の程度は大きい。このことは、業務上過失が重く罰せられるのと同じ理屈です。

⑤　認識のある過失は、認識のない過失よりも一般に過失の程度が大き

第1編　総　論

い。結果発生を認識していれば、少しの注意さえすれば、容易に結果
の発生を回避できるはずだからです。

⑥　そのほか、注意義務の遵守を容易に期待できる場合ほど、過失の程
度は大きいといえます。

　以上が重大な過失の判断に関する大ざっぱな目安ですが、重過失と
いうのは、業務上過失以外の場合に問題となるものです。

（注1） 一定の業務に従事するものは、通常人に比し特別な注意義務がある
（最判昭和26年6月7日刑集5巻7号1236頁）。

（注2） 一定の危険業務に従事するものは、その業務の性質に照らし、危害
を防止するため、法律上、慣習上もしくは条理上必要な一切の注意を
なすべき義務を負担する（最決昭和37年12月28日刑集16巻12号
1752頁）。

◎　**消防法令違反に関連する業務上失火・過失致死傷被告事件**

●**事例（その1）**

> **移動タンク貯蔵所の給油ミス等に関わる業務上失火・過失致死傷被告事件**
> **（東京地裁昭和48年5月7日判決）**

〔**判決**〕

　禁錮10月、執行猶予3年

〔**事件の概要**〕

　移動タンク貯蔵所の運転手甲は、昭和44年3月29日午後5時ごろ、東
京都新宿区内に所在する公衆浴場（政令別表9項ロ）乙の地下タンクに重
油を給油する際、誤って過剰給油したため、サービスタンク上部から漏れた
重油がボイラー室内に流入し、折柄、点火中のスチームボイラーの火に引火
し火災となった。この火災により同浴場の大半が焼失し、従業員（女）5名
が焼死したもの。

〔**判決理由**〕…業務上失火の予見可能性に関するもの

　「本件乙における重油貯蔵施設には、メインタンクに漏油警報ベルが設置

62

されておらず、メインタンクとサービスタンク間の所謂戻り管に逆止弁がなく、また、サービスタンク室等に漏油にそなえた油溜乃至排油設備がないままボイラー室に向け下り傾斜となっており、さらにはまた、ボイラー室床面もボイラー空気取入口付近が低くなっていて漏油が生じた場合重油がそこに滞留し易い状態にあるなど多くの瑕疵があり、しかも本件給油に際しての受入管理にも不行届があり、これらが、本件火災の重要な要因となっているのであって、仮に本件火災が被告人甲の過剰給油と何らかのかかわり合いを有しているとしても、同被告人としては乙方における重油貯蔵施設に前記のような瑕疵がなく、受給管理も十分整っているものと信頼して給油したものであり、出火という事態は全く予見不可能であったと主張する。

しかしながら、証拠によれば、被告人甲が本件において取り扱った重油は、消防法上危険物とされ、その取扱いには格別の注意が必要とされているものであって、このような危険物をみだりに過剰給油すれば出火その他不測の事態が生じ得べきことは経験則上容易に肯認し得るところである。消防法がこの種危険物の取扱に危険物取扱主任者の立会を義務づけている（昭和46年法律第97号による改正前の同法第13条際第3項）のも、右のような危険性をも配慮したことによるものと解されるのであって、被告人甲が前判示のような不注意（タンクローリー車1号タンクのバルブの安全不確認）により1,400リットルに及ぶ多量の重油を過剰給油するにおいては、これにより本件のような事態が生じ得べきことはその予見可能の範囲内に属するものと解されるのであり、このように解してもこの種作業の従事者に不当に重い予見義務を課するものとはいえない。乙方重油貯蔵施設に所論の指摘するような点があって、そのうちには法律上の見地から問題となるものがないでもなく、また、本件においては給油受入側の管理態勢にも問題の余地がないとはいい難いけれども、これらは情状の問題として考慮し得るのは格別、被告人甲の本件過失の成立に格別の消長を及ぼし得るものではない。」

第1編　総　　論

●事例（その2）

　消防法令に違反して事故等が発生し、業務上過失致死傷罪（刑法第211条）に問われた例は、比較的多くみられますが、その一例をあげると、次のとおりです。

> **和歌山県・椿グランドホテル火災業務上過失致死傷被告事件**
> （和歌山地裁昭和51年3月30日判決）

〔判決〕

　禁錮10月、執行猶予2年、罰金10万円

〔事件の概要〕

　昭和47年2月25日午前6時30分ごろ、和歌山県西牟婁郡白浜町に所在する株式会社「椿グランドホテル」の中央館3階配膳室付近から出火し、同ホテル全館が焼失するとともに、4階・5階の宿泊客3名が焼死するほか、4名が避難の際に負傷するという事故が発生した。このため、同ホテルの経営者甲が業務上過失致死傷罪に問われたもの。

〔判決理由〕

1　甲に対する業務上の注意義務の根拠および内容

　(1)　本ホテルでは、代表取締役である甲が同ホテルの経営、管理の一切の権原を掌握し、経理担当および営業担当の各々に支配人が配置され、同支配人を防火管理者に選任していたが、経営内容の悪化といったこともあって金銭的支出事項、各従業員に対する指揮、監督については直接あたっていた。

　(2)　本ホテルは、消防法上の防火対象物に該当し、多数の宿泊客を収容し、その業務を遂行していたことから、経営責任者には宿泊客らの生命、身体、財産などの安全を確保すべき万全の措置を講ずることが要請され、火災防止のために、消防法令の趣旨、目的に沿った防火管理業務を自ら履行すべき義務があった。

　(3)　右義務は、消防法第8条第1項に定める防火管理者の選任により

64

直ちに免責されるものではなく、選任後においても防火管理者の義務とともに、併存しているものと解するのが相当である。

(4) 消防法第8条は所定の防火対象物の防火管理を強化徹底するため、同対象物の管理について権原を有するものに、消防法令の趣旨、目的に沿い、特に防火管理者を選任して防火管理上の所要の業務を行わせて、それを指揮、監督することを義務づけ、その業務の具体的内容を明記したものと解される。

(5) 右の諸点から、甲は管理権原者として、消防計画の作成、避難訓練の実施による火災時の敏速な避難誘導等の配慮、消火・避難・警報設備の設置、点検、宿泊客らへの避難要領の告知等をするとともに、防火管理者らをして上記各措置を行わせ、火災事故の発生を未然に防止すべき万全の措置を講ずる義務を負っていたものというべきである。

2　甲に対する個別的注意義務および違反内容

(1) 宿泊所については、消防法第17条で定める所要の消防用設備等の設置が義務づけられているところ、甲はホテルの経営管理権原者として、政令の改正によって煙感知器付自動火災報知設備を設置すべき業務上の義務を負っていたにもかかわらず、未設置であった。

(2) 既設の熱感知器付自動火災報知設備については、誤報事故が多かったことから、従業員がスイッチを切っておくようなこともあったほか、甲は同設備の補修改善等をすべき業務上の注意義務を怠っていた。

3　本件火災と死傷との因果関係

(1) 甲が煙感知器付自動火災報知設備の設置および既設の熱感知器付自動火災報知設備の点検整備を各々怠っていたことから、本件火災の早期発見と、被害者への火災発生の告知が遅れた。

(2) 本件の場合、甲の義務違反に起因する死傷事故は、経験則上予見可能であった。

第1編 総 論

(3) 右の点から判断すれば、甲の注意義務懈怠と宿泊客らの死傷事故には、相当因果関係を認めざるを得ない。

神戸・池の坊満月城火災業務上過失致死傷被告事件
(神戸地裁昭和 53 年 12 月 25 日判決)

〔判決〕
禁錮 2 年、執行猶予 2 年

〔事件の概要〕
昭和 43 年 11 月 2 日午前 2 時 30 分ごろ、神戸市内に所在する旅館「池の坊満月城」仁王殿 2 階サービスルームから出火し、同旅館のほとんどが焼失するとともに、火災の発生を早期に宿泊客らに連絡できなかったことにより宿泊客ら 30 名が焼死した。

〔判決要旨〕
1 注意義務の存在
 (1) 自動火災報知設備は、当時、火災の早期発見、避難、消火に最も有効な機能を発揮しえたと考えられる。また、既存建物部分に設置義務が生じた。
 (2) 同旅館の規模、建物の配置および構造等に鑑みて、いったん火事になれば火の回りは早く、特に深夜は避難、脱出が著しく困難で、少なからぬ焼死者や負傷者を出すであろうことは、一般通常人において、十分予見可能である。
 (3) 既存建物部分に自動火災報知設備を設置することは、甲によって単に消防法令上の義務にとどまらず、刑法上の注意義務である。
2 注意義務違反
 甲は、消防当局の再三にわたる指導、勧告、警告にもかかわらず、自動火災報知設備を既存建物部分に設置しなかった経過に照らせば、注意義務の違反がある。
3 甲の過失と焼死との因果関係

第 2 章　犯罪の成立

(1)　鑑定書は、基本的部分において合理性を認められるが、一部において無視できない欠陥を有しているので、一応参酌しはするが、さらに宿泊者の避難状況を検討することが不可欠である。

(2)　吟松閣 1 階、同 2 階、緑雨荘 1 階の各間（既存建物部分、宿泊者 29 名中 18 名死亡）の生存者の避難状況および死亡状況から判断すると、甲の過失と焼死との間には条件関係が認められるばかりでなく、建物の配置、構造、深夜の火災であること等の前示状況に鑑みれば、甲の過失から結果が生じるであろうことは一般通常人においても予見可能であると考えられ、その間には因果関係が肯認できる。

(3)　天守閣（増築部分、宿泊者 16 名中 10 名死亡、うち従業員 1 名）の生存者の避難状況および早期発見者らの行動を合わせ勘案すれば、既存建物部分に自動火災報知設備が設置してあれば、死亡者らを含む天守閣の宿泊者は全員、遅くとも早期発見者らとほぼ同じころまでに脱出できたと考えられ、本件過失と焼死者との間には因果関係が肯認できる。

(4)　本丸（増築部分、宿泊者 11 名中 2 名死亡）の生存者の避難状況は、宿泊者が火災に気付いた時は既に各階廊下に煙が充満し、生存者はいずれも部屋の窓等から、ある者は雨樋を利用して、ある者は布団を投げ、その上に飛び降りるという極めて危険度の高い脱出方法をとることによって、間一髪助かったことが認められ、結局、出火室の感知器が作動したとみられる時点までの間には、本丸 5 階の宿泊者が全員安全な経路をたどって無事に避難できたことを認めるに足る証拠は不十分であり、各焼死者との間に因果関係を認めることはできない。

千日デパート・ビル火災業務上過失致死傷被告事件
（大阪地裁昭和 59 年 5 月 16 日判決）

〔判決〕

67

第1編　総　　論

甲、乙および丙いずれも無罪

〔事件の概要〕

　昭和47年5月13日、午後10時半ごろ、大阪市南区難波新地3の雑居
ビル「千日デパートビル」（地下1階、地上7階）3階のスーパー「ニチイ」
寝具売り場付近から出火、2階から4階までの約9,000平方メートルを全焼
した。この火災で7階のキャバレー「プレイタウン」の客、ホステスら118
名が一酸化炭素の中毒や飛び降りなどで死亡、42名が重軽傷を負うという
ビル火災史上最悪の惨事となった。このため、同ビル所有の日本ドリーム観
光千日デパートビルの管理部次長（起訴後死亡）と管理部長甲、また、キャ
バレー「プレイタウン」の代表取締役乙と同支配人丙が業務上過失致死傷罪
に問われたもの。

〔判決要旨〕

　1　はじめに（略）

　2　日本ドリーム観光株式会社および千土地観光株式会社について（略）

　3　千日デパートビル、千日デパート管理部およびプレイタウンについて（略）

　4　被告人らの経歴（略）

　5　本件火災の概略（略）

　6　プレイタウン内の情況および死傷者の発生（略）

　7　被告人甲の過失について

本件の結果発生を防ぐためには、火災の拡大を防止して多量の煙が発生す
るのを防止するよりほかなかったのであるが、火災は、発生を予測しがたい
ものであり、千日デパート閉店後にその売り場内で発生しても、当時の同デ
パートでは直ちに保安係員が駆け付けて消火や拡大防止のための措置を講じ
ることができるような体制はなく、かつ、売り場内の防火区画シャッターは
3階の4枚が自動降下式であるほかは、すべて手でスイッチを入れて降下さ
せる方式で、万一閉店後の売り場内から出火した場合に、その拡大を防止す
るためには、平素から閉店後は、階段出入り口の防火シャッター、売り場内
にある防火区画シャッター57枚も閉鎖する必要があった。

68

しかし、防火区画シャッターは手動巻上式であったため一枚を巻き上げるのに3分ないし5分を要し、宿直の保安係員のみでは開店間際に防火区画シャッターを開けることはできない。他の従業員にも巻き上げ作業を行わせることは、職務外の余分の仕事を行わせることになること、テナントの多くは防火意識が不足しており、必ずしも防火活動に協力的であったとはいいがたい。消防当局がデパートに対し閉店後に売り場内の防火区画シャッターを閉めるよう指導するようになったのは、本件火災の約1年前からであることなどに照らし、発生時までに、防火体制を整えることができたかどうかは疑わしい。

また、本件火災当日、勤務要員以外に工事への立会人を割くことができたとは認められないし、当時、日本ドリーム観光株式会社自体、テナントの工事に保安係員を立ち会わせる義務はないと考えていたと認められる。被告人甲や次長が、仮に、右工事に立会人を付することの必要性を認めて、その旨上司に働きかけていたとしても、これが必ず実現していたとも認めがたい。

8　被告人乙および同丙の過失について

プレイタウンにおいては6階以下の階から出火した場合を想定して避難訓練をしたことが一度もなく、仮に避難計画を立てて各避難階段の状況を調査検討していれば、B階段が、その構造上煙が侵入せず（いわゆる屋外階段ではない）、かつ、1階のプレイタウン専用出入り口に通じているため、地上に避難するための唯一安全な階段であることに気付いたはずである。被告人丙が、これに気付いたとすれば、当然、ホールからB階段に至るまでの経路の安全性についても検討を加えるはずであり、そうしていたならばホールからB階段に至るまでの間には、多量の煙が侵入することはないとの結論に到達したはずである。

しかし、現実には2基のエレベーターのうち、クロークの隣にある1基が煙道となり、そこから多量の煙が急速に噴き出してきた。これは、昇降路の2階および階の壁にすき間があったからで、工事の手抜きによるものと思われるが、被告人丙がこれに気付くことは到底期待できないものである。

したがって、エレベーター昇降路から多量に煙が噴き出すことは同被告人にとって全く予想しがたい事態であった。たとえ、6階以下から出火した場合に備えて避難計画を立てていたとしても、予想外の事態に遭遇して、とっさにB階段から避難するよう従業員や客に指示したとしても、果たして何名の者が無事通り抜けてB階段まで行くことができたかも甚だ疑問である。

また、救助袋について平素から使用訓練をしていたとしても、本件のように多数の者を一時に避難させることまで想定して訓練することは期待できないし、滑り降りて避難することが可能な状態になっていたとしても、そのためにかえってわれ先に避難しようとする者によって、救助袋の周囲は大混乱に陥り、これを利用しようとしたもの全員が避難できたとは到底考えられない。

9　結論

よって、被告人3名については、いずれも犯罪の証明がないから、無罪の言い渡しをすることにする。

※〔控訴審判決〕

大阪高等裁判所は、昭和62年9月28日、原判決を破棄し、甲に対して禁錮2年6月・執行猶予3年、乙および丙に対して禁錮1年6月、執行猶予2年のいわゆる逆転判決を言い渡した。

判決の要旨は、次のとおりです。

1　検察官の控訴趣意

原判決は、公訴事実に対し、被告人甲について、千日デパート閉店時における売場内の防火区画シャッターの閉鎖義務および閉店後の工事現場に保安係員を立ち会わせる義務を認めながら、右各義務を履行することは事実上困難であり、本件結果の回避可能性がなかったとし、また、被告人乙、同丙について、「プレイタウン」の救助袋の維持・管理義務および階下で火災が発生した場合の避難誘導訓練実施義務を認めながら、本件火災による煙は、エレベーターの昇降路という予期できない場所から、急速かつ大量に「プレイタウン」店内に侵入したため右各注意義務を尽くしていたとしても、客等を

避難誘導し得たか疑問がある上、救助袋によって本件被害者全員が脱出し得たとは認められず、結果回避の可能性及び因果関係の存在の証明がないとして、被告人3名をいずれも無罪とする判決を言い渡したが、原判決の右判断は事実を誤認したものである、というのである。

2 当裁判所の判断

(1) 証拠による認定事実

千日デパートビルの概要、本件火災の概略、火災当時の「プレイタウン」店内の状況および死傷者の発生等につき、当裁判所が認定した事実は、左記の点を除いて、原判決の認定事実とほぼ同一である。

ア 原判決は、「プレイタウン」の調理場にいた従業員が、事務所入口前の北側換気ダクト開口部から噴き出している煙に気付いた時刻を午後10時40分ころと認定しているが、関係証拠によると、右時刻は午後10時39分ころと認定するのが相当であり、また、被告人丙が右ダクトからの煙を見て、階下が火事であることを覚知した時刻は10時39分過ぎころと認められる。

イ 原判決は、被告人丙がホールからアーチの南側に来たのは、煙が南側エレベーターの昇降路から多量かつ急速に噴き出し始めた直後ころで、その時刻は午後10時42分過ぎころであると認定しているが、関係証拠によると、同被告人がアーチとクロークの中間付近に至った時点までの、南側エレベーター昇降路から流入する煙の量はいまだ少量であり、かつ、同被告人が右クローク付近に到着した時刻は午後10時40分過ぎころであると認定するのが相当である。

(2) 被告人らの業務と各注意義務の内容

千日デパートビルはいわゆる複合ビルで、同ビルの6階以下の各売場は午後9時に閉店し、7階のキャバレー「プレイタウン」だけが午後11時まで営業しているという特異な状況にあり、右各売り場閉店後の6階以下の階で火災が発生した場合、多量の煙が営業中の「プレイタウン」店内に侵入充滞することが十分予測されたのであるから、①千日デパート管理部管理

課長で同ビルの防火管理者として、同ビルの防火上必要な構造および設備の維持・管理を行うなどの業務に従事していた被告人丙としては、同ビルの6階以下の各階売場に設置されている防火区画シャッターを平素から点検、整備した上、各売場の閉店時に保安係員らをして、少なくとも、1階ないし4階のこれらの防火区画シャッター（ただし、3階北側に設置の自動降下式のものを除く。）を完全に閉鎖させ、閉店後工事等を行わせる場合でも、工事に最小限必要な部分のシャッターだけを開けさせ、保安係員を立ち合わせるなどして、なんどき火災が発生しても、直ちにこれを閉鎖できる措置を講じ、もって、火災の拡大による煙が営業中の「プレイタウン」店内に多量に侵入するのを未然に防止すべき業務上の注意義務が、②また、「プレイタウン」を営む千土地観光株式会社の代表取締役で同店の管理権原者として防火管理者等を指揮監督して、避難訓練の実施、避難上必要な設備の維持・管理を行うなどの業務に従事していた被告人乙および「プレイタウン」の支配人で同店の防火管理者として、右同様の業務に従事していた被告人丙としては、平素から救助袋の維持・管理に努めると共に、従業員をして客等に対する避難誘導訓練を実施しておき、現実に火災が発生して、「プレイタウン」店内に煙が侵入した場合には、速やかに従業員をして客等を避難階段に誘導し、若しくは救助袋を利用して避難させ、もって、客等の逃げ遅れによる事故の発生を防止すべき業務上の注意義務が、それぞれ存在する旨認定した原判決の判断は肯認できる。

(3) 各注意義務の不履行

被告人3名は、いずれも千日デパート閉店後に千日デパートビルの6階以下の階において火災が発生することはあるまいとの考えから、①被告人甲は、大阪市消防局の係官から閉店時に防火区画シャッターを閉鎖するようにとの指導を受けながら右閉鎖を考えたことがなく、したがって、その閉鎖方法について検討を加えて上司に進言することもないまま放置、かつ、本件火災当時、同ビル3階で工事を行っていた現場に保安係員を立ち会わせる措

置を講ぜず、その必要性について上司に進言することもなかった。②また、被告人丙は、同ビルの6階以下の階から出火したことを想定しての避難訓練を行ったことがなく、被告人乙も、右避難訓練を行うよう被告人丙以下の従業員を指導したことはなかった。さらに、右被告人両名は、3回にわたって、所轄消防署係員から救助袋がねずみにかまれて破損しているので、補修するか、取り替えて使用可能な状態にするように口頭および文書で指示されていたが、これを破損したまま放置していた。

（4）結果回避可能性および因果関係の存在

ア　被告人丙について

千日デパートの1階ないし4階にある合計57枚の防火区画シャッター（手動巻上げ式）を毎日閉店時に閉鎖するとすれば、その閉鎖自体は、シャッター開閉装置のスイッチを倒すだけでシャッターが自重により降下するので容易であるが、これを翌朝開店まえに開けるためには、一枚ずつ右開閉装置にハンドルを入れ手で回して巻きあげなければならないところ、その一枚の巻き上げ所要時間は、同種の防火区画シャッターの巻上げ実験結果によると、連続して巻き上げることによる能率低下等を考慮しても、最大限度3分程度と認められるから、隔日に24時間勤務体制の宿直保安係員のうち右巻上げ作業に従事可能な宿直保安係員3名が、1名当たり19枚を巻き上げるとして、その所要時間は一時間程度であり、宿直保安係員が午前7時30分ころまでに行う最後の全館巡回終了後、交替時刻である午前9時30分までの間に、右保安係員のみで巻あげ作業を完了し得るものと考えられる。しかし、当該係員にとっては隔日の作業とはいえ巻上げ自体は毎日の作業であることから、仮に少数の保安係員のみで行うことが困難であるとしても、関係証拠によれば、被告人甲が同デパートの店長等の上司に対し、右シャッター閉鎖の必要性について進言していたならば、上司としてもこれに対応した体制作りを実行したであろうと考えられる上、右シャッターの開閉について、同デパートの他の従業員による応援およびニチイを始めとするテナントの協力を得ることも十分できたものと認められ、これらの点を併せ考えると、管理

部従業員の応援あるいはテナントの協力を得ることによりその実行は可能であったと認められる。さらに、同デパート閉店後に行われる工事に保安係員を立ち会わせることについても、同デパートの通常の勤務体制では、宿直保安係員は5名であるから、巡回や受付等の日常業務に必要な人員を考慮しても、うち1名は常時工事立会が可能な体制にあったというべきであり、本件火災当夜はたまたま保安係員1名が欠勤していたため4名であったが、このように欠勤者が生じたときは、どの企業でも行っているように、臨時の当直員を置くなどの措置を講ずべきであり、それが管理者として容易になし得ることであるから、これを怠って保安係員をして工事に立ち会わせなかったために管理上の手落ちが生じたとすれば、それは同被告人の責任というべきである。

　そして、関係証拠によると、同被告人が前記注意義務、すなわち、防火区画シャッターの閉鎖および工事現場に保安係員を立ち会わせる義務を尽くしていたならば、本件火災による焼燬の範囲は、同ビル3階の東側部分に限定され、「プレイタウン」店内に煙が侵入する主な経路は、南側エレベーター昇降路のみとなって、その流入速度、量とも著しく低く、また、出火後30分近くまでB階段等を利用して避難することができたものと認められ、火災当時「プレイタウン」店内にいた客、従業員ら181名全員は、被告人丙らの適切な避難誘導とあいまって、完全に避難できたものであり、本件結果の回避可能性および同被告人の過失と本件被害者全員の死傷との間に因果関係が存在する。

　原判決は、被告人甲が前記義務を履行することが事実上困難であり、甲被告人には本件結果の回避可能性がない旨判示するが、原判決が挙げる論拠はいずれも理由がなく失当である。

　イ　被告人乙、同丙について

　右両被告人が前記業務上の注意義務（救助袋の維持管理および避難誘導訓練義務）を尽くしていたならば、本件火災当時、「プレイタウン」店内にいた客等181名のうち、後述の更衣室にいたホステスら11名を除く者ら

は、B階段からの避難誘導に加え、救助袋による避難方法が併用されること
により、安全に避難することができたものであり、本件結果の回避可能性お
よび右被告人両名の過失と右11名を除くその余の本件被害者の死傷との間
に因果関係が存在する。すなわち、千日デパートビル7階の「プレイタウ
ン」店内にいる者にとって6階以下の階で火災が発生した場合の避難階段は、
同ビルの構造上各売場から完全に遮断されているB階段のみであるところ
(ただし、B階段自体から出火して同階段に煙が充満するというようなきわ
めて例外的な場合を除く。)、被告人丙が、北側換気ダクト開口部から噴き出
している煙を見て階下で火災が発生したことを覚知した午後10時39分過
ぎころの時点、あるいは、遅くとも同被告人がクローク付近に到着し、南側
エレベーター昇降路(クローク東側に所在)から侵入してくる煙を見て、階
下の火災の容易ならざる事態であることを覚知し得、かつ、クロークの南側
にあるB階段の状況を確認し得たと認められる午後10時40分過ぎころの
時点において、右エレベーター昇降路から侵入する煙はいまだ少量であって、
B階段への避難誘導に何ら支障のない状態にあったのであるから、煙は急
速に充満してくることに思いを致し、同被告人は、直ちに従業員を指揮して
B階段への避難誘導を開始するとともに、店内に設置の救助袋の使用開始
の準備を進めることが可能であり、関係証拠によって認められる右両手段に
よる各避難可能人数および各避難可能時間等からすると、主たる避難方法で
あるB階段への避難誘導に加えるに、補完的に救助袋による避難方法が併
用されることにより、前記のとおり181名の「プレイタウン」在店者のうち、
11名を除くその余の在店者全員が安全に避難し得たものと認められる。

　原判決は、本件火災による煙は、エレベーター昇降路という予測できない
場所から急速かつ大量に「プレイタウン」店内に侵入し、そのため同店内は
大混乱に陥ったと認められるので、右被告人が前記注意義務を尽くしていた
としても、在店者を避難誘導し得たか疑問であり、救助袋についても、取替
え若しくは補修されて完全に設置されたとしても、本件被害者全員が脱出し
得たとは認められず、救助袋の周辺にいた一部の者が助かったとしてもそれ

第 1 編 総　　論

がだれであるかを特定できないので、本件結果の回避可能性がなく、因果関係の証明もないとする。しかし、南側エレベーター昇降路から多量の煙が流入し始めたのは午後 10 時 42、3 分ころであり、被告人丙がクローク付近に到着したのは、それ以前の B 階段への避難誘導に何ら支障のない時点であるうえ、右昇降路からの煙の侵入が予想外の事態であったとしても、B 階段自体に煙が充満していたわけではないから、B 階段への避難誘導を断念すべき理由はなく、また、本件の場合、クローク付近に煙が充満して来てからは原判決のいうように店内が大混乱した状態にあったことが認められるが、これは、被告人丙らが階下で火災が発生した場合に備えて、B 階段からの避難誘導訓練を全くしていなかったために、階下での火災発生を覚知後速やかに適切な避難誘導をなし得なかったことによるものであり、避難の時機を失って混乱に陥った後の状況を前提として避難誘導の可能性を否定する原判決の判断は失当というべく、その他原判決が掲げる論拠について一々検討してみても、理由がなく失当である。

(5) 更衣室にいた 11 名について結果回避可能性の不存在について（被告人乙、同丙につき）

本件火災当時、「プレイタウン」の更衣室にいたホステスら 11 名については、被告人乙、同丙が前記注意義務を尽くしていたとしても、その死傷の結果を回避する可能性はなかったというべきである。すなわち、被告人丙が、午後 10 時 39 分ころ従業員らが騒ぐ声などをきいて事務所出入口の扉を開けたところ、事務所前の道路をへだてた正面にある換気ダクト開口部から噴き出している煙がいきおいよく事務所内に流れ込み、同被告人は、右通路を 2、3 人の従業員について通路西側にある更衣室の方へ向かったが、通路に煙が充満していて、前を行った 2、3 人が同室へ行くことを断念して引き返して来たため、同被告人も引き返さざるを得なかったこと、一方、更衣室にいたホステスの福田八代枝は、午後 10 時 40 分ころ前記換気ダクト付近で消火作業をしている声を聞き、その方へ行こうとして更衣室の出入口から通路へ出たが、通路から黒い煙が追ってきたため行くことができず、次いで更

76

衣室西側にある E 階段から避難しようと考え、午後 10 時 42、3 分ころ同階段への出入口扉を開けたところ階段内に充満していた煙が噴き出して来たため、更衣室内に一瞬のうちに煙が充満し、在室者は右往左往した末、北側の一か所の窓際へ行って窓を開け右福田ら数名が身を乗り出すなどして外気を吸いながら救いを求め、その後消防署のはしご車により右福田ら 2 名が救出されたが、右 2 名はいずれも一酸化炭素中毒等により負傷し、その余の者は同室等で一酸化炭素中毒により死亡したこと、以上の事実関係に照らすと、午後 10 時 39 分ないし 40 分ころには、換気ダクト開口部からの煙のために更衣室へ通じる通路の通行が遮断されて避難路として使うことができず、同被告人が階下での火災発生を覚知した午後 10 時 39 分過ぎころ以降更衣室に在室した 11 名を B 階段や救助袋のあるホール東側の窓際の方へ避難誘導することは不可能であったと認められ、右 11 名の死傷の結果は回避できなかったというべきである。

(6)（まとめ）

結局、右更衣室にいた 11 名を除く 149 名の死傷の結果（死亡 109 名、傷害 40 名）は、被告人 3 名の過失の競合によるものであり、右更衣室の 11 名の死傷の結果（死亡 9 名、負傷 2 名）は、被告人甲の過失によるもので、被告人乙、同丙については過失がないものというべきである（したがって、被告人乙、同丙に対する本件公訴事実中、右 11 名に係る業務上過失致死傷の点は、犯罪の証明がなく無罪であるが、右 11 名とその余の本件被害者に対する右被告人両名の所為は科刑上一罪の関係にあるとして公訴が提起されたことが明らかであるので、主文においてその無罪の言い渡しをしなかったものである。）。

(7) 量刑の理由

本件火災による死亡者は 118 名、負傷者は 42 名もの多数にのぼり、ビル火災事故としてまれに見る大惨事であるところ、このような多数の死傷者を出すに至った原因は、防火管理の業務に携わる被告人らにおいて遵守すべき基本的な注意義務を尽くさなかったことによるのものであり、殊に、被告人

甲は、大阪市消防局の係官から、千日デパートの閉店時に売場内の防火区画シャッターを閉鎖するようにとの指導を受け、また、被告人乙、同丙も、所轄消防署の係官から破損した救助袋の補修若しくは取替えを再三にわたって指導されていたにもかかわらず、いずれも火災が発生することはあるまいとの安易な考えから、前記各注意義務の履行を怠りかかる重大な結果を招いたものであって、被告人らの過失はそれぞれ重いものがあり、加えるに、被害者らには特段の落度はない上、被害者やその遺族等の被害感情も察するに余りあるものがあること、本件火災が社会に与えた衝撃は極めて大きいものがあることなどの諸点に照らすと、被告人らの刑責はいずれも重大であるが、他方、本件火災がこのように重大な結果に至った原因として、被告人らの過失以外に、同ビル3階での本件火災発生を知った宿直保安係員のだれもが、千日デパートと「プレイタウン」間の共同防火体制が整っていなかったこともあって、火災発生及びその状況等を「プレイタウン」に通報しなかったために、被告人丙らにおいて早期に適切な避難誘導をなし得なかった面があること、また、「プレイタウン」専用の南側エレベーター昇降路の壁の一部に同デパート開業時の手抜工事によると思われる隠れたすき間があったために、これが右昇降路からの煙の侵入となったほか、北側換気ダクト内に設置された3か所の防火ダンパーが同様に欠陥工事により作動しなかったため、煙が同ダクト内を上昇して7階の開口部から「プレイタウン」店内に流入したことを指摘することができ、これらの点について、被告人3名に特段せめられるべき点はないこと、日本ドリーム観光、千土地観光等と本件死亡被害者の遺族及び傷害被害者との間に示談がほぼ成立し、損害金の支払も終わっていること、被告人3名はいずれも前科前歴がなく、これまでまじめな社会生活を送って来た者であること、さらに、被告人甲について、当時、売場内の防火区画シャッターの閉鎖を命ずる直接の法令上の根拠がなく、消防当局も、本件より約一年まえの市内百貨店の夜間一斉査察のころまでは千日デパートに対して右閉鎖を指導したことはなく、同査察の際の指導も口頭でなされただけで、店長らに対する文書による指示はなされていないこと、多数

の手動巻上げ式シャッターを毎日少数の保安係員に開閉させるについては労務対策等の問題が生ずることは避けられない上、これを電動巻上げ式のものに取り替えるについては相当な出費を要するところ、社内的に厳しい経費支出規制がなされていたなどの事情もあり、右シャッター閉鎖義務不履行の責任を防火管理者とはいえ一課長にすぎない同被告人にすべて負わせることは、酷に過ぎる嫌いがあること、被告人乙、同丙について、「プレイタウン」の北側換気ダクト開口部及び南側エレベーター昇降路の2方向から噴き出す煙が、被告人丙らをして客等に対する適切な避難誘導を困難にした一面があり、この点は右被告人両名の過失責任を左右するものではないが、量刑上は考慮すべきであること、被告人丙が防火管理者に選任されてから一回だけ行った消防訓練（階下での出火を想定したものでない）の際消防署の係官から、階下で出火した場合にはB階段へ避難するようにとの指導は特になされなかったこと、被告人乙は「プレイタウン」を経営する千土地観光の代表取締役であったが、実質上の経営権を有しておらず、同会社は、親会社の日本ドリーム観光から経費支出等につき厳しく規制されていたことなど、被告人3名についていずれも酌量すべき点があり、以上の諸般の情状を総合勘案すると、被告人3名の責任は重大であるが、それぞれにつき、刑の執行を猶予するのが相当である。

川治プリンスホテル火災業務上過失致死傷被告事件
（宇都宮地裁昭和60年5月15日判決）

〔判決〕

　甲　禁錮2年6月、乙　同2年6月執行猶予3年

〔事件の概要〕

　昭和55年2月20日午後3時ごろ、栃木県塩谷郡藤原町大字川治45番地に所在する有限会社川治プリンスホテルの婦人風呂浴室天井裏から出火し、同ホテルが全焼するとともに、宿泊客41名および従業員が3名焼死し、宿泊客22名が負傷するという事故が発生した。このため、同ホテルの専務甲

79

第1編　総　　論

および代表取締役乙が業務上過失致死傷の罪に問われたもの。

〔判決要旨〕

1　注意義務

　被告人乙は、有限会社川治プリンスホテルの代表取締役、同甲はその取締役で、共同の業務として同ホテルの経営を統轄していた。同ホテルの建物は鉄骨木造5階建（5階はボイラー室で客室は4階まで）の旧館と木造一部鉄骨2階建の新館とが接着して建てられ、1、2階の各中央部で相互に連絡通路により結合されているもので、宿泊客約250名を収容する規模を有していた。被告人両名は同ホテルの経営者として、万一火災が発生した場合、客や従業員の生命身体に危害が及ばないよう、平素から①火災報知ベルが鳴った場合における出火場所、状況の確認、宿泊客への通報、避難誘導等の担当者、手順等についての計画（消防計画）を作成し、これに基づく避難訓練を実施してこれを従業員に周知徹底させておくとともに、②建築・消防関係法令に従い、旧新館連絡通路に煙感知連動式甲種防火戸を設置し、旧館2ないし4階の中央および西側の階段部分を防火区画としておくべき業務上の注意義務があるのにこれを全く怠っていた。

　そのため、昭和55年11月20日午後3時ごろ、工事人Hの失火により旧館西側に接する浴室天井裏から出火して火災となった際、従業員による宿泊客に対する適切な通報や避難誘導等が行われないうちに、火煙が短時間内に旧館内の通路部分に充満し、逃げおくれた宿泊客42名、従業員3名を死亡（1名は3階窓から飛び降りた際の全身打撲による心不全死、他は一酸化炭素中毒死）させ、宿泊客22名を負傷（骨折、打撲、熱傷最軽全治7日から最重全治10月）させた。

2　予見可能性

　本件のような旅館の建物で火災が発生し、初期消火ができなかった場合には、逃げおくれた客などの生命等に危険が及ぶおそれがあること、その場合、人の生命に危険をもたらす原因は、火煙、特にまず煙が通路階段等を経て館内に充満し、避難路を断つことになるなどは、本件当時においても、経営者

80

として心得ておくべき常識であり、危険の予見可能性は十分認められる。

3 結果回避義務の根拠、具体的内容、本件結果との因果関係

したがって、旅館経営者である被告人としては、右危険を予見し、これを回避するに有効適切な手段を十分に講じておくべきである。そして、右手段の具体的基準を定めたものが建築消防法規なのである。右法規に従う義務は、原則として、直ちに刑法上の注意義務であると解される。（なお、消防法第8条は、直接には「管理権原者」に対し、防火管理者を選任し、右管理者に消防計画を作成させ、避難訓練を実施させることを義務づけるものであるが、管理者が選任されていなければ右計画の作成等をしなくてもよいというわれはないから本件のように防火管理者が選任されてない場合には権原者である被告人らが自らもしくはしかるべき従業員に命じて計画訓練を行うべき刑法上の注意義務がある。）

本件では、前記①②の手段が講じてあれば、死傷の結果を回避し得たことは明らかである。すなわち、本件負傷者のうち1名は、浴場にいた者、1名は火災を知って浴場から旧館に戻ろうとする途中であったもので、この2名は従業員の誘導が適切であれば、安全に避難し得たことは明らかである。その他の死傷者はすべて旧館内にいた者であるが、新、旧館の連絡通路に煙感知式の防火戸があり、旧館内の階段部分が防火区画されていれば、旧館内への火煙の流入を30分以上遅らせることができ、その間に従業員による警報、誘導が行われれば、これらの者も全員が安全に避難し得たと認められる。

しかるに、被告人らは、消防署からの再三の指導により、右①②の措置の必要性と有効性を認識する機会が十分あったのに、全く実行していなかったのであるから、この点につき過失責任を免れない。

なお、訴因では屋外非常階段を避難に適する構造に改めていなかった点も過失とされているが、死傷者は右階段によって避難しようとした者ではなく、右階段に出ることができた者は無事だったのであるから、右階段の不備の点は、本件結果との因果関係を認めることができない。

弁護人は、屋内消火栓が工事事業者の配線ミス等のため作動しなかったの

第1編　総　論

が本件の根本要因で、消火栓が使用できれば、初期消火が可能か、少なくとも火災の拡大を大幅に遅らせることができ、本件のような結果は発生しなかったから、前記①②の過失と本件の結果との間には因果関係がないとも主張するが、消火栓が使えず、本格的火災となった段階でなお死傷の結果を回避する手段として右①②が有効と認められるのであって、右主張は全く失当である。

4　量刑理由

(1)　本件の結果はまことに重大であり、多数の客や従業員の生命を預かる立場にありながら、防火防災に対する無関心からこのような結果を招いた被告人両名の責任が重大であることは多言を要しない。

(2)　Hの失火がなければこのような結果は発生しなかったこと、火元が発見困難な場所だったこと、火災警報装置は正常に作動したのだからいかに訓練を経ていないとはいえ、従業員の警報ベルに対する対応、客に対する警報、誘導等がもう少し適切に行われ、消火栓が使えたなら、これほどの結果にはならなかったのではないかという恨みは残ること、防火防災対策の不備については支配人、被告人甲ら新館改築の設計を依頼された設計士、消火栓工事業者等にもそれなりの責任があること、示談被害弁償には十分誠意を尽くしていること等の事情を相応に考慮しても、なお被告人らの刑責は重大である。

　旅館経営の実質上の中心で、新館の違法な改築等も自己の発意によって行い、消防署からの指摘事項なども知悉していて、本件の直接の責任者ともいうべき被告人甲に対しては、執行猶予を付する余地はない。被告人乙は、日常の経営を事実上ほとんど被告人甲にまかせていたもので、その故に本件の刑責を免れるものではないけれども、被告人甲に比べれば、責任はやや間接的ともいうことができるので、被告人乙に対しては執行猶予を付することにした。

※〔第一審判決に対する上訴の結果〕

　本件被告人甲および乙のうち、甲のみが第一審判決を不服として、東京高

第 2 章　犯罪の成立

等裁判所および最高裁判所に控訴・上訴しましたが、いずれも理由がないとして棄却され、確定しています。

> **ホテル・ニュージャパン火災業務上過失致死傷被告事件**
> （最高裁平成 5 年 11 月 25 日決定）

〔**決定**〕上告棄却

※　第一審　社長 A 禁錮 3 年、防火管理者 B 禁錮 1 年 6 月（執行猶予 5 年）

※　第二審　社長 A 控訴棄却

〔**事件の概要**〕

　昭和 57 年 2 月 8 日午前 3 時過ぎ、東京都千代田区永田町に所在するホテル・ニュージャパン（耐火造・地下 2 階地上 10 階、延約 46,000 平方メートル、客室 420 室）の 9 階 938 号室から出火、9 階、10 階および 7 階の一部約 4,200 平方メートルを焼くとともに、スプリンクラー設備の未設置、自動火災報知設備の維持管理不適、避難誘導の不手際等により逃げ遅れた宿泊客の飛び降り、焼死などにより 33 名が死亡し、34 名が負傷した。この火災事故で、同ホテルの社長 A と防火管理者の B が防火管理体制の不備と防火管理業務の懈怠があったとして、業務上過失致死の罪責で東京地方裁判所に起訴されたものである。

　裁判の結果、第一審の東京地方裁判所は、被告人 A に対して禁固 3 年の実刑を、同 B に対して禁固 1 年 6 月（執行猶予 5 年）の刑を言い渡した。

　B はこの判決に従ったため刑が確定したが、A はこれを不服として東京高等裁判所に控訴した。控訴審は、平成 2 年 8 月 15 日控訴棄却の決定を下したため A が上告していたものである。

〔**判決要旨**〕

　1　上告趣意に対する判断〔省略〕

　2　職権による判断

所論にかんがみ、被告人の過失の有無について検討する。

　(1) 本件事案の概要

83

第1編　総　　論

　ア　原判決およびその是認する第一審判決の認定する本件の事実関係は、
　　次のとおりである。

①　ホテル・ニュージャパン（以下「本件ホテル」という。）の建物は、
いわゆるＹ字三差型の複雑な基本構造を有する鉄骨鉄筋コンクリート造
り陸屋根、地下2階、地上10階、塔屋4階建の建物（延べ床面積約4万
5,876平方メートル）のうち、9階の藤山事務所および10階の藤山勝彦
邸を除く部分（以下「本件建物」という。）であり、本件火災当時の客室
数は4階から10階までを中心に約420室、宿泊定員は約782名であっ
た。

②　被告人Ａは、本件建物を所有して本件ホテルを経営していた株式会社
ホテル・ニュージャパン（以下「ニュージャパン」という。）の代表取締
役社長として（昭和54年5月28日就任）、本件ホテルの経営、管理事務
を統括する地位にあり、従業員らを指揮監督し、防火、消防関係を含む本
件建物の改修、諸設備の設置および維持管理並びに従業員の配置、組織お
よび管理等の業務についてもこれを統括掌理する権限および職責を有して
いた者で、消防法上の防火対象物である本件建物に関する同法第17条第
1項の「関係者」および同法第8条第1項の「管理について権原を有する
者」でもあった。

　また、支配人兼総務部長Ｂが、本件ホテルの業務全般にわたって、被告
人Ａおよび副社長の下で従業員らの指揮監督にあたるとともに、消防法第
8条第1項の防火管理者に選任されて、本件建物について同条項所定の防
火管理業務に従事していた。

③　消防法第17条の2第2項・第4項、昭和49年法律第64号消防法
の一部を改正する法律附則第1項第4号等の法令などにより、本件建物
については、昭和54年3月31日までに地下2階電気室等を除くほぼ全
館にスプリンクラー設備を設置すべきものとされ、一定の防火区間（以下
「代替防火区間という。」）を設けることによってこれに代えることもでき
ることとなっていた（以下、スプリンクラー設備または代替防火区画の設

84

置に必要な工事を「そ及工事」という。」）が、本件火災当時、主として客室、貸事務所として利用されていた4階から10階までの部分については、スプリンクラー設備は設置されておらず、4階および7階に代替防火区間が設けられていただけで、右各階を除き、客室および廊下の壁面および天井にはベニヤ板や可燃性のクロスが使用され、大半の客室出入口扉は木製であったほか、隣室との境が一部木製板等で仕切られ、客室、廊下、パイプシャフトスペース等の区画および既設の防火区画には、ブロック積み不完全、配管部分の埋め戻し不完全等による大小多数の貫通孔があった。加えて、防火戸および非常放送設備については、被告人が少額の支出に至るまで社長決裁を要求し、極端な支出削減方針を採っていたことなどから、専門業者による定期点検、整備、不良箇所の改修がされなかったため、防火戸は火災時に自動的に閉鎖しないものが多く、非常放送設備も故障等により一部使用不能の状態にあり、また、従業員の大幅な削減や配置転換を行ったにもかかわらず、これに即応した消防計画の変更、自衛消防隊の編成替えが行われず、被告人の社長就任後は、消防当局の再三の指摘により昭和56年10月に形式的な訓練を行った以外は、消火、通報および避難の訓練（以下「消防訓練」という。）も全く行われていなかった。

④　消防当局においては、ほぼ半年に1回立入検査を実施し、その都度、Bらに対し、そ及工事未了、防火戸機能不良、パイプシャフトスペースや防火区画の配管貫通部周囲の埋め戻し不完全、感知器の感知障害、消防計画未修正、自衛消防隊編成の現状不適合、消防訓練の不十分ないし不実施、従業員への教育訓練不適等を指摘して、それらの改修、改善を求めていたほか、昭和54年7月以降は、毎月のようにそ及工事の促進を指導していたが、被告人は、社長就任当時から本社建物についてそ及工事が完成していないことを認識していたほか、立入検査結果通知書の交付を含む消防当局の指導やB報告等によって、右のような本件建物に防火用・消防用設備の不備その他の防火管理上の問題点が数多く存在することを十分に認識していたにもかかわらず、営利の追求を重視するあまり、防火管理には消極

第 1 編 総 論

的な姿勢に終始し、資金的にもその実施が十分可能であったそ及工事を行わなかった上、前記のような防火管理体制の不備を放置していた。

⑤ このような状態の中で、昭和 57 年 2 月 8 日午前 3 時 16、7 分ごろ、9 階 938 号室の宿泊客のたばこの不始末により同室ベットから出火し、駆けつけた当直従業員が消火器を噴射したことによりベット表層では一たん火災が消失したが、約 1 分後に再燃し、同室ドアが開放されていたため火勢が拡大して、同 3 時 24 分ないし 26 分ごろには、同室およびその全面の廊下でフラッシュオーバー現象が起こり、以後、フラッシュオーバー現象を繰り返しながら、9、10 階の大部分の範囲にわたり、廊下、天井裏、客室壁面およびパイプシャフトスペースのすき間等を通じて、火煙が急速に伝送して延焼が拡大した。右出火は当直従業員らによって早期に発見されたが、当直従業員らは、自衛消防組織として編成されておらず、加えて、消防訓練が不十分で、責任者も含めて火災発生時の心構えや対応措置をほとんど身につけていなかったため、組織的な対応ができなかった上、各個人の対応としても、初期消火活動や出火階、直上階での火事触れ、避難誘導等をほとんど行うことができず、非常ベルの鳴動操作、防火戸の閉鎖に思いつく者もなく、119 番通報も大幅に遅れるなど、本件火災の拡大防止、被災者の救出のための効果的な行動を採ることができなかった。そのため、就寝中などの理由で逃げ遅れた 9、10 階を中心とする宿泊客らは、激しい火炎や多量の煙を浴び若しくは吸引し、または窓等から階下へ転落し若しくは飛び降りるなどの止むなきに至りその結果、うち 33 名が火傷、一酸化炭素中毒、頭蓋骨骨折等により死亡し、34 名が全治約 3 日間ないし全治不明の火傷、気道熱傷、骨折等の傷害を負った。

イ ① 原判決およびその是認する第 1 審判決は、さらに、本件結果回避
    の蓋然性について次のとおり判示する。

本件建物にスプリンクラー設備が消防法令上の基準に従って設置されていれば、938 号室で出火した炎が同室天井に沿って伝ぱし始めたころには、スプリンクラーが作動してその火を鎮圧し、特段の事情がないかぎり同室以外

の区域に火災が拡大することはなかったものと認められる。また、代替防火区画が設置されていた場合には、9、10階客室には、100平方メートル以内ごとに耐火構造の壁、床または防火戸で区画されて、出火室を含む3室程度が耐火構造で囲まれ、廊下との区画やパイプシャフトスペース、配管引込み部等の埋め戻しも完全にされるとともに、廊下は、400平方メートル以内ごとに同様の耐火構造の壁等で区画されるとともに、その内装には難燃措置が施され、区画部分には煙感知器連動式甲種防火戸（当時）が設置されることとなるので、938号室の火が、廊下を通じて、同室と同一防火区画を形成することになると認められる940号室および942号室に延焼する事態は起こり得ず、廊下を通じないで右両室に早期に延焼する蓋然性も低く、右両室に延焼した後もその火は当該防火区画内に閉じ込められ、本件において発生したような累次のフラッシュオーバー現象も生じないから、これらに基づくパイプシャフトスペースを通じての火災の伝走による他階への延焼はなかったし、避難を全く困難にするような濃度の煙が廊下に流出することもなかったと認められるほか、窓からの火災の吹き上げによる10階への延焼には相当時間を要し、10階に延焼した場合においても同階の代替防火区画が効果を発揮したと考えられる。そして、右スプリンクラー設備または代替防火区画の設置に加えて、防火用・消防用設備等の点検、維持管理が適切に行われ、消防計画が作成され、これが従業員らに周知徹底されるとともに、右消防計画にもと基づく消防訓練が十分に行われていれば、従業員らによる適切な初期消火活動や宿泊客らに対する通報、避難誘導等の措置が容易となり、本件死傷の結果発生を避けることができた蓋然性が高い。

　　②　右判示は、その推論の前提および過程に不自然、不合理な点はなく、
　　　これを是認することができる。

(2) 被告人の過失の有無

　そこで検討するに、被告人は、代表取締役社長として、本件ホテル経営、管理事務を統括する地位にあり、その実質的権限を有していたのであるから、多数人を収容する本件建物の火災の発生を防止し、火災による被害を軽減す

るための防火管理上の注意義務を負っていたものであることは明らかであり、ニュージャパンにおいては、消防法第8条第1項の防火管理者であり、支配人兼総務部長の職にあったBに同条項所定の防火管理業務を行わせることとしていたから、同人の権限に属さない措置については被告人自らこれを行うとともに、右防火管理業務についてはBにおいて適切にこれを遂行するよう同人を指揮監督すべき立場にあったというべきである。そして、昼夜を問わず不特定多数の人に宿泊等の利便を提供するホテルにおいては火災発生の危険を常にはらんでいる上、被告人は、昭和54年5月代表取締役社長に就任した当時から本件建物の9、10階等にはスプリンクラー設備も代替防火区画も設置されていないことを認識しており、また、本件火災の相当以前から、既存の防火区画が不完全である上、防火管理者であるBが行うべき消防計画の作成、これに基づく消防訓練、防火用・消防用設備等の点検、維持管理その他の防火防災対策も不備であることを認識していたのであるから、自らまたはBを指揮してこれらの防火管理体制の不備を解消しないかぎり、一たん火災が起これば、発見の遅れや従業員らによる初期消火の失敗等により本格的な火災に発展し、従業員らにおいて適切な通知や避難誘導を行うことができないまま、建物の構造、避難経路等に不案内の宿泊客らに死傷の危険の及ぶおそれがあることを容易に予見できたことが明らかである。したがって、被告人は、本件ホテル内から出火した場合、早期にこれを消火し、または火災の拡大を防止するとともに宿泊客らに対する適切な通報、避難誘導を行うことにより、宿泊客らの死傷の結果を回避するため、消防法令上の基準に従って本件建物の9階および10階にスプリンクラー設備または代替防火区画を設置するとともに、防火管理者であるBを指揮監督して、消防計画を作成させて、従業員らにこれを周知徹底させ、これに基づく消防訓練および防火用・消防用設備等の点検、維持管理等を行わせるなどして、あらかじめ防火管理体制を確立しておくべき義務を負っていたというべきである。そして、被告人がこれらの措置を採ることを困難にさせる事情はなかったのであるから、被告人において右義務を怠らなければ、これらの措置とあいまって、

第 2 章 犯罪の成立

本件火災による宿泊客らの死傷の結果を回避することができたということができる。

以上によれば、右義務を怠りこれらの措置を講じなかった被告人に、本件火災による宿泊客らの死傷の結果について過失があることは明らかであり、被告人に対して業務上過失致死罪の成立を認めた原判断は、正当である。

◎　**過失による消防法令違反の成否**

消防法は、第9章（第39条～第46条の5）に罰則規定を設け、一定の消防法違反に対し、処罰することができることになっています。このように、消防法令上の義務規定（作為、不作為）違反や命令違反に対する処罰の体系を総称して「消防刑法」と呼ぶこととしたことは、すでに説明したとおりです。

ところで、消防刑法のジャンルの中で、過失による消防法令違反があった場合、当該違反者を処罰できるであろうか。処罰できるとすればどのような違反が対象となるであろうかということが実務上重要な問題となります。

1　消防刑法と刑法第38条との関係

犯罪とこれに対する刑罰を定めた一般法である刑法は、その第8条において、「この編の規定は、他の法令の罪についても適用する。ただし、その法令に特別の規定があるときは、この限りでない。」と規定していますが、消防刑法はここにいう「他の法令の罪」に該当し、しかも、消防刑法には、この編の規定、すなわち刑法総則の適用を排除する「特別の規定」がありません。したがって、消防刑法は、もろに刑法総則の適用を受けることになるわけです。刑法総則中の同法第38条第1項を見ますと、「罪を犯す意思がない行為は、罰しない。ただし、法律に特別の規定がある場合は、この限りでない。」と規定されていますので、原則として、故意（犯意）による違反行為（故意犯）のみが犯罪として処罰され、過失による違反行為（過失犯）は、法律に「特別の規定」がある場合にのみ、例外として処罰されることになります。

そこで、ここにいう「特別の規定」とは何か、「特別規定」には、どのよ

89

うなものが含まれるのかが問題となりますが、「特別の規定」の中に「過失を処罰する旨の明文の規定」が含まれることは、誰しも異論のないところです。

しかし、このような明文の規定がない場合であっても、過失犯の成立を認める余地があり得るであろうか。あり得るとすれば、どのような場合であろうか。これに関する学説、判例を概観してみましょう。

2 「特別の規定」に関する学説・判例等

(1) 学説

刑法38条但書にいう「特別の規定」の意味について、刑法学者は罪刑法定主義の立場から厳格に考えているのに対し、行政法学者が、行政法規の実効性確保の見地から、一般にゆるやかに考えているようです。

ア 罪刑法定主義の立場から厳格に解すべきであるとする説

この説は、団藤、福田教授等によって主張されている見解ですが、団藤教授によれば、「「過失により」……とかいうような規定がある場合に限って、過失犯の構成要件を認めることができるのである。このような明文がなくとも、積極的な解釈上の根拠があれば、過失犯と考えることのできる場合が絶無ではなかろう。

しかし、刑法第38条第1項但書、さかのぼれば、罪刑法定主義からいって、その解釈はきわめて慎重であることを要する。行政的な取締目的を理由として、簡単にこれをみとめることが許されないのは、勿論である。」としています（『刑法綱要』248頁）。

また、福田教授は、「明文の規定がなくても、個々の構成要件の解釈上、当該構成要件が過失犯の構成要件を規定するものであることが認められる限り、過失犯は処罰され得る。

したがって、個々の構成要件の解釈によらないで、法規の精神とか立法の趣旨とか取締目的の必要とかの理由から過失犯の処罰を認めることは、刑法第38条第1項但書ひいては罪刑法定主義に反するものとして正当でない。」としています（『行政刑法』111頁）。

イ　行政法規の実効性確保の見地から、ゆるやかに解する説

　この説は、種々のものに分けられますが、代表的な説として、田中二郎博士の説と藤木教授の説を挙げることにしましょう。

　田中博士は、「行政犯にあっては、一般的に、必ずしも犯意を必要とせず、過失あるをもって足りるものと解すべきである。何となれば、行政刑罰は、犯人の主観的悪性に対して科するものでなく、行政法上の義務違反の事実に着目し、その違反者を処罰することにより、行政上の目的を達成しようとするもので、行政法上の義務違反者に対しては、その過失をも処罰する理由があるのみならず、過失をも処罰するのでなければ、行政刑罰の目的を達し難いからである。」とし（『行政法総論』405頁以下）、さらに、「行政法規は、特定の業務に従事する者とか、行政主体に対し、特別の関係ある者に対し、特別の義務を課し、行政目的の実現に協力せしめることを目的としているものが多いのであって、かように、法規が特別の注意義務を課している場合には、その注意義務の懈怠によって法規に違反した以上、必ずしも犯意を必要とせず、過失をも処罰するだけの合理的根拠が存するといい得るのではないかと思う。」と述べておられます（前掲書415頁）。

　また、藤木教授は、「とくに、過失を罰すると書いていなくとも、過失を罰する法意だと読みとってよいというためには、問題の違反行為が、故意による違反の場合はむしろ例外で、多くは過失による違反の場合に属するというケースである。忘却犯といわれる場合がこれに属する。各種の届出義務違反、記帳義務違反、証明書等の携帯義務違反などがその代表例である。」としています（『行政刑法』第88、89頁）。

　以上が、刑法第38条第1項但書にいう「特別の規定」の解釈に関する学説の一端ですが、一般に行政法学者の主張する見解は、理論としては存在するものの罪刑法定主義を厳格に考える立場に立つ裁判所をはじめ、法務・検察当局から受け入れられていないように思われます。

(2)　**判例の動向**

　この問題に関する判例は、戦前戦後を通じてかなりの例がみられますが、

明文の規定がない場合であっても、過失犯の処罰を認めた戦後のリーディングケース（主導的判例）としては、外国人登録証の不携帯罪（携帯義務違反）に関するものがあります。

外国人登録法（旧外国人登録令）は、外国人に登録申請の義務を課し、かつ、交付を受けた外国人登録証明書を常時携帯することを命じ（第13条第1項、旧第10条）、その違反には刑罰を科すことができることになっていますが（第18条の2第4号、旧第13条）、過失により携帯しなかった者を罰する旨の規定がありません。そこで、この規定は、過失による不携帯をも処罰する趣旨かどうか争われたわけですが、最高裁判所は、旧外国人登録令につき、「外国人登録令第13条で処罰する同令第10条の規定に違反して登録証明書を携帯しない者とは、その取締る事柄の本質に鑑み、故意に右証明書を携帯しない者ばかりでなく、過失によりこれを携帯しない者をも包含する趣旨に解するのが相当である」と判示し、明文の規定がなくとも過失犯を処罰できることを認めています（最決昭和28年3月5日刑集7巻3号506頁）。

この最高裁判所の判決では、「その取締る事柄の本質に鑑み」というような抽象的な理由を示したにすぎませんでしたが、その後、東京高等裁判所は、この判決に解釈を与えたものと考えられるような判決を下しています（東京高判昭和40年1月29日下級刑集7巻第1号3頁）。その要旨は、「……外国人登録法第18条第1項第7号（現第18条の2第4号）は、『第13条第1項若しくは第2項の規定に違反して登録証明書を受領せず、これを携帯せず、若しくはその提示を拒み、又は市町村長が交付し若しくは変換する登録証明書の受領を妨げた者』とだけ規定し、過失犯を処罰する旨の明文の規定を設けていないけれども、およそ、この種の違反行為は、故意をもってする場合ももとよりあるにしても、過失によって犯す場合が極めて多いことは、周知のとおりで、これをも処罰の対象とするのでなければ、取締の実効を期することができないことは明らかであり、立法に際しても、当然、このことは考慮に入れられていたと見なければならない。この罰則が過失犯の処罰を

も包含していると解する根拠は、もっぱらここにあるのであって、外国人登録令に関する昭和28年3月5日の最高裁判所第1小法廷の決定が『その取締る事柄の本質に鑑み』と説示したのも、まさにこの趣旨であろうと解される。そして、他方、その法定刑の中に罰金が含まれていることも、この規定が過失犯を罰する趣旨を含んでいると解するについて一つの支えになるだろう。」としています。

さらに、最高裁判所は、古物営業法違反罪についても「同法第29条で処罰する『同法第17条の規定の違反した者』とは、その取締る事柄の本質に鑑み、故意に帳簿に所定の事柄を記載しなかったものばかりでなく、過失によりこれを記載しなかったものをも包含する法意である」。として前掲最高裁判所の決定と同様に積極的な判断を示しています（最判昭和37年5月4日刑集16巻5号510頁）。

これらの最高裁判所の判例は、明文の規定なしに過失犯の処罰を認めた積極的判決の代表的なものですが、これに従った多くの下級審の判例がみられます。

一方、これに対し、明文の規定がない場合に、過失犯処罰の法意を否認した判例、いわゆる消極判例も多くみられますが、その代表的な下級審（地方・高等裁判所）の判例として広島高等裁判所の判決（広高判昭和37年5月31日高刑集15巻4号262号）があげられましょう。

この判決は、食品衛生法第4条違反（不衛生食品等の販売等の禁止）事件にかかる判決ですが、過失により不衛生な飲食物を販売した場合には、食品衛生法第4条違反として処罰できないというものです。

本件判決（要旨）は、「……刑法第38条第1項の規定は、刑法所定の刑罰を規定している食品衛生法にも適用せられるべきものであるから、同法第4条違反の過失行為を、犯罪行為として処罰するには、刑法（第38条第1項但書）にいういわゆる「特別の規定」があることを要し、また、この「特別の規定」があるというためには、当該法規中に、刑法総則の通用を排除し、犯罪の成立に故意を必要としない旨の一般的な明文規定があるか、若し

くは個々の犯罪に関する規定の解釈上、故意を要しない趣旨が確認し得られる場合に限り、ただ法規全体の目的とか取締の必要性などという不明確な理由によって、過失犯の処罰に関する「特別規定」があるとなす見解には罪刑法定主義の建前から、にわかに左袒（筆者註・同意の意味）しがたいのである。しかるに、食品衛生法のうちには、右のような一般的な明文規定もなく、また、同法第4条、第30条第1項の規定の解釈上からも、同犯罪の成立上、故意を必要としない趣旨を確認し得るまでに至らないのである。してみれば、営業許可の取消停止など、純然たる行政上の制裁の前提としてはとにかく、少なくとも刑罰の対象として、同法第4条違反の過失行為を問題とする余地はないものと考えられるのである。」となっています。

　この判決は、結局、食品衛生法第4条、第30条の内容を検討した結果、不衛生な食品の販売行為は、通常、過失によって行われるものとはいえないから、過失を処罰する法意が認められないとしたものと思われます。つまり、食品衛生法違反の不衛生食品の販売行為などは、確定的な故意によって行われることは稀であるとしても、未必の故意による違反のケースは相当多いものと思われます。たとえば、ある食品が有害なもの、あるいは、有毒な物などを含んでいるかどうかについて疑念がある場合に、特段の検査もしないで販売したような場合には、単なる過失ではなく、むしろ、未必の故意があったものとみるべきでしょう。してみると、食品衛生法第4条違反の罪については、過失を処罰する法意が平易に読みとれないと判断するはかなかったものと思われます。前記判決の中で、いみじくも、「故意を必要としない趣旨を確認し得るまでに至らない」としているのは、この辺の事情を指しているものと考えられます。

　このように考えると、広島高等裁判所の考え方自体は、前記最高裁判所や東京高等裁判所のそれとは変わっていないことがわかります。

　以上が判例の考え方ですが、外国人登録証明書の不携帯、帳簿の記載もれのようないわゆる忘却犯など、通常、過失によって行われる違反について、もし、故意犯だけしか処罰できないとなれば、多くの違反者はおそらく過失

の弁解をするでしょうし、そうなると、これを覆すような格別の証拠がない限り処罰できないことになります。そして、たとえば、故意に外国人登録証明書を携帯しない者で、しかも、そのことが証拠上、明白であり、裁判所においてもそのことを証明できるものだけしか処罰できないことになりましょう。このことは、現実には、もはや処罰の可能性がほとんどないことを意味します。

したがって、このように、通常、過失によって行われる違反について、明文の規定がなくとも過失犯の成立を認めた最高裁判所や東京高等裁判所の判例は、条理にかなった妥当な判断であると評価されているわけです。

(3) 過失犯処罰の法意の認定基準

明文の規定がない場合に、過失を処罰できるか否かに関する学説、判例の概要は以上の通りですが、特に判例の考え方を踏まえた実務上の基準として、「過失犯処罰の法意の認定基準」があります。基準の内容は、次のとおりです。

ア 違反行為が、通常、過失によって行われる場合

行政法規の取締規定に違反する行為がほとんど過失によって行われる場合には、過失による違反行為を処罰できないとなると、一定の行政目的を実現するために設けられた規定の存在意義が失われることから、明文の規定がない場合であっても、過失による違反行為を処罰できると解されています。

一方、その反対に、違反行為が過失によって行われることがほとんどない場合、あるいは、過失によって行われることがあっても、故意によって行われる場合も少なくないというような場合には、法規が過失を処罰する旨の明文の規定を設けていない限り、過失犯を処罰できないものと解されています。

イ 違反行為の構成要件が、形式犯、特に不作為犯である場合

違反行為の構成要件の形態が、形式犯である場合、中でも不作為犯（法令上、一定のことをしなければならないのに、これをしないことによって、犯罪とされるもの、作為義務違反ともいいます。たとえば、防火管理者の選・解任届出義務違反（法第8条第2項、第44条第8号）やこれに類する各種の届出義務違反、危険物取扱者免状携帯義務違反（法第16条の2第3項、

第1編　総　　論

第44条第6号）は、その代表的なもの）の場合には、違法行為者に対する非難可能性の点で、故意と過失の間に、根本的な差異は認められません。したがって、このような場合には、過失犯処罰の法意が容易に読みとれることになります。これに反し、実質犯（危険物の無許可貯蔵など）については、故意によって行われた場合と、過失によって行われた場合とでは非難可能性に対する評価が全く異なりますから、過失犯処罰の法意を認定できる余地は極めて少ないということになります。

　ウ　法定刑の上限が軽い場合

　罰則規定に定める法定刑の上限が軽い場合には、過失犯処罰の一つの目安になるとされています。しかし、どの程度のものが軽いといえるのかについては、かならずしも明確ではなく、実務上、重要な決め手にはならないと思われます。

※　同一法令の一部に明文の過失犯処罰の規定がある場合

　同一法令の罰則規定の一部に過失を罰する旨の明文の規定を設けている場合は、その反対解釈として、明文の規定のない他の違反については、過失を罰しない趣旨であるとの推定が働くという解釈があります。

3　過失による消防法令違反のうち、明文の規定なしに処罰できるもの

　前2の「特別規定」に関する学説・判例等から消防法令違反のうち、明文の規定なしに過失犯を処罰できると解される主な例としては、次のようなものがあります。

　(1)　**製造所等における危険物のもれ、あふれ等**（法第10条第3項、危政令第24条第8号、第43条第1項第1号）

　　危険物の規制に関する政令第24条第8号の規定は、「危険物を貯蔵し、又は、取り扱う場合においては、当該危険物がもれ、あふれ等は、ほとんどの場合、行為者の不注意によって行われるもので、殊更に、意識的に危険物のもれ、あふれ等をさせ、あえて危険な状態を現出させることなど、通常考えられません。

　　このようなことから、「危険物がもれ、あふれ、又は飛散しないよう

に努めること」（昭和63年の改正前の条文）としているのは、そのようなことのないよう注意すべきことを意味するいわゆる注意規定と解されます。したがって、不注意（過失）により、危険物のもれ、あふれ等があった場合に、これを処罰できないことになると、この規定そのものの存在意義が失われることになることから、過失による場合であっても処罰できるものと解され、多くの告発例（有罪確定）があります。

　しかし、昭和50年の消防法の一部改正（法律第84号）で、同法第39条の3第1項に、「業務上必要な注意を怠り」という過失を処罰できる明文の規定が設けられたことにより、その反対解釈として、同じ消防法の中で、このような過失処罰規定がない場合は過失を処罰できないと解されること、さらには同63年の危険物の規制に関する政令の一部改正（政令第358号）で、同政令第24条第8号の文言が改められ、「……危険物が漏れ、あふれ、又は飛散しないように努めること」から「……危険物が漏れ、あふれ、又は飛散しないように必要な措置を講ずること」という積極的な作為義務規定に改められたことにより、検察当局は、過失による危険物の漏れ、あふれ等の処罰について消極的になっています。

(2)　**移動タンク貯蔵所における完成検査済証の備え付け義務違反**（法第10条第3項、危政令第26条第1項第9号、第43条第1項第1号）

(3)　**危険物運搬容器の落下、転倒等の防止義務違反**（法第16条、危政令第29条第4号、第43条第1項第2号）

(4)　**危険物取扱者免状の携帯義務違反**（法第16条の2第3項、第44条第6号）

第1編 総　論

第3章　犯罪の形態

1 総　説

犯罪の形態としては、未遂犯（中止犯）、共犯（共同正犯、教唆犯、従犯〔幇助犯〕）などがありますが、消防刑法上、未遂犯を罰する旨の特別の規定がなく、実務上、特に重要なものは、共犯の問題です。

したがって、ここでは共犯の問題に限定して説明することとします。

2 共　犯

1　共犯の意義

共犯というのは、2人以上の者が共同して犯罪を行う場合、あるいは一つの犯罪に2人以上の者が関与する場合を指します。犯罪の中には、1人だけでやれる犯罪と、どうしても2人以上共同してやらなければできない犯罪があります。詐欺、横領、放火、殺人、暴行、傷害、消防法令違反などの犯罪は1人でもできますが、賭博をはじめ収賄、内乱などのような犯罪は、必ず相手と共同でなければできません。したがって、このような犯罪を必要的共犯といい、これに対して、1人でもできる犯罪を2人以上でやった場合を任意的共犯と呼びます。消防法令違反の共犯は、すべて任意的共犯に属します。

刑法総論で、通常共犯という場合は、1人でできる犯罪を数人でやった場合を指し、この場合の基本的構成要件に該当する行為、すなわち、実行行為を行った者を正犯、それ以外のもので他人をそそのかして犯罪を実行させた者を教唆犯、他人の犯罪実行行為が容易にできるようにこれを助けた者を幇助犯と呼んでいます。

第3章　犯罪の形態

2　共犯の種類

　共犯は、前に説明したようにこれを任意的共犯と必要的共犯とに分けられます。任意的共犯というのは、本来、1人で行われることを予定している構成要件（たとえば、殺人、窃盗、横領、詐欺など）を2人以上の者が行って実現する場合をいい、共同正犯、教唆犯、幇助犯の三つの形態があります。共同正犯は、2人以上の者が共同して犯罪を実行した場合（刑法第60条）、教唆は人をそそのかして犯罪の実行を決意させ、その決意に基づいて犯罪を実行させた場合（刑法第61条）、幇助は実行行為以外の行為で犯罪の行為者を助け、または実行行為を容易にさせた場合（刑法第62条）をいいます。

　必要的共犯というのは、本来、2人以上によって行われることを予定して構成要件を定めた犯罪（たとえば、内乱罪、賄賂罪）をいい、集合犯（集団犯、多衆犯）と対向犯の二つの形態があります。集合犯というのは、同一の目標に向けられた数人の行為者の集団的行為を構成要件とするもの（たとえば、内乱罪、騒擾罪）をいい、対向犯というのは、異なった方向からきて合致する数人の相対立する行為を構成要件とするもの（たとえば、贈賄罪、収賄罪など）をいいます。

　ところで、通常、共犯という場合、任意的共犯のうち、共同正犯、教唆犯および幇助犯を指し、これを広義の共犯といっています。

3　正犯と共犯の関係

1　正犯の意義

　正犯というのは、共犯に対する概念ですが、刑法上、直接正犯の意義について規定したものはありません。しかし、刑法第60条は、「2人以上共同して犯罪を実行した者は、すべて正犯とする。」と定めていることから、その文理上、正犯とは、犯罪を実行した者と解されます。

2　正犯の種類

　正犯は、1人で犯罪を実行した者、すなわち、単独正犯（狭義の正犯）と

第1編 総　論

2人以上共同して犯罪を実行した共同正犯（広義の正犯）に大別されますが、正犯と共犯の関係は、**図 14** のとおりです。

　このうち、単独正犯については、さらに、自らが直接手を下して犯罪を実行する「直接正犯」と他人を意思のない道具のように利用することによって犯罪を実行する「間接正犯」に分けられます。

　また、単独正犯の一種として「同時犯」がありますが、同時犯というのは、2人以上の者が、意思の連絡なしに、同時または時を接して犯罪を実行する場合をいいます。外見上、共同正犯に似ていますが、意思の連絡を欠いている点で共同正犯とは異ります。同時犯は、単独正犯が二以上併存しているにすぎないから、各行為者は、原則として、自らの行為から生じた結果についてのみ責任を負うことになっています。

3　間接正犯

(1)　間接正犯の意義

　間接正犯というのは、他人を道具のように利用することによって犯罪を実現する場合をいいます。利用者は、自ら手を下してはいないけれども人を自

図 14

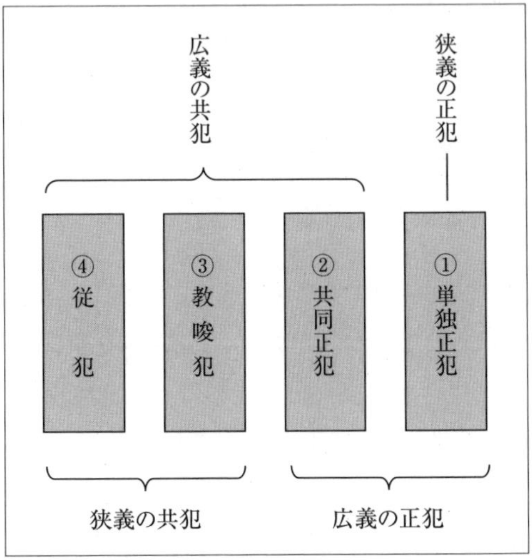

広義の共犯　　　　　　　　　　狭義の正犯

④従犯　　③教唆犯　　②共同正犯　　①単独正犯

狭義の共犯　　　　　広義の正犯

分の手足のように使う点において自ら犯罪を実行した者として評価されるわけです。

(2) 間接正犯が成立する場合

間接正犯は、次のような者を利用して一定の犯罪を行った場合に成立します。

① 自己の行為が罪となることについて、全く事情を知らない者

たとえば、危険物の移送について事情を知らない入社して間もない者をして、無資格で危険物を移送させたような場合（法第16条の2第1項）

② 責任無能力者（自己の行為の是非善悪を弁識できない者）

③ 自らの自由意思によらずに、強制されまたは欺かれた者

(3) 間接正犯の実行の着手

間接正犯の実行の着手時期については、利用された者の行為を基準とし、利用された者の行為が犯罪事実の発生に接着した段階に達したときとするのが判例の考え方です。

■4 共同正犯（共謀共同正犯）

1 共同正犯の意義

共同正犯というのは、2人以上が共同して特定の犯罪を実行した場合をいいます（刑法第60条）。他人と共同して犯罪を実行した者は、それぞれが自分の行為から生じた結果だけでなく、他人によってひき起された結果についても責任を問われることになります。

また、共同正犯者のうちの誰の行為によるものか判明しない場合であっても、共同正犯者の誰かによって結果が生じた場合には、その結果について、全員が正犯として責任を問われます。この点が同時犯と異るところです。

2 共同正犯の要件

共同正犯が成立するためには、次のような要件が存在することが必要です。

① 主観的要件として共同実行の意思があること

101

第1編　総　論

　2人以上の者が共同して犯罪を実行したというためには、まず、犯人双方の間に共同して犯罪を実行するという意思が相互に通じあっていることが必要です。主観的要件としての意思の連絡がこれにあたります。普通これを共謀といっています。この意思の連絡は必ずしも事前に打ち合わせる必要はなく、実行行為のときに存在すればよいとされています（最判昭和23年12月14日刑集2巻13号1751頁）。しかし、一方が他方と共同して犯罪を実行する意思があっても、他方にそのことが通じていない場合、すなわち、犯罪を共同して実行する意思が片面的である場合は、共同正犯といえないとするのが通説・判例の立場です。

　意思の連絡方法については、特段の限定がなく、明示的でも黙示的でも、また、暗黙の了解でもよいとされています（最判昭和25年6月27日刑集4巻6号1096頁）。また、共犯者が数人の場合、数人の間で同時に、直接的に意思の連絡が行われる必要はなく、順次的または間接的に行われてもよいとされています。

　過失犯に共同正犯が認められるかどうかについては、見解の分れるところですが、過失による共同正犯を認めた判例として「過失有害飲食物等販売罪」に係る最高裁判所の判例（最判昭和28年1月23日刑集4巻7号1号30頁）があるほか、下級審でも失火罪（名古屋高判昭和31年10月22日）、業務上過失致死傷罪（京都地判昭和40年5月10日）などの判例がみられます。

　②　客観的要件として共謀者の1人またはそれ以上の者が実行行為を行うこと

　2人以上の者が一定の犯罪を犯すという共同の目的を達成するために犯罪の実行行為を行うことが必要です。実行行為は、共謀者が分担して行ってもよいし、そのうちの1人がその全部を行ってもよいわけです。必ずしも共謀者全員が実行行為を分担する必要はありません。

　判例は、危険物取扱主任者（現行危険物保安監督者）の資格を有していない者に継続的に移動タンク貯蔵所の運転と積載、重油の取扱作業に従事させ

102

ていた者の共謀関係の成立について、次のように判示しています。

「……被告人両名は、Ｎ運輸倉庫株式会社Ｙ事業所の組織のうえから、業務につき指揮監督をする立場（被告人Ｏ）とこれを受ける立場（被告人Ｋ）の相違はあっても、同じ職場で共に勤務していたものであって、被告人Ｏは被告人Ｋが危険物取扱主任者の資格を有していないことを熟知しながら被告人Ｋをして単独で重油タンクローリー車の運転とこの積載重油の取扱作業に従事させていたものであり、被告人Ｏがこの方針を本件当時撤回乃至取消していた形跡は認められない。一方、被告人Ｋにあっては、自分が危険物取扱主任者でないことを承知しながら、被告人Ｏの指示に従って単独でタンクローリー車による重油の運送、取扱（給油）行為を反復継続して本件に至っているのであって、このような包括的背景事情が認められる以上、たとえ両者の間に本件の重油取扱につき具体的な意思の連絡がなかったとしても、両者に対し本件共謀の罪責を肯認するに十分である。」（東京地裁昭和48年5月7日判決）。

3 共同正犯の処罰

共謀者全員はすべて正犯として処罰されます。すなわち、実行行為によって発生した事実のすべてについて正犯としての責任を負うことになります。たとえば、甲、乙、丙の3人が共謀して危険物の無許可貯蔵を行い、そのうちの丙だけが実行行為を行ったとしても甲、乙、丙のすべてが危険物の無許可貯蔵の実行行為者（正犯）として処罰されます。

※〔共同正犯に関する判例〕

① 共同正犯の本質は、2人以上の者が一心同体のように互いに相寄り相助けて、各自の犯意を共同的に実現して犯罪を実行することにある。共同者がみな既成の事実に対し全責任を負う理由がここにある（大判昭和11年5月28日刑集15巻715頁）。

② いわゆる共犯が成立するためには、2人以上の者が、特定の犯罪を行うため、共同の意思の下に一体となって互いに他人の行為を利用し、各自の意思を実行に移すことを内容とする謀議をなし、よって犯罪を

実行した事実が存しなければならない（最判昭和33年5月28日刑集12巻8号1718頁）。

③　共同正犯となるには、行為者双方の間に意思の連絡のあることが必要であるが、事前に打ち合わせなどすることは必ずしも必要でない（最判昭和23年12月14日刑集2巻13号1751頁）。

5　教唆犯

1　教唆犯の意義

　教唆犯というのは、人をそそのかして特定の犯罪を実行させることを内容とする犯罪をいいます。

2　教唆犯の要件

　①　人をそそのかして特定の犯罪の実行を決意させること

　その方法には、特段の制限がなく、命令、要請、誘導、甘言、欺き、威かく、利益の供与などいずれの方法でもよいとされています。

　ただし、欺き、威かくなどの方法がその程度を越え、相手の自由意思が失われたと認められるときは、間接正犯となります。また、教唆行為自体は、明示であると黙示であるとを問いませんが、まだ犯罪の実行の決意をしていない者に対して行うことを必要とします。したがって、相手方が既に犯罪の決意をしているときは、その決意を強める意味での幇助が成立するに過ぎません。

　また、漠然と犯罪一般をそそのかす程度

図15

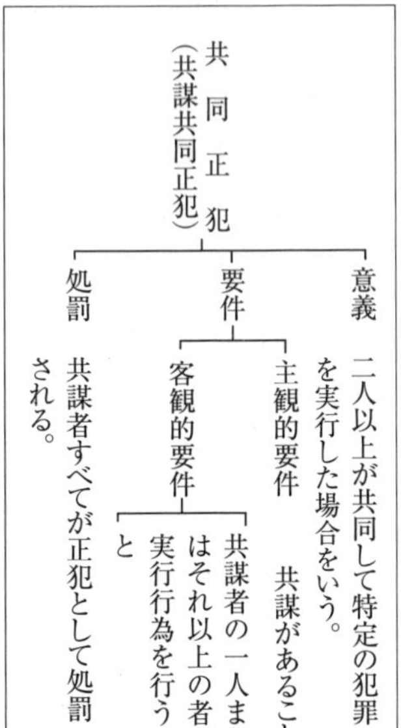

共同正犯（共謀共同正犯）

意義　二人以上が共同して特定の犯罪を実行した場合をいう。

要件
　主観的要件　共謀があること
　客観的要件　共謀者の一人またはそれ以上の者が実行行為を行うこと

処罰　共謀者すべてが正犯として処罰される。

では教唆にあたりません。

② 被教唆者がその決意に基づいて特定の犯罪を実行すること

人をそそのかして犯罪の実行の決意をさせても、その人が決意をしただけで犯罪を実行しなかった場合は、教唆犯は成立しません。この意味で教唆は、被教唆者の実行行為に従属して成立する犯罪であるとされ、従属犯といわれています。ここに実行行為というのは、構成要件に該当する違法、有責の行為を行うことをいい、教唆は教唆された者が犯罪を実行すれば成立するのであって、被教唆者、すなわち実行行為者が処罰されることまでは必要としません。

3 教唆犯の処罰

刑法第 61 条には、

「①人を教唆して犯罪を実行させた者には、正犯の刑を科する。②教唆者を教唆した者についても、前項と同様とする。」と規定されています。

教唆者を教唆した場合を間接教唆といい、処罰については、教唆者と同様に扱われます。

なお、教唆犯は、すべて罰せられるわけではなく、法定刑が拘留または科料にあたる罪の教唆については、特別の規定（たとえば軽犯罪法第 3 条）がある場合に限って罰せられるに過ぎません（刑法第 64 条）。

したがって、定期点検報告の特例認定を受けた防火対象物に係る管理権原者変更届義務違反（法第 8 条の 2 の 3 第 5 項、法第 46 条の 5〔法定刑拘留のみ〕）などに対する教唆犯は、処罰されないことになります。

※〔教唆犯に関する判例〕

① 教唆者が被教唆者のした犯行について、教唆者としての責任を負うには、その教唆と被教唆者の犯行との間に因果関係が認められなければならない（最判昭和 25 年 7 月 11 日刑集 4 巻 7 号 1261 頁）。

② 犯罪の実行を教唆したところ、被教唆者がみずから実行せず、第 3 者を教唆して実行させた場合であっても、第 1 の教唆の責任は免れない（最判昭和 28 年 6 月 12 日刑集第 7 巻 6 号 1278 頁）。

第1編　総　論

③　教唆とは、犯意のない者に対して犯罪実行の決意を生じさせることである。既に犯意をもっている者に対してその犯意を強固にするのは、教唆ではなく従犯である（大判大正6年5月25日刑録23集519頁）。

④　教唆犯は、実行正犯に随伴して成立する（大判大正4年2月16日刑録21集107頁）。

⑤　教唆者の犯罪とは、被教唆者の実行した犯罪をいう（大判昭和5年3月4日法律評論19巻47頁）。

⑥　教唆犯は、正犯の犯罪行為が実行されてはじめて完成するのであり、教唆犯成立の日時は、正犯実行の日時といわなければならない（大判昭和11年11月6日刑集第15巻1378頁）。

⑦　教唆犯成立の場所は、正犯成立の場所である（大判大正3年2月4日法律新聞923号27頁、同旨、大判大正11年9月8日刑集第1巻427頁）。

⑧　教唆犯は、他人をして犯罪を決意し、これを実行させることによって成立するものであり、決意を生ぜしめる方法のいかんを問わず、また、犯罪事実は一定のものであることを認識させる程度において暗示すれば足りる（大判明治43年6月23日刑録16集1280頁）。

⑨　教唆犯の成立には、教唆者が被教唆者に対し、特定の犯罪を行わせるについて特定の認識を有することを必要とし、ただ漠然と犯罪を行うべしとか、窃盗罪を行うべしと勧誘するだけでは足りない（大判大正12年3月31日刑集3巻256頁）。

図16

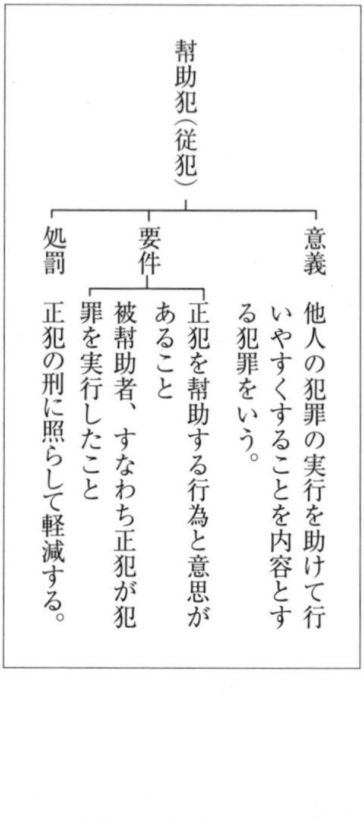

幇助犯（従犯）

意義　他人の犯罪の実行を助けて行いやすくすることを内容とする犯罪をいう。

要件　正犯を幇助する行為と意思があること　被幇助者、すなわち正犯が犯罪を実行したこと

処罰　正犯の刑に照らして軽減する。

6 幇助犯（従犯）

1 幇助犯の意義

　幇助犯というのは、他人の犯罪の実行を助け、これを容易にすることを内容とする犯罪をいいます。

2 幇助犯の要件

　① 正犯を幇助する行為と幇助する意思があること

　幇助犯が成立するためには、まず正犯を幇助する行為と幇助する意思が必要です。その方法は、犯罪用具を貸与するなどの物質的方法であると、また、助言、激励などの精神的方法であるとを問いません。新たに犯意を生ぜしめるのは教唆ですが、すでに犯罪の決意をしている者に対してその決意を強めさせるのは幇助です。

　② 被幇助者、すなわち正犯が犯罪行為を実行したこと

　正犯が犯罪行為を実行しないかぎり幇助犯は成立しません。この意味で幇助犯は従属犯といわれます。しかし、正犯が実行行為を行った以上それが処罰されることまで必要としません。

3 幇助犯の処罰

　刑法第63条には、「従犯の刑は、正犯の刑を減軽する。」と規定されています。その意味は、正犯の行為に適用される法定刑に刑法第68条以下の法定減軽をしたものをもって処罰するということです。幇助犯を幇助した者、

図 17

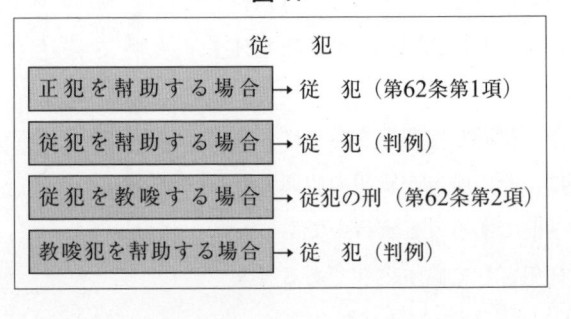

従　　犯	
正 犯 を 幇 助 す る 場 合	→ 従　犯（第62条第1項）
従 犯 を 幇 助 す る 場 合	→ 従　犯（判例）
従 犯 を 教 唆 す る 場 合	→ 従犯の刑（第62条第2項）
教 唆 犯 を 幇 助 す る 場 合	→ 従　犯（判例）

第1編　総　　論

　つまり、間接従犯を処罰できるかどうかについては、学説上争いのあるところですが、従犯を処罰するのは、正犯の実行を容易にする点にあるのであるから、直接的に容易にする場合であると、間接的に容易にする場合であるとを問わないとして間接従犯の処罰性を肯定している判例があります（大判大正14年2月20日刑集4巻73頁、最決昭和44年7月17日刑集23巻8号1061頁）。また、すべての幇助犯が処罰されるのではなく、拘留または科料にあたる罪の幇助は特定の規定（たとえば軽犯罪法第3条）がある場合にかぎって罰せられるに過ぎないことは、教唆犯の場合と同様です（刑法第64条）。

※〔幇助犯に関する判例〕

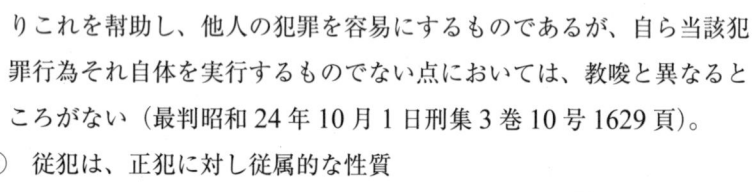

　　①　従犯とは、他人の犯罪に加功する意思をもって有形無形の方法によりこれを幇助し、他人の犯罪を容易にするものであるが、自ら当該犯罪行為それ自体を実行するものでない点においては、教唆と異なるところがない（最判昭和24年10月1日刑集3巻10号1629頁）。

　　②　従犯は、正犯に対し従属的な性質を有するから、正犯の成立をまってはじめて成立する（大判大正6年7月5日刑録23集787頁）。

　　③　従犯の成立には、正犯の行為を認識して幇助する意思があれば足り、従犯と正犯との間に相互的の意思連絡があることを必要としない（大判大正14年1月22日刑集3集921頁）。

　　④　正犯を幇助して犯罪を容易にした以上は、その所為が正犯の犯罪実行の着手前であろうと実行中であろうと、従犯として論ずべきである（大

図18

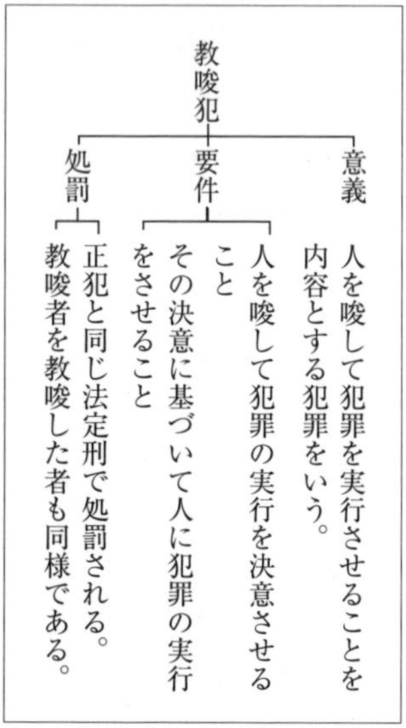

教唆犯

意義
人を唆して犯罪を実行させることを内容とする犯罪をいう。

要件
人を唆して犯罪の実行を決意させること
その決意に基づいて人に犯罪の実行をさせること

処罰
正犯と同じ法定刑で処罰される。
教唆者を教唆した者も同様である。

判明治 42 年 9 月 20 日刑録 15 集 1139 頁）。

⑤　従犯は、正犯の実行行為中にこれを幇助する場合に限らず、事前に
おいて闘争を察知し、傷害の実行を予想しながら日本刀を貸与する場
合においても成立する（大判昭和 15 年 5 月 9 日刑集 19 集 297 頁）。

⑥　事後の従犯は、法律上これを処罰できない（大判明治 28 年 11 月
4 日刑録 4 集 3 頁）。

⑦　殺人を決意した者を激励してその決意を強固にし、殺人未遂罪を犯
させた以上、精神的に犯行を幇助したもので、従犯である（大判昭和
7 年 6 月 14 日刑集 11 集 797 頁）。

⑧　共同正犯であるか従犯であるかの区別の標準は、専ら自己の犯罪を
共同して実現する意思であったか、他人の犯行を容易にする意思で
あったかにある（名古屋高判昭和 29 年 8 月 30 日刑集 7 巻 8 集 1260
頁）。

7　共犯と錯誤

　共犯者が認識していたことと正犯の実行行為の内容とがくい違っていた場
合は、事実の錯誤の理論によって解決されます。

1　共同正犯相互間の錯誤

（1）具体的事実の錯誤

　錯誤が同一構成要件内にある場合は、故意が阻却されません。たとえば、
甲、乙、丙 3 名が A を殺害することを共謀し、A だと思って人を殺したが、
殺したのは A でなく B であったような場合、甲、乙、丙 3 名とも B に対す
る殺人の故意犯が成立することになります。

（2）抽象的事実の錯誤

　錯誤が異なる構成要件にまたがって発生した場合は、原則として共同正犯
の故意は阻却されます。しかし、それぞれの構成要件が互いに重なり合うと
きは、互いに重なり合う限度で共同正犯の故意が認められます。たとえば、

第1編　総　論

図 19

共犯

意義：二人以上の者が互いに意思を連絡して、特定の犯罪を共同して行う場合をいう。

種類
- 任意的共犯：共同正犯／教唆犯／幇助犯
- 必要的共犯：集合犯／対向犯

共犯と身分
- 犯人の身分により構成する犯罪行為に加功したときは、身分のない者も共犯となる。
- 身分により特に刑の軽重があるときは、身分のない者には、通常の刑が科せられる。

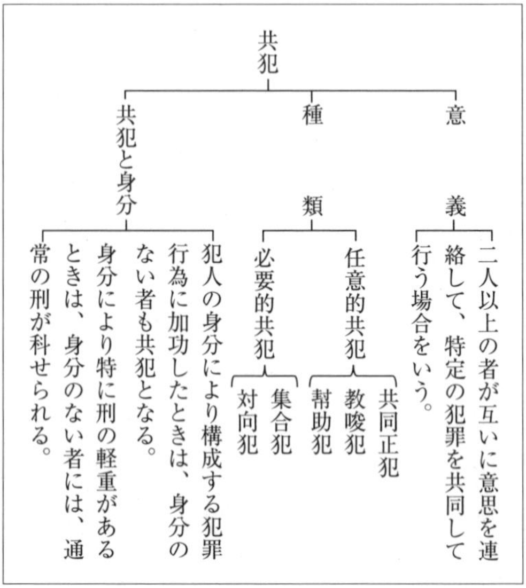

甲、乙、丙が窃盗を共謀し、甲、乙が見張りをし、丙が甲、乙の見えないところで強盗をしたような場合、窃盗と強盗とは財物の奪取という点で、互いに構成要件が重なり合うから、甲、乙には窃盗罪、丙には強盗罪が成立することになります。

2　教唆、幇助犯の錯誤

（1）具体的事実の錯誤

　錯誤が同一構成要件内にある場合は、教唆犯や幇助犯の故意は阻却されません。たとえば、甲が乙に対し、Ａ方に侵入して金を窃取することを教唆したところ、乙が誤ってＢ方に侵入して衣類を盗んできても、甲の窃盗教唆犯が成立します。甲が乙のＡに対する殺人を助けようとして日本刀を貸したところ、乙はＡと思ってＢを殺したような場合も同様です。

（2）抽象的事実の錯誤

　錯誤が異なる構成要件にまたがって発生した場合は、原則として、教唆犯や幇助犯の故意は阻却されます。ただし、それぞれの構成要件が互いに重な

110

り合う場合には、互いに重なり合う限度で教唆犯や幇助犯の成立が認められます。たとえば、甲が乙に対して窃取することを教唆したところ、乙がA方で強盗した場合、窃盗と強盗は財物の奪取という点で互いに構成要件が重なり合っているので、その互いに重なり合っている限度で教唆犯が成立しますから、甲には窃盗教唆犯が成立することになります。また、甲が乙の窃盗を幇助するため、A方の侵入方法を教えてやったところ、乙が自分で強盗をした場合も、同じ理由により甲には窃盗の幇助犯が成立します。

8 共犯と身分犯

　身分犯においては、その身分を有しない者は、単独ではその犯罪の行為者となることができません。しかし、身分のない者でも、身分を有する者に加功した者は、その身分でない者であっても共犯となります（刑法第65条第1項）。犯罪行為に加わる形態のいかんを問わないから、共同正犯として加わる場合はもちろん、教唆犯、幇助犯として加わる場合であってもよいわけです。たとえば、製造所等の設置者でない者が、設置者と共謀して当該製造所等の無許可変更（法第11条第1項）を行った場合には、設置者でない者も共犯として処罰の対象となります。また、公務員でない者が公務員と共謀して賄賂を受け取ったとき、公務員でない者も収賄罪となります（大判昭和7年5月11日刑集11集62頁）。

　身分とは、男女の性別、親族の関係、公務員であるなどの資格だけでなく、一定の犯罪行為に関する犯人の特殊の地位または状態（たとえば、占有者、常習者など）を指します。身分により特に軽重がある犯罪行為（たとえば、横領（刑法第252条）と業務上横領（刑法第253条））に加わったときは、身分のない者には通常の刑を科せられます（刑法第65条第2項）。共同正犯、教唆犯、幇助犯のいずれの形態に加わった場合であっても、身分のない者には通常の刑が科せられます。

　しかし、消防刑法には、身分によって刑に軽重のある犯罪行為は存在しま

111

第1編　総　論

せん。

9 共犯と中止犯

　犯罪の未遂・中止犯の規定（刑法第 43 条ただし書）は、共犯の場合にも
適用されます。

　したがって、共同正犯における共同行為者の全部または一部が自らの意思
によって結果の発生を防止した場合には中止犯となり、その刑が減刑または
免除されます。一部の者の中止行為によって、結果の発生が阻止された場合
には、その一部の中止者についてのみ中止犯が成立し、他の共犯者は障害未
遂ということになります（大判大正 2 年 11 月 18 日）このように共犯にお
ける中止の効果は、中止をした者のみが受けることになります。

　しかし、共犯者の一部が中止しても、他の共犯者が犯罪を完成させたとき
は、その犯罪は既遂となるため、もはや中止犯となる余地がありません（最
判昭和 24 年 12 月 17 日）。

112

第4章 罪数（犯罪の個数）

1 罪数の意義

　罪数とは、犯罪の個数、すなわち、ある者が犯した犯罪が1個か数個かということです。ある犯罪を1罪とみるか数罪とみるかについては、あとで述べる併合罪との関係において科刑上、相違を生ずることになります。たとえば、同一場所における指定数量以上の危険物の無許可貯蔵と指定数量以上の無許可取扱いを一罪とみれば、法定刑は、1年以下の懲役または100万円以下の罰金（法第41条第1項第1号）ですが、2罪になるとみれば、処断刑は、1年6月以下の懲役となり、また、罰金額については200万円以下の範囲内で処断されることになります（法第41条第1項第3号、刑法第45条、刑法第47条、刑法第48条第2項）。

　ところで、罪数を決定する基準については、次のように説が分かれていますが、（4）の構成要件標準説が通説です。

(1) 意思（犯意）標準説
　行為者の犯意を基準とし、その犯意の個数によって罪数を決定しようとする説

(2) 行為標準説
　行為者の自然的な行為を基準とし、その行為の個数によって罪数を決定しようとする説

(3) 法益（結果）標準説
　侵害された法益を基準とし、その個数によって罪数を決定しようとする説

(4) 構成要件標準説
　犯罪時の構成要件を基準とし、構成要件に該当する事実の個数により罪数を決定しようとする説。すなわち、現実に成立した犯罪が一つの構成要件を1回充足すれば1罪、2回充足するときまたは二つ以上の構成要件に分かれ

113

第1編 総　論

ているときに、それぞれの構成要件を1回以上充足すれば数罪となります。たとえば、危険物の無許可貯蔵と無許可取扱いは構成要件が異なりますから同一場所において、危険物の無許可貯蔵と無許可取扱いを行えば2罪となります。

※〔罪数に関する判例〕

① 罪数は、同一人の行為が刑罰法規の定める一定の構成要件に該当する回数によって決めるのが相当である（東京高判昭和31年12月8日裁特報3巻24号1221頁）。

② 犯罪の日時が接近し、犯罪の場所も、その目的も同一であり、しかも犯意が継続していたとしても、刑法第54条その他特別の場合を除き、原則として、犯罪の構成要件に該当する事実が数個あれば、数罪の成立がある（名古屋高判昭和29年7月20日裁特報1巻2号58頁）。

③ 同一の犯罪構成要件に該当する場合であっても、それが犯人の別個の意思決定に基づき、共犯者および場所を異にして行われたときは、数罪の成立を認むべきである。最判昭和30年10月18日刑集9巻11号2245頁）。

2 本来の1罪（本来的1罪）

一つの行為が1個の構成要件を充足する場合の犯罪を本来の1罪といいます。本来の1罪は、誰が見ても1個の行為で1個の構成要件を充足した場合（1個の行為が1個の結果だけを発生した場合）は問題がありませんが、ときには1個の行為が数個の構成要件を充足するかのような外観を呈しているにもかかわらず、そのうち1個の構成要件だけが適用される場合があります。また、これに反し、数個の行為があっても、結局包括的に1個の構成要件だけを充足しているのに過ぎないと判断される場合があります。前者を法条競合といい、後者を広い意味での包括1罪と呼んでいます。

114

第4章　罪数（犯罪の個数）

1　法条競合

　ある行為が数個の刑罰法規に該当するかのような外観を呈しているけれども、実はこれらの刑罰法規の構成要件が内容的に重複しているために、その一つだけが適用され、当然に他の法規が排除される場合をいいます。

　法条競合が成り立つ場合には、次の四つがあります。

(1)　特別関係

　一つの行為が一般法と特別法の関係に立つ二つ以上の構成要件を充足する場合です。

　この場合は、特別法優先の原則に従い、特別法が優先しますから、特別法の構成要件だけが適用されます。たとえば、消防団員の消火活動に対する妨害行為は、消火妨害罪（刑法第114条）と消防団員の消火活動等妨害罪（法第40条第1項第2号）の構成要件に該当しますが、特別法優先の原則により、後者の犯罪のみが成立することになります。

(2)　吸収関係

　吸収関係というのは、法条競合の一つの形態で、一つの行為が、ある犯罪の構成要件と、その構成要件に当然に包含される他の犯罪の構成要件にも該当する場合、後者の犯罪は、前者の犯罪に吸収され、前者の犯罪1罪のみが成立するということです。

　たとえば、製造所等から危険物を飛散させて火災の危険を生じさせ、公共の危険が発生した場合は、消防法第39条の2第1項の構成要件に該当するとともに、危険物を飛散させた行為そのものについては、同法第10条第3項（危政令第24条第8号）違反として同法第43条第1項第1号の構成要件にも該当します。しかし、後者の構成要件は、前者の犯罪構成要件の一部を構成するものとして、これに吸収され、前者の犯罪（第39条の2第1項）1罪のみが成立することになります。

(3)　補充関係

　一つの行為が基本的法規の構成要件と補充的法規の構成要件を充足する場合です。この場合、基本法は補充法を排除するという基本法優先の原則によ

115

第1編　総　　論

り、前者のみが適用されます。たとえば、消防職員の立入検査を暴行をもっ
て拒否した場合は、立入検査妨害罪（法第44条第2号）を構成せず、公務
執行妨害罪（刑法第95条）のみが成立します。前者は公務執行妨害罪に至
らない程度の行為を禁ずる趣旨のものであり、公務執行妨害罪に対し補充的
規定の性格をもつものですから、基本的規定の公務執行妨害罪が成立すると
きは、補充規定の立入検査妨害罪が成立する余地がないわけです。

(4) 択一関係

　一つの行為が、互いに両立しない2個以上の構成要件を充足するために
どちらか一方のみ適用され、他方の適用が排斥される場合です。たとえば、
横領罪（刑法第252条）と背任罪（刑法第247条）の関係がこれにあたります。
※〔法条競合に関する判例〕

　1個の犯罪が予備、着手の段階を経て既遂の状態に達した以上、予備、着
手は、当然既遂罪に吸収され、別に予備罪、未遂罪の成立の余地はない（福
岡高判昭和29年2月12日刑集7巻2号116頁）。

2　包括1罪（広義）

これには、次の四つがあります。

(1) 集合犯

　構成要件のうえで数個の同種行為を予定して1個の犯罪としているもの
をいいます。普通、常習犯、職業犯、営業犯などと呼ばれているものがこれ
にあたり、反覆して数個の行為が行われても、数罪でなく全体として1罪
になります。たとえば、賭博常習者が数回にわたり、日時、場所を異にして
賭博行為をしても1個の常習賭博罪が成立することになり、また、販売と
いうような構成要件は、その概念の性質上、当然に反覆行為を予想していま
すから、数回にわたって販売した行為は包括して1罪とみられます。消防
刑法上の集合犯の例としては、「検定対象機械器具等または自主表示対象機
械器具等の違法販売等の罪」（法第43条の4）があげられます。

(2) 接続犯

　時間的にも、場所的にも接近した条件のもとで、数個の同種類の行為が反

復的に継続して行われ、その間に事実上分離できない密接な関連のあるもの、たとえば、一つの犯意に基づいて、一晩のうちに一つの倉庫から米俵を数回にわたって運び出した場合とか、自己が保管している他人の現金を数か月の間に毎月少しずつ自己の用途に使用して横領した場合などがこれにあたります。

(3) 結合犯

数個の異なった種類の構成要件を結合して一つの構成要件にしている場合をいいます。たとえば、傷害致死罪（刑法第205条）強盗致死罪（刑法第240条）などがこれにあたりますが、消防刑法上、これに該当するものとして、危険物の漏出等の罪（法第39条の2第2項、第39条の3第2項）があります。

(4) 包括的1罪（狭義）

一つの構成要件のうち、一つの法益侵害に向けられた数種の行為が規定されているときに、これに該当する一連の行為を包括して1罪とする場合です。たとえば、同一人に対して賄賂を要求し、約束し、その約束に基づいて受け取ったときは、3個の罪が成立するのでなく、三つの行為を包括して1個の収賄罪（刑法第197条）が成立するにすぎません。

※〔包括一罪に関する判例〕

① わずか2時間余りの短時間に、同一場所で同一機会を利用して、前後3回にわたり米俵を窃取するというまったく同一の動作であるから、1罪を認めるのが相当である（最判昭和24年7月23日刑集3巻8号1373頁）。

② 甲より預かった金を保管中、自己のために数回にわたって消費した場合でも、継続した意思のもとに比較的日時が近接して同種行為がくり返されているときは、これを包括して一個の消費横領とみるのが相当である（高松高判昭和27年10月9日高裁刑集5巻12号2105頁）。

③ 業務上横領の行為が、単一もしくは継続意思の発動に基づいてなされ、被害法益が単一である場合は、行為が数個であっても包括一罪と

第1編 総　論

なる（仙台高判昭和 28 年 2 月 27 日刑特報 35 号 15 頁）。

④　同一人の物置小屋からまず窃取し、さらに同家玄関、茶の間から窃取した場合には、右場所は異なるが、近くであって、かつ、同一人の所有管理にかかわるから右 3 個の窃取行為は包括一罪を構成する（仙台高裁秋田支部判昭和 25 年 3 月 19 日刑特報 8 号 74 頁）。

⑤　犯意、欺罔行為および被害法益が単一のときは、1 年間に 12 回にわたる金員の受領があっても包括一罪である（東京高判昭和 33 年 11 月 15 日新判例大系刑法 3・364 の 193 頁）。

⑥　数個の犯罪を包括して 1 罪として処断するためには、①犯人が同一であるか、継続すること。②行為が同一犯罪の特別構成要件を 1 回毎に充足すること。③被害法益が同一性または単一性を有することの 3 つの要件を必要とする（名古屋高判昭和 34 年 4 月 22 日刑集 12 巻 6 号 565 頁）。

※〔消防刑法上の包括的一罪（狭義）の例〕

　消防法第 10 条第 1 項の規定に違反し、同一場所において、危険物の無許可貯蔵と取扱いが行われた場合には、包括的 1 罪（狭義）として、危険物の無許可貯蔵取扱違反罪（法第 41 条第 1 項第 3 号）という 1 個の犯罪が成立します。

3　科刑上 1 罪

　もともと数罪であるけれども、刑を科する上で 1 罪として取り扱うものを科刑上の 1 罪と呼んでいます。科刑上の 1 罪の中には、観念的競合と牽連犯の 2 種類があります。

1　観念的競合

　1 個の行為が数個の罪名に触れる場合（刑法第 54 条第 1 項前段）をいい、多くの場合、観念的競合と呼ばれますが、人によっては想像的競合と呼んだり、一所為数法といわれています。

118

観念的競合には、

① 一発の弾丸で2人を傷つけた場合のように、1個の行為が同種類の数個の構成要件に該当する場合

② 公務執行中の警察官に暴行を加えて負傷させた場合のように、1個の行為が異種類の数個の構成要件に該当する場合

とがありますが、ともに科刑の上で1罪として取り扱われます。本来数罪であるが、行為が1個であるところから1罪に近い性質をもつためにこのような扱いをするわけです。

　最高裁判所は、刑法第54条第1項前段にいう「1個の行為」の意味について「刑法第54条第1項前段の規定は、1個の行為が同時に数個の犯罪構成要件に該当して数個の犯罪が競合する場合において、これを処断上の1罪として刑を科する趣旨のものであるところ、右規定にいう一個の行為とは、法的評価をはなれ構成要件的観点を捨象した自然的観察のもとで、行為者の動態が社会的見解上1個のものとの評価をうける場合をいうと解すべきである。(最判昭和49年5月29日大法廷判決)」と判示し、新たな解釈を示しています。

　観念的競合は、発生した数罪のうち、最も重い刑によって処断されます(刑法第54条)。最も重い刑というのは、法定刑の上限(自由刑の場合は長期、罰金、科料の場合は多額)および下限(自由刑の場合は短期、罰金、科料の場合は少額)ともに重いものによるという意味であって、罪名もそれによるという意味ではありません。罪名はその該当するすべての罪名が成立し、これを処断するときに最も重い法定刑の規定のある条文だけを適用するに過ぎません。したがって、最も重い刑に没収がなくても、他の刑に没収があるときはこれを行うことができ、また、2個以上の没収刑があるときはこれを併科することができます(刑法第49条)。

※〔科刑上1罪に関する判例〕

① 刑法第54条は1罪に対する処断方法を規定したものであって、数罪に対する処断方法を規定したものではない(大判明治42年10月

21 日刑録 15 集 1426 頁)。

② 刑法第 54 条第 1 項前段 1 個の行為であって、数個の法益を侵害する場合を規定したものであるから、行為の個数は被害法益によって決めるのでなく、犯人の実行行為の個数によって決めるべきである（大判明治 42 年 10 月 14 日刑録 15 集 1375 頁)。

③ 1 個の行為にして数個の罪名に触れるとは、数個の別の罪名に触れる場合はもちろん、数個の同 1 罪名に触れる場合（たとえば 1 個の行為で数人に傷害を与える）をも含む趣旨である（大判昭和 14 年 9 月 13 日法律新聞 4417 号 10 頁)。

④ 最も重い刑をもって処断するとは、関連する数個の罪名の条文中の刑の長期および短期の最も重いものの法定刑の範囲内で処断することをいう（最判昭和 32 年 2 月 14 日刑集 11 巻 2 号 715 頁)。

2 牽連犯

犯罪の手段もしくは結果である行為が、他の罪名に触れる場合、つまり、数個の行為がそれぞれ別個の構成要件に該当しても、その間に一方が他方の手段であるか、他方が一方の結果であるかの関係が認められる場合です（刑法第 54 条第 1 項後段)。

たとえば、住居侵入罪（刑法第 130 条）と窃盗罪（刑法第 235 条）のように、前者が後者の手段として行われたときとか有価証券偽造罪（刑法第 162 条）の結果として偽造有価証券の行使（刑法第 163 条）があった場合がこれにあたります。

手段、結果の関係は、犯人の主観によるのではなく、客観的に行為の性質から決定されます。また、たまたま、手段と結果にあるだけでは足りず、通常の場合、手段、結果の関係が存在することが必要であるとされています。

牽連犯の例としては、一般に、住居侵入と窃盗・放火・傷害・殺人、通貨偽造と行使、有価証券偽造と行使、文書偽造と行使、不法監禁と恐喝などがあげられます。

牽連犯も観念的競合の場合と同じように、発生した数罪のうち、最も重い

刑によって処断されます。

※〔牽連犯に関する判例〕

①　牽連犯とは、2個以上の犯罪行為がその具体的事案において手段、結果の関係にあるのみでなく、客観的に見て、通常、手段、結果の関係にあると認められる場合でなければならない（広島高判昭和 29 年 3 月 11 日高裁刑集 7 巻 3 号 295 頁）。

②　牽連犯となるためには、犯人が主観的にその一方を他方の手段または結果の関係において実行したというだけでは足りず、その数罪間にその罪質上通常、手段、結果の関係が存在すべきものであることを必要とする（最判昭和 32 年 7 月 18 日刑集 11 巻 7 号 1861 頁）。

③　牽連犯となるためには、ある犯罪と手段もしくは結果である犯罪との間に密接な因果関係がある場合でなければならず、2 罪がたまたま手段、結果の関係にあるだけでは牽連犯とはいい得ない（最判昭和 24 年 7 月 12 日刑集 3 巻 8 号 1237 頁）。

④　刑法第 54 条第 1 項後段にいう犯罪の手段たる行為とは、犯罪の性質上その手段として通常用いられるべき行為をいう（最判昭和 23 年 7 月 17 日刑集 2 巻 8 号 918 頁）。

⑤　刑法第 54 条第 1 項後段にいう他の罪名に触れるとは、必ずしも別異の罪名に触れる場合ではなく、手段または結果である行為がいずれも犯罪を構成する場合も意味する（広島高判昭和 29 年 3 月 11 日高裁刑集 7 巻 3 号 295 頁）。

⑥　刑法第 54 条第 1 項の重き刑というのは、法定刑の重いものを指し、具体的に判断せられた処断刑を指すのではない（最判昭和 23 年 4 月 8 日刑集 2 巻 307 頁）。

第1編　総　論

4 併合罪

　1人が数罪を犯したときに、その各罪ごとに各別の刑を科してもよいはず
ですが、刑法はこれらの罪を同時に裁判するとき、または同時に裁判する可
能性があるときは、これを一括して全体としての刑を考えることにし、この
ような関係にある数罪を併合罪として次のように規定しています。

1　併合罪の意義

　　①　まだ確定裁判を経ていない数罪を併合罪といいます（刑法第45条
　　　前段）。

　　　　確定裁判というのは、上訴期間が過ぎたことなどによって、普通の
　　　訴訟手続では争うことができない状態になった裁判をいいます。判決
　　　はもちろん、略式命令が確定した場合をも含みます。

　　②　ある罪について禁錮以上の刑に処する確定裁判があったときは、そ

図20　併合罪

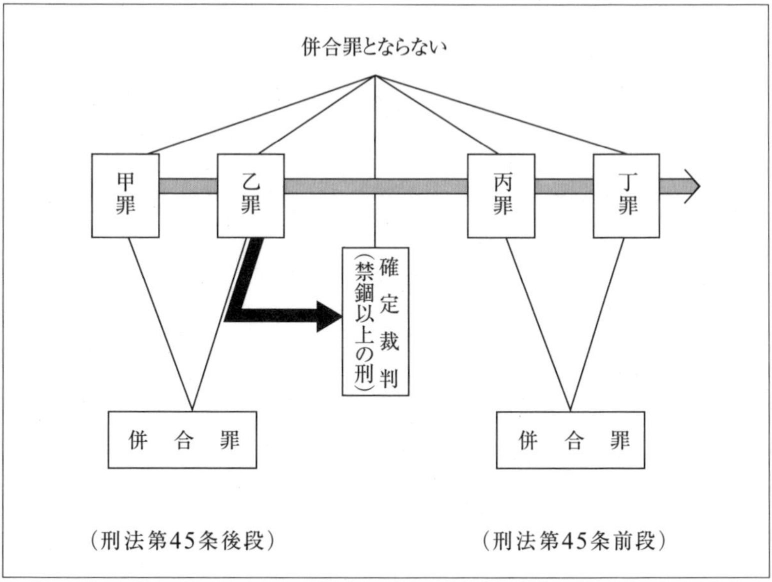

併合罪とならない

甲罪　乙罪　丙罪　丁罪

確定裁判（禁錮以上の刑）

併合罪　　　　　　　　　併合罪

（刑法第45条後段）　　　　　　（刑法第45条前段）

122

第4章　罪数（犯罪の個数）

の罪と裁判確定以前に犯した罪の場合も併合罪といいます（刑法第
45条後段）。

　したがって、たとえば、ある人が甲罪と乙罪の2罪を犯したのち、
乙罪についてのみ裁判を受けて禁錮刑以上の刑が確定し、そののちに
丙罪を犯したとすると、甲罪と乙罪とが併合罪となり、丙罪と甲・乙
罪とは併合罪とはなりません。

2　併合罪の科刑

①　併合罪中、その1罪について死刑に処するときには、没収を除く
他の刑は科せられません（刑法第46条第1項）。

②　その1罪について、無期の懲役、または禁錮に処するときは、罰
金、科料、没収を除く他の刑は科せられません（刑法第46条第2項）。

③　併合罪中、2個以上の有期懲役または禁錮に処するときは、その最
も重い罪について定めた刑の長期に半数を加えたものをもってその長
期とします。ただし、各罪につき定めた長期を合算したものを超える
ことはできません。したがって、たとえば、3月以上10年以下の懲
役の刑である偽証罪（刑法第169条）と2年以下の懲役または30万
円以下の罰金の刑である脅迫罪（刑法第222条）について懲役刑を
選択すると、刑法第47条本文により懲役3月以上15年以下の刑に
なりますが、同条但書によって懲役12年を超えることができません
から、3月以上12年以下の懲役の範囲内で処断することになります。

④　2個以上の罰金は、各罪について定めた罰金の合算額以下で処断さ
れます（刑法第48条第2項）。

⑤　罰金、拘留、科料と他の刑は、前記①、②の場合を除いては併科さ
れます（刑法第48条第1項、第53条第1項）。

⑥　2個以上の拘留、科料も併科されます（刑法第53条第2項）。

　併合罪について、すでに裁判を経た罪と、まだ裁判を経ない罪があ
るときは、まだ裁判を経ない罪について裁判されます（刑法第50条）。

　併合罪について、すでに処断された者が、ある罪について大赦を受

123

第1編　総　論

けたときは、大赦を受けない罪について改めて刑を定めることになります（刑法第 52 条）。

※〔併合罪に関する判例〕

① 併合罪は確定裁判を経ない数罪相互の関係をいい、確定裁判前に犯した数個の犯罪と確定裁判後に犯した数個の犯罪とは、相互に併合罪の関係を生じないからこの場合にはその前後の数罪についてそれぞれ併合加重をし、各その刑を併科すべきである（大判明治 44 年 9 月 25 日刑録 17 集 1560 頁、同旨、東京高判昭和 29 年 4 月 5 日新判例大系刑法 3・3261 頁）。

② 刑法第 45 条後段は、裁判確定前に犯した罪が確定裁判を経た罪と併合罪になり、その後犯した罪とは併合罪にならない趣旨を規定したものであって、その処断刑まで定めたものではない（最判昭和 34 年 2 月 9 日刑集 13 巻 1 号 82 頁）。

③ 刑法第 45 条後段の確定裁判とは、有罪の言渡しを受けた確定裁判を意味し、無罪の言渡しをした裁判を含まない（名古屋高裁金沢支判昭和 28 年 11 月 21 日刑特報 33 号 162 頁）。

④ 刑法第 45 条後段の「確定裁判があったとき」とは、数個の独立した罪のうち、ある罪について確定裁判のあった事実そのものをいうのであって、その確定裁判の罪の刑の執行を終了しているか否かを問わない（東京高判昭和 28 年 6 月 30 日新判例大系刑法 3・327 頁）。

⑤ 刑法第 45 条後段は、ある罪について確定裁判があったときは、その罪とその裁判確定前の犯罪とを併合罪とする趣旨であって、その罪とその裁判宣告前の犯罪とを併合罪とする趣旨ではない（東京高判昭和 31 年 7 月 19 日高裁刑集 9 巻 7 号 804 頁）。

⑥ 継続犯として 1 罪である犯罪の継続中他の罪につき確定裁判があっても、その罪と刑法第 45 条後段の併合罪となるものではない（最判昭和 35 年 2 月 9 日刑集 14 巻 1 号 82 頁）。

※〔消防刑法上の併合罪の例〕

① ある防火対象物の関係者が、正当の理由なしに消防職員の立入検査を拒否したため、所轄消防署長は、報告徴収権を発動して当該対象物の実態を把握しようとしたところ、関係者は、当該報告徴収による報告義務をも怠った。このような場合には、関係者の立入検査拒否（法第44条第2号）と報告徴収による報告義務不履行（法第44条第2号）の併合罪が成立します。

② 無許可で危険物施設を設置し、当該施設に指定数量以上の危険物を貯蔵した場合、消防法第11条第1項違反（法第42条第1項第2号）と同法第10条第1項違反（法第41条第1項第3号）との併合罪を構成します。

③ 危険物（セルロイド）の無許可貯蔵（法第10条第1項違反）があり、当該危険物の自然発火により火災が発生したような場合には、危険物の無許可貯蔵違反罪（法第41条第1項第3号）と業務上失火罪（第117条の2）の併合罪を構成します（足立簡裁昭和60年9月20日略式命令）。

④ 消防用設備等の点検結果の報告を怠っている者（法第17条の3の3違反）に対し、当該点検結果の報告を求めるため消防法第4条第1項に基づき報告徴収を行ったところ、関係者がこれに従わなかったような場合には、点検結果の報告義務違反罪（法第44条第11号）と報告徴収違反罪（法第44条第2号）の併合罪を構成します。

⑤ 同一管理下に属する防火対象物の一つに消防用設備等の設置命令がなされ、他の一つに消防用設備等の改修命令がなされたが、関係者がいずれも履行しなかったような場合には、設置命令違反罪（法第41条第1項第5号）と改修命令違反罪（法第44条第12号）の併合罪が成立するものと解されます。

⑥ 危険物取扱主任者（現行の危険物保安監督者）でない者が単独で危険物を取扱い（法第13条第3項違反）、危険物の貯蔵取扱基準に違反した場合（法第10条第3項違反）は、無資格者による危険物の取

扱い違反罪（法第42条第1項第7号）と危険物の貯蔵取扱基準違反罪（法第43条第1項第1号）の併合罪を構成します（東京地裁昭和48年5月8日判決）。

第5章　刑　　罰

1 刑罰の意義

　刑罰というのは、犯罪者に対して加えられる国家の制裁を意味します。

　刑罰の本質については、種々の見解がありますが、犯罪行為に対する非難として犯罪者に加えられる応報であるとともに、その犯罪者を社会に復帰させるための教育としての意味もあわせ持っているという考え方が通説です。

2 刑罰の種類

1　学問上の刑罰

　学問上の刑罰の種類には、生命刑、身体刑、自由刑、財産刑、名誉刑がありますが、消防刑法上関係のある刑罰は、自由刑と財産刑です。

（1）生命刑

　人の生命を奪うもので、死刑がこれにあたります。

（2）身体刑

　受刑者の身体に直接に有形力を行使してこれを傷つけるものですが、現行法上認められていません。

（3）自由刑

　受刑者の自由を奪うもので、懲役、禁錮、拘留がこれにあたります。

（4）財産刑

　受刑者から一定の財産を剥奪することを内容とするもので、罰金、科料、没収がこれにあたります。

（5）名誉刑

　受刑者から一定の権利、資格を奪うことを内容とするもので、旧刑法の公民権剥奪、公民権停止などがこれにあたりますが、現行法上は、認められて

第1編　総　　論

いません。

2　刑法上の刑罰

刑法上の刑罰には、死刑、懲役、禁錮、罰金、拘留、科料、没収の7種類があり、その軽重は、記載順序によるとされています（第9条、第10条）。

(1)　死刑

人の生命を奪う処罰です。生命を奪うことから生命刑ともいわれます。死刑の方法は刑務所内で絞首して執行されますが（第11条第1項）、死刑の言渡しを受けた者は、その執行に至るまで刑務所内に拘置されます（第11条第2項）。

(2)　懲役

受刑者の身体の自由を剥奪して刑務所に拘置し、定役、すなわち、強制労働に服させるものです（第12条第2項）。無期および有期の区別がありますが、有期については1月以上15年以下とされています（第12条第1項）。ただし、加重するときは、20年までに上げることができ、また、減軽するときは、1月未満に下げることができます（第14条）。

消防刑法上、法定刑として懲役刑のみが科せられているものに、望楼等の損壊・撤去罪（第38条）および火災報知機等の損壊・撤去罪（法第39条）のいわゆる破廉恥罪があります。

また、消防刑法には、消防法第5条第1項命令違反罪（法第39条の3の2第1項）危険物の無許可貯蔵取扱違反罪（法第41条第1項第3号）などのように法定刑が懲役刑と罰金刑の選択刑として科されているものが多く、その大半を占めています。

(3)　禁錮

受刑者の身体の自由を剥奪して一定の場所に拘置するけれども定役（強制労働）に服させないものです（刑法第13条第2項）。懲役と同様に無期および有期の区別がありますが、有期については、1月以上15年以下とされています（同法第13条第1項）。また、有期の加重または減軽については、懲役の場合と同様です。禁錮刑は刑期が同一であれば懲役刑よりも軽いこ

128

とになります（同法第10条第1項）。消防刑法上、選択刑として禁錮刑を定めているものには、過失による危険物の漏出等の罪および同過失致死傷罪（法第39条の3第1項・第2項）があります。

(4) 罰金

受刑者から罰金という名目で一定の財産を剥奪するものです。罰金は、1万円以上とされていますが、軽減するときは1万円未満に下げることができます（刑法第15条）。罰金を完納することができない者は1日以上2年以下の期間内で、労役場（刑務所）に留置されます（刑法第18条第1項）。ただし、少年には、労役場留置の制度がありません（少年法第54条）。

したがって、罰金刑を言い渡すときは、たとえば、「この罰金を完納することができないときは、1日1,000円の割で労役場に留置する」というように具体的に明示して言い渡すことになります（同法第18条第4項）。

消防刑法上、法定刑として罰金刑のみを定めたものに、危険物取扱者試験事務に関する帳簿の未作成等、指定試験機関による立入検査の拒否等の罰（法第43条の2）等や両罰規定（法第45条）があります。

また、法定刑の選択刑として罰金刑と拘留を定めたものに、消防法第3条第1項命令違反罪（法第44条第1号）や同法第4条第1項の立入検査の拒否罪等（法第44条第2号）、危険物保安技術協会に係る文字の不正使用等（法第46条の3）があります。

(5) 拘留

受刑者の自由を剥奪して拘留場に留置するものです（刑法第16条）。定役を科さないことについては禁錮と同様ですが、その刑期が1日以上30日未満である（同法第16条）点において禁錮と異なります。
※〔拘留に関する判例〕

拘留の最長期は29日を限度とする（大判大正4年5月21日刑録21集663頁）。

(6) 科料

受刑者から科料という名目で一定の財産を剥奪するものです。刑法は「科

第1編 総 論

料は、1,000円以上1万円未満とする。」（刑法第17条）と規定していますが、科料を完納することができない者は、1日以上30日以下の期間で労役場（刑務所）に留置されます（同法第18条第2項）。

したがって、科料刑を言い渡すときには、科料を完納することができない場合の留置の期間を定めて言い渡すことになります（同法第18条第4項）。

(7) 没収

受刑者から没収という名目で財産を剥奪するものです。同じ財産を剥奪する刑であっても、罰金、科料と違って、他の刑に付加して言い渡されるに過ぎないことから付加刑といわれているわけです（刑法第9条）。

消防刑法には、その性質上、没収の刑は設けられていません。

3 刑罰の適用

1 総 説

犯罪が成立しますと、原則として、国家の刑罰権が発生します。この刑罰権は、裁判所の判決によって現実に犯人に対して科すべき刑罰として言い渡されます。

刑罰権が刑罰として具体化するには、まず、刑罰法規の各本条に定められた刑罰（法定刑）が、一定の加重事由、減軽事由によって加重または減軽されます。そして、その加重または減軽された刑（処断刑）の範囲内で裁判官が具体的に適用する刑（宣告刑）を決めて言い渡すという過程をとりますので、法定刑、処断刑、宣告刑の意味を理解しておくことが必要です。

(1) 法定刑

刑罰法規の各本条で、構成要件に該当する事実に対して定められた刑です。その規定の仕方には、裁判官の裁量を絶対に認めない絶対的法定刑主義と、刑の種類、量の最高限と最低限とを定め、その範囲内で裁判官の自由裁量を認める相対的法定刑主義（たとえば、「製造所、貯蔵所又は取扱所から危険物を漏出させ、……又は飛散させて火災の危険を生じさせた者は、3年

130

以下の懲役又は 300 万円以下の罰金に処する」というような消防法第 39 条の 2 第 1 項本文の規定）と、刑の種類および量を定めず、これを全く裁判官の自由裁量に委ねる専断刑主義とがありますが、現行刑罰法規は、原則として、相対的法定主義をとり、その範囲内で裁判官の裁量を認めています。

(2) 処断刑

法定刑に法律上または裁判上の加重減軽を加えたものです。加重減軽の方法については後述します。

(3) 宣告刑

法定刑または処断刑の範囲内で量定され、判決として具体的に言い渡される刑のことです。

法定刑と処断刑との関係について具体的に説明しますと、次のとおりです。

たとえば、給油取扱所の関係者が危険物保安監督者を選任していないため（法第 13 条第 1 項違反）、法第 12 条の 2 第 2 項の規定に基づき当該給油取扱所の使用停止命令を発動したところ、関係者が依然として危険物保安監督者を選任しないまま営業を続けていたような場合について考えてみますと、危険物保安監督者を選任しないで事業を行った関係者に対しては、法第 42 条第 1 項第 6 号の規定により「6 月以下の懲役又は 50 万円以下の罰金に処する」と定められ、また、給油取扱所の使用停止命令違反に対しては、法第 42 条第 1 項第 4 号の規定により「6 月以下の懲役又は 50 万円以下の罰金に処する」と定められている刑を法定刑ということになります。

ところで、危険物保安監督者の選任義務違反罪と使用停止命令違反罪とは、刑法第 45 条にいう併合罪を構成しますから、同法第 47 条（法定刑が懲役または禁錮の場合、刑の長期にその半数を加重）および第 48 条第 2 項（法定刑が罰金刑の場合、2 個以上の罰金の合算額）により刑が加重され、「9 月以下の懲役又は 100 万円以下の罰金」という範囲内で刑の量定が行われることになります。この範囲を処断刑といいます。

そして、裁判官が、この処断刑の範囲内において具体的な刑を定め、たとえば、「罰金 60 万円に処する」旨の判決を言い渡す場合、これを宣告刑と

第1編 総　論

いうわけです。

　なお、法定刑に対して、刑の加重や減軽を行う要素がない場合は、処断刑について考える必要はなく、法定刑に対する宣告刑の関係があるだけです。たとえば、危険物の無許可貯蔵違反罪（法第41条第1項第3号）の法定刑は1年以下の懲役または100万円以下の罰金ですが、この犯罪に対して刑を加重したり、減軽したりする事由がないときは、この法定刑の範囲内において裁判官が具体的に刑を量定し、判決で刑を言い渡す（宣告刑）ことになります。

　刑の量定の標準については、刑法上直接の規定はなく、裁判官の自由な裁量に任せられています。しかし、その裁量は、検察官の起訴便宜主義の考え方に準じ、犯人の性格、年齢、境遇、犯罪の軽重、情状、犯罪後の情況などを考慮し客観的に妥当なものでなければなりませんし（刑訴法第248条）、不当な量刑は上訴の理由になります（刑訴法第381条）。

2　刑の加重

　刑の加重は、法律に定められた事由（法定事由）がある場合にだけ許されています。これを法律上の加重事由といいます。刑の加重事由には併合罪の加重と累犯の加重があります。

（1）併合罪の加重

　併合罪については、吸収主義（各罪のうち、最も重い刑により処断するもの）、併科主義（各罪につき、それぞれの刑罰を定め、これらを併せて執行するもの）、加重単一刑主義（各罪のうち、最も重い刑に一定の加重をほどこして処断するもの）という三つの考え方がありますが、有期の自由刑については、加重単一刑主義を原則とし、それ以外の場合には、適宜、吸収主義と併科主義が採用されています。

　ア　併合罪について同時に裁判する場合

　　①　2個以上の有期懲役または有期の禁錮に処する罪があるときは、その最も重い刑について定められた刑の長期にその半数を加えたものが長期となります（加重単1刑主義）。ただし、各罪について定めた

132

刑の長期を合算したものを超えることができません（刑法第47条）。また、加重された刑についても、長期20年を超えることができないことになっています（刑法第14条）。

② 2個以上の罰金は、各罪について定めた罰金の合算額以下で処断されます（刑法第48条2項—加重単一刑主義）。また、罰金と他の刑とは併科されます。ただし、併合罪中の1罪について死刑に処するときは、罰金は科せられません（刑法第48条第1項—併科主義）。消防刑法上、特に関連の深いのは、併合罪について、罰金の合算によって処断する場合です。

③ 併合罪のうちの1罪について死刑に処するときは、没収を除き他の刑を科することができません（刑法第46条第1項—吸収主義）。

④ 併合罪のうちの1罪について、無期の懲役、禁錮に処するときは、罰金、科料、没収の刑を除き他の刑（自由刑）を科すことはできません（刑法第46条第2項—吸収主義）。

⑤ 2個以上の拘留、科料についても併科されます（刑法第53条第2項—併科主義）。また、拘留または科料と他の刑とは併科されます。ただし、併合罪のうちの1罪について死刑または無期の懲役・禁錮に処する場合は除外されます（刑法第53条第1項—併科主義）。

イ 併合罪について同時に裁判しない場合

併合罪のうち、すでに裁判を経た罪と、まだ裁判を経ない罪（余罪）があるときは、さらに裁判を経ていない罪について処断されることになります（刑法第50条）。

(2) 累犯の加重

前に懲役に処せられた者が、その刑の執行を終わり、または刑の執行の免除があった日から5年以内にさらに罪を犯し、これを有期懲役で処断すべきときは、再犯となります（刑法第56条第1項）。再犯の後に、さらに同様の条件で罪を犯した場合を3犯といい、以下順次4犯、5犯といいますが、再犯以上を総称して累犯と称するわけです。

第1編 総 論

　ところで、再犯以上の罪については、その罪につき定められた懲役の長期の2倍以下に加重されますが（刑法第57条、第59条）、長期は、20年を超えることができません（刑法第14条）。

　累犯の刑が加重されるのは、犯罪を反復累行し、法を無視した者の人格的危険性から社会を防衛するための立法措置であるとされています。

※〔累犯加重に関する判例〕

①　前科は、大赦令により消滅するから、大赦令により赦免された罪に科せられた懲役刑を前科として累犯加重することはできない（最判昭和28年10月16日刑集7巻10号1904頁）。

②　前科の執行猶予期間中の犯罪は、未だ刑の執行が終わっていないので累犯関係を生じない（最判昭和26年9月5日新判例大系刑法3・392の15頁）。

③　仮出獄自体は、減刑でも刑の執行の免除でも、また、刑の執行を終わったものでもないから、仮出獄期間中の犯罪は累罪ではない（最判昭和24年12月24日最高裁判所刑事判決特報23号83頁）。

④　刑法56条の懲役刑の執行の終わった日は、刑期の終了する日ではなく、その翌日と解すべきである（広島高判昭和41年8月16日高裁刑集19巻5号543頁）。

⑤　累犯関係の有無は、前科の執行を終わり、または執行の免除があった日から5年の期間内に、犯罪の実行行為をしたかどうかを基準として決定すべきである（最決昭和43年11月7日刑集22巻12号1335頁）。

⑥　累犯加重は5年の期間内に後犯が行われればよいのであって、後犯に対する判決がこの期間に言い渡されることを必要としない（最決昭和32年6月29日刑集11巻6号1801頁）。

⑦　累犯加重の規定は有期懲役に処すべきときに適用あるので、禁錮刑に処すべきときに適用すべきものではない（最判昭和32年2月21日刑集11巻2号900頁）。

⑧　死刑または無期懲役にあたる罪を犯した場合は、累犯加重することはできない（大判昭和5年11月22日刑集9巻823頁）。

3　刑の減軽

刑の減軽ができる場合は、法律上の事由がある場合と、裁判上の事由がある場合に限られます。

(1)　法律上の減軽事由

法律上の減軽事由には、必要的なものと任意的なものとがあります。

ア　必要的減軽事由

消防刑法に関連のあるものとしては、心神耗弱（刑法第39条第2項）、中止未遂犯（刑法第43条ただし書）、幇助犯（刑法第63条）などがあります。

イ　任意的減軽事由

消防刑法に関連のあるものとしては、過剰防衛（刑法第36条第2項）、過剰避難（刑法第37条第1項ただし書）、法律の錯誤（刑法第38条第3項ただし書）などがあげられます。

(2)　裁判上の減軽事由

裁判官は、犯罪の客観的事情および犯人の主観的事情に照らして、法定刑ないし処断刑の最低限度をもってしても、なお重いと考えるときは、その刑をさらに減軽することができることになっています（刑法第66条）。この場合、法律により、加重または減軽するときであっても、さらに減軽することができます（刑法第67条）。一般に酌量減軽と呼ばれているものがこれにあたります。

(3)　刑の減軽の方法

ア　法律上の減軽の方法

法律によって刑を減軽する1個または数個の原因があるときは、次の例により1回だけ減軽されます（刑法第68条）。

①　死刑を減軽するときは、無期または10年以上の懲役または禁錮

②　無期懲役、無期禁錮を減軽するときは、7年以上の有期懲役または禁錮

第1編　総　　論

③　有期懲役、有期禁錮を減軽するときは、その刑期の2分の1

④　罰金、拘留、科料を減軽するときは、それぞれの金額、長期、多額
の2分の1

イ　酌量減軽の方法

酌量減軽をする場合も法律上の減軽と同様の方法によって減軽されます
（刑法第71条）。

ウ　刑の加減の順序

刑を同時に加重減軽する場合は、次の順序によるとされています（刑法第
72条）。

①　再犯加重

②　法律上の減軽

③　併合罪の加重

④　酌量減軽

※〔刑の加重、減軽の方法に関連する判例〕

①　懲役刑を刑法第68条第3号に基づいて減軽する場合には、その長
期と短期を各2分の1に減ずるものである（最判昭和25年11月9
日刑集4巻11号2244頁）。

②　法律上、刑を減軽する原因が数個あっても1回だけしか減軽でき
ない（最判昭和24年3月29日新判例大系刑法4・255頁）。

③　酌量減軽は、裁判所が諸般の情状を審理し、その裁量権によって決
定すべきである（最判昭和23年2月26日刑集2巻2号23頁）。

④　数個の犯罪を併合して処断すべき場合に、法律上の減軽事由がある
場合には、まず、その減軽を行った後に併合罪の加重をすべきである。
（大判大正6年5月19日刑録23集492頁）。

136

第 5 章 刑　罰

4　刑の執行

　刑の執行とは、確定判決によって言い渡された刑罰を実現することです。刑の執行は、原則として、その裁判をした裁判所に対応する検察官の指揮により行われます（刑訴法第 472 条）。ただし、死刑の執行には、特に法務大臣の命令が必要です（刑訴法第 475 条）。

1　刑罰の執行方法

（1）死刑の執行（参考まで）

　死刑は、死刑の判決確定後原則として 6 か月以内に、法務大臣の執行命令により（刑訴法第 475 条。第 479 条）、命令後 5 日以内に（刑訴法第 476 条）、監獄内の刑場で「絞首」して執行されます（刑法第 11 条）。

（2）懲役・禁錮・拘留の執行

　懲役・禁錮は監獄において（刑法第 12 条第 2 項、第 13 条第 2 項「拘留は拘留場（刑法第 16 条）において執行されます。

　刑期は、裁判確定の日から起算されますが、拘禁されない日数は裁判確定後であっても刑期に算入されません（刑法第 23 条）。期間を定めるのに月または年をもってしたときは暦に従って計算され（刑法第 22 条）、また、受刑の初日は時間に関係なく全 1 日として計算され、放免は刑期終了の翌日に行われます（刑法第 24 条）。

　未決勾留日数は、その全部または一部が裁判官の裁量により本刑に算入されることが許されています（刑法第 21 条）。

　自由刑の執行がまだ完全に終了していなくても、情状により、一定の条件付で受刑者を釈放することができ、これを仮釈放といいます。仮釈放には、懲役・禁錮に処せられた者をその刑期の 3 分の 1（無期刑については 10 年）を経過した後に地方更生保護委員会の処分をもって許す仮出獄（刑法第 28 条）と、拘留に処せられた者および罰金・科料の不完納により労役場に留置された者を何時でも同委員会の処分をもって許す仮出場（刑法第 30 条）とがあります。仮出獄を許された者は当然に保護観察に付され（犯罪者予防更

137

生法第33条第1項第3号)、また、仮出獄中に更に罪を犯し、罰金以上の刑に処せられたときなど一定の事由があるときは仮出獄が取り消されますが(刑法第29条第1項)、仮出場には、このような制度がありません。

(3) 罰金・科料・没収の執行

罰金・科料には仮納付の制度があり、これが刑の言渡しと同時に言い渡されると直ちに執行力が発生し、その執行後に裁判が確定すると、その金額の限度で刑の執行があったものとみなされます(刑訴法第348条、第494条)。

罰金・科料を完納することができない者が労役場に留置されることは前述のとおりです(刑法第18条)。

罰金・科料・没収は、検察官の命令によって執行され、この執行命令は執行力ある債務名義と同一の効力を有するので、その執行は民事訴訟法の規定に従うことになります。

2 刑の執行猶予

(1) 意 義

刑の執行猶予というのは、刑の言渡しをする場合に、その執行を一定期間猶予し、猶予期間を経過したときは、刑の執行を免除するとともに、刑の言渡しを失効させる制度です。短期自由刑の弊害を避けるとともに、執行猶予の条件に違反した場合にはそれが取り消され、刑の執行を受けるという心理強制を加えることによって、犯人の改善、更生を期待する制度であるとされています。

(2) 刑の執行猶予言渡しの要件(刑法第25条第1項)

ア はじめて刑の執行猶予を言い渡す場合

前に禁錮以上の刑に処せられたことがないか、前に禁錮以上の刑に処せられても、その執行を終わり、またはその執行の免除を受けた日から5年以内に禁錮以上の刑に処せられたことがない者が3年以下の懲役もしくは禁錮または50万円以下の罰金に処せられたとき。したがって、拘留、科料については、執行猶予が認められません。

イ　再度の刑の執行猶予を言い渡す場合（刑法第 25 条第 2 項）

　前に禁錮以上の刑に処せられ、その刑の執行が猶予されている者（ただし、保護観察中の者を除く。）が、1 年以下の懲役または禁錮の言い渡しを受け、情状に特に酌量すべきものがあるとき。

(3) 刑の執行猶予の期間

　はじめての執行猶予、再度の執行猶予を問わず、その裁判確定の日より 1 年以上 5 年以下の範囲内で裁判所が決定して言い渡します。

(4) 刑の執行猶予と保護観察

　刑の執行猶予の言渡しをするとき、はじめてのときは裁量により、また、再度の執行猶予のときは必要的に、猶予の期間中保護観察に付されます（刑法第 25 条の 2）。保護観察とは、犯罪者を矯正施設に収容せず、社会生活の中で、適当な指導者の補導援護と指導監督のもとに自発的な改善更生、社会復帰を促進する制度のことです。

(5) 刑の執行猶予の取消し

ア　刑の執行猶予の必要的取消し（刑法第 26 条）

　刑の執行猶予は、次のような事由がある場合に取消さなければならないとされています。

①　猶予の期間内にさらに罪を犯して禁錮以上の刑に処せられ、その刑につき執行猶予の言渡しがないとき

②　猶予の言渡し前に犯した他の罪について、禁錮以上の刑に処せられ、その刑について執行猶予の言渡しがないとき

③　猶予の言渡し前に他の罪につき禁錮以上の刑に処せられたことが発覚したとき

④　禁錮以上の刑の執行猶予が二つ以上ある場合に、その一つについて刑の執行猶予を取り消したとき（刑法第 26 条の 3）

イ　刑の執行猶予の任意的取消し（刑法第 26 条の 2）

　刑の執行猶予は、次のような事由がある場合に裁判所の裁量によって取り消すことができます。

第1編 総　論

① 猶予期間内にさらに罪を犯し罰金刑に刑に処せられたとき。

② 刑の執行猶予中保護観察に付された者が、遵守事項を遵守せず、その情状が重いとき。

③ 猶予の言渡し前に他の罪につき禁錮以上の刑に処せられ、その執行を猶予されたことが発覚したとき。

(6) 刑の執行猶予の効果

① 刑の執行猶予は有罪判決ですから、刑罰権が発生し、その執行が猶予されるにすぎません。したがって、刑の執行猶予期間中刑の時効は停止されます（刑法第33条）。

② 刑の執行猶予の言渡しを取り消されることなく猶予の期間を経過したときは、刑の言渡しは効力を失います（刑法第27条）。したがって、刑の言渡しに伴うすべての効果が消滅するわけですが、これは法律上刑の言渡しを受けなかったと同一に取り扱われるというだけのことで、過去に罪を犯し有罪判決を受けたという事実までなくなるのではありません。

※〔刑の執行猶予に関する判例〕

① 刑の執行猶予の制度は、短期自由刑の弊害を避け、被告人の改善を助長し、行動と謹慎を要請し、これによって刑罰の目的を妥当に達成せんとする刑事政策的配慮をもつものである（最判昭和24年3月31日刑集3巻3号406頁）。

② 刑の執行猶予は、その性質上、刑の執行方法であって、刑そのものの内容ではない（最判昭和23年6月22日刑集2巻7号694頁）。

③ 刑の執行を猶予する情状があるかないかは諸般の事情から決すべきであって、被告人が公訴事実を否認したかどうかという標準によってだけ決することはできない（東京高判昭和24年12月24日東京高判速報昭和24年185号）。

④ 刑法第25条第2項は、執行猶予の期間内に、さらに罪を犯した場合に、その刑の執行猶予を言い渡すときの条件だけを規定したもので

あって、余罪について刑の執行猶予を言い渡す場合の条件までを規定したものではない。余罪については1項の条件を満たすかどうかによって定まるものと解すべきである（最判昭和31年5月30日刑集10巻5号760頁）。

⑤　刑法第25条第2項は、前に禁錮以上の刑に処せられ、その執行を猶予せられた者に対して1年を超える懲役もしくは禁錮または罰金の言渡しをなすときは、その執行を猶予することができない趣旨である（最判昭和29年7月6日刑集8巻7号1070頁）。

⑥　刑の執行猶予の言渡しをするかどうかは裁判所の自由裁量である（最判昭和23年10月21日刑集2巻11号1377頁）。

3　刑の執行の免除、減免

刑の執行猶予のほかに、刑の言渡しがあっても、現実に刑が執行されない場合として、刑の時効による刑の執行の免除（刑法第31条、第32条）、外国判決の執行に伴う別の減免（刑法第5条ただし書）、恩赦による刑の執行の免除（恩赦法第8条）があります。

5　刑罰権の消滅

国家の刑罰権を消滅させる事由には、刑の執行の終了、仮釈放期間の満了、刑の執行の免除、刑の時効の完成、犯人の死亡のように刑罰の執行権を消滅させるものと、刑の執行猶予の期間の満了、刑の執行の免除以外の恩赦、法律上の復権のように刑の言渡しの効力自体を消滅させるものとがあります。

1　刑の時効の完成

刑の言渡しを受けても、その刑が一定の期間執行されないことによって刑罰の執行権を消滅させる制度を刑の時効といいます。刑の時効は、刑の言渡しが確定したのち、次の期間内にその刑の執行を受けないことによって完成します（刑法第32条）。

①　死刑については30年

第1編　総　　論

② 　無期の懲役または禁錮については 20 年

③ 　有期の懲役または禁錮の場合、10 年以上は 15 年、3 年以上 10 年
未満は 10 年、3 年未満は 5 年

④ 　罰金については 3 年

⑤ 　拘留、科料および没収については 1 年

　時効は、刑の執行猶予期間または刑の執行停止期間は、進行せず（刑法第
33 条）、また、刑の執行のための犯人の逮捕や、罰金、科料、没収について
執行したときは、すでに経過した時効期間の効果は失われます（刑法第 34
条）。これを時効の中断といいます。

　時効は、その完成によって刑罰権の執行が消滅しますから、裁判・その他
の行為をまたずに刑の執行は免除されます（刑法第 31 条）。

　なお、「刑の時効」と似ているが、これと異るものに「公訴の時効」があ
ります。「公訴の時効」とは、成立した犯罪について、公訴を提起しないまま、
一定の期間が徒過した場合、公訴権が消滅し、訴追を行うことができなくな
る刑事訴訟上の制度です。

　消防法令違反の公訴時効は、望楼等の損壊・撤去罪（法第 38 条）、火災
報知機等の損壊・撤去罪（法第 39 条）および危険物の届出等による致死傷
罪（法第 39 条の 2 第 2 項）については 5 年（刑訴法第 250 条第 4 号）そ
の他の罰金刑以上のものについては、3 年（同法第 250 条第 5 号）となっ
ています。

2　犯人の死亡

　自然人である犯人が死亡したり、法人が消滅（たとえば、会社精算の終了）
すれば、当然に刑罰権は消滅します。しかし、罰金、科料、没収、追徴につ
いては例外があります（刑訴法第 491 条、第 492 条）。

3　刑の執行の免除

　刑の言渡しをそのままとして、その執行の全部を免除することを刑の執行
の免除といいます。同一行為について外国において言い渡された刑の全部ま
たは一部の執行を受けたときは、刑の執行を減軽または免除されます（刑法

142

第 5 章 刑 罰

第 5 条ただし書）。また、刑の執行の免除は、恩赦の一部としても規定され
ています。

4 恩 赦

恩赦というのは、行政権によって、国の刑罰権を消滅または減軽させる制
度をいいます。わが国では、内閣の決定により天皇の認証を経て行われます
（憲法第 73 条第 7 号、第 7 条第 6 号）。その内容は恩赦法に規定され、大赦、
特赦、減刑、刑の執行の免除および復権の 5 種類があります（恩赦法第 1
条）。

(1) 大赦

ある種の罪の全体につき刑罰権を消滅させるものです。政令で罪の種類を
定めて行い、原則として、有罪の言渡しを受けた者に対してはその言渡しの
効力を失わせ、まだ言渡しを受けていない者に対してはその公訴権を消滅さ
せるものです（恩赦法第 2 条、第 3 条）。

(2) 特赦

有罪の言渡しを受けた特定の者に対して行い、有罪の言渡しの効力を失わ
せるものです（恩赦法第 4 条、第 5 条）。

(3) 減刑

一般減刑と特別減刑とがあります。一般減刑は刑の言渡しを受けた者に対
して政令で罪もしくは刑の種類を定めて行い、原則として刑が減軽されます。
特別減刑は刑の言渡しを受けた特定の者に対して行われ、刑を減軽し、また
は刑の執行が減軽されます（恩赦法第 6 条、第 7 条）。

(4) 刑の執行の免除

刑の言渡しを受けた特定の者に対して行われます（恩赦法第 8 条）。

(5) 復権

復権には一般復権と特別復権とがあります。一般復権は、有罪の言渡しを
受けたため、法令の定めるところによって資格を喪失し、または停止された
者に対して政令で要件を定めて行い、特別復権は、特定の者に対して個別に
行われます。ただし、刑の執行を終わらない者または執行の免除を得ない者

143

第1編　総　論

に対してこれを行うことができません。復権は原則として、すべての資格を回復するが、特定の資格のみについて復権を行うこともできます（恩赦法第9条、第10条）。

5　法律による復権（資格回復）

刑を受け終わった者が、一定期間平穏に経過することにより、刑が消滅し、前科が抹消される制度です。したがって、前科抹消制度ともいわれていますが、その目的とするところは、前科者が社会上受ける不利益を取り除いて社会復帰を促進することにあるとされています。法律による復権の内容は、次のとおりです。

禁錮以上の刑の執行を終わり、またはその執行の免除を得た者が、罰金以上の刑に処せられることなしに10年を経過したときは、刑の言渡しはその効力を失います。罰金以下の刑の執行を終わり、またはその刑の執行の免除を得た者が罰金以上の刑に処せられることなしに5年を経過したときも同様です（刑法第34条の2第1項）。

刑の免除の言渡しを受けた者が、その言渡し確定後罰金以上の刑に処せられることなしに2年を経過したときは、刑の免除の言渡しはその効力を失います（同法第34条の2第2項）。

※〔刑罰権の消滅に関する判例〕
　① 　刑法第34条の2第1項の「刑の言渡しは、その効力を失う」ということは、法律上の効果の問題であり、以前に犯罪により処罰されたという事実が消滅するのではないから、同条により刑の言渡しの効力を失った前科であっても、公判廷においてその事実を審問することは差し支えない（最判昭和25年5月30日刑集4巻4号889頁）。
　② 　刑法第34条の2第1項に「刑の言渡しは、その効力を失う」とあるのは、刑の言渡しに基づく法的効果が将来に向かって消滅するという趣旨であって、その刑の言渡しを受けたという既往の事実そのものを、量刑判断にあたって参酌することは同条第1項に違反しない（最判昭和29年3月11日刑集8巻3号270頁）

第 2 編

各 論

第 1 章　消防施設の損壊等に関する罪

第 2 章　危険物の漏出等に関する罪

第 3 章　消防活動の妨害等に関する罪

第 4 章　製造所等の体制等に関する罪

第 5 章　危険物の貯蔵取扱いに関する罪

第 6 章　危険物の運搬・移送に関する罪

第 7 章　公務執行拒否等に関する罪

第 8 章　命令違反罪

第 9 章　消防の用に供する機械器具等の違法販売等に関する罪

第 10 章　不正・虚偽表示に関する罪

第 11 章　虚偽通報に関する罪

第 12 章　各種届出等義務違反罪

第 13 章　指定試験機関に関する罪

第 14 章　指定検定機関に関する罪

第 15 章　危険物保安技術協会・日本消防検定協会に関する罪

第 16 章　その他の罪

第 17 章　火災予防条例違反罪

第 18 章　両罰規定

第 19 章　追　補

新版 消防刑法入門

第2編 各 論

　これまでの総論の部分は、いわば、理論が中心となっていましたから、分かりにくい点も多々あったかと思いますが、これからは、消防刑法の各論の問題、つまり、具体的に消防法令上、どのような違反行為が犯罪を構成し、誰がその責を負わされるのか、また、その犯罪についてどのような刑罰が科せられるのかというような消防実務に直結する内容について説明していきたいと思います。

第1章　消防施設の損壊等に関する罪

1 総 説

　消防施設の損壊等に関する罪は、①望楼、警鐘台の損壊・撤去罪（法第38条）、②火災報知機、消火栓等の損壊・撤去罪（法第39条）、③火災報知機等の濫用・使用妨害罪（法第44条第13号）、④消防信号等の濫用罪（法第44条第14号）および⑤指定消防水利の無届撤去等の罪（法第44条第15号）から構成されています。

2 望楼、警鐘台の損壊・撤去罪（法第38条）

1 保護法益

　本罪は、消防活動の円滑な遂行を保護法益としています。

2 構成要件

　本罪の構成要件は、「みだりに消防の用に供する望楼または警鐘台を損壊し、または撤去する」ことによって成立します。

　ここに、「みだりに」とは、「正当な理由がないのに」の意味、あるいは「違

法に」の意味に解され、「故なく」と同義です。たとえば、望楼等の改修工事のため、工事人がこれを破壊する行為には正当な理由が認められますから、「みだりに」に該当せず、本罪を構成しません。

ところで、「みだりに」の文言には、「正当な理由がないのに、あえて（意識的に）行う」ことの意味が含まれ、また、「違法に」には、「違法であることを知りながら、あえて行う」意味が含まれていまたがって、本罪は、いわゆる故意犯であって、過失によって行われる場合は、犯罪を構成しないことになります。

「望楼」とは、火災を発見するために造られた高い構築物で、俗に「火の見やぐら」といわれるものです。「警鐘台」とは、消防信号（法第18条第2項、規則第34条、規則別表第1の3）を送るための半鐘が設けられた高い構築物をいいます。

なお、ここにいう警鐘台には、半鐘自体も含まれるものと解されます。警鐘台は半鐘をつくための台であるが故に保護されるものである以上、半鐘自体が保護されるのは当然だからです。

「望楼および警鐘台」は、本罪の保護法益から考えて、消防の用に供されるものである限り、公設のものであると私設のものであるとを問いません。「損壊」とは、物理的に、物の形状を変更または破壊する場合のほか、物本来の効用を消滅または減少させる行為を指し、その程度のいかんを問いません。「撤去」とは、物をその存在する場所または設置されている場所から取り払うことをいい、部分的な物の撤去は損壊にあたります。

3 本罪の性質

本罪は、望楼等を現実に損壊または撤去することにより消防活動の円滑な遂行を阻害する危険があるとされ、犯罪として成立するものですから、抽象的危険犯の性質をもつものと解されます。

4 本罪の主体

本条は、誰が犯罪行為者、つまり、犯罪の主体としてその責任を負うのかについて明定していませんが、本罪の事柄の性質上、犯罪の主体を特定の者

に限定する理由がありません。したがって、故意に、構成要件に該当する行為を行った者は、誰しもが犯罪の主体になるものと考えられます。すなわち、本罪の主体は、「何人も」ということになります。

5 本罪と刑法犯との関係

望楼等を損壊または撤去する行為は、建造物等損壊罪（刑法第260条）または器物損壊罪（刑法第261条）にも該当しますが、消防法第38条は、「望楼または警鐘台」を特定し、しかも、その損壊・撤去について刑を加重（建造物等損壊罪・5年以下の懲役→本罪・7年以下の懲役）していますので、前者の刑法犯に対し特別法の性質をもっています。したがって、望楼等の損壊・撤去については、法条競合により本罪のみが成立することになります。

ただし、本罪により人を死傷させた場合には、建造物等損壊致死傷罪（刑法第260条後段）が成立します。特別法である本罪が人の死傷について特に規定していない以上、それについて明文の定めのある一般法（刑法第260条後段）が通用されることになるからです。

また、火災の際に本罪を犯し、鎮火を妨害した場合は、本罪のほか、消火妨害罪（刑法第114条）も成立しますが、両罪は観念的競合（刑法第54条第1項）となり、法定刑の重い消火妨害罪（1年以上10年以下の懲役）1罪として処罰されます。

6 刑罰

本罪を犯した者の刑罰は、7年以下の懲役となっていますが、有期懲役の下限は1月となっています（刑法第12条第1項）から、結局、ここにいう「7年以下の懲役」というのは、「1月以上7年以下の懲役」ということになります。

本罪が建造物等損壊罪や器物損壊罪にくらべて刑が加重されているのは、保護される客体の社会公共性によるものと思われます。

第2編 各 論

3 火災報知機、消火栓等の損壊・撤去罪（法第 39 条）

1 保護法益

本罪も消防活動の円滑な遂行を保護法益としています。

2 構成要件

本罪は、「みだりに火災報知機、消火栓または消防の用に供する貯水施設を損壊し、または撤去する」ことによって成立します。「みだりに」、「損壊」および「撤去」の意味については、前 2 の犯罪の場合と同様です。

「火災報知機」とは、消防法施行令第 7 条第 3 項第 3 号にいう「消防機関へ通報する火災報知設備」を指し、公設のものであると私設のものであるとを問いません。火災報知機は、火災の発生を消防機関へ報知することを目的とするもので、M 型発信機および M 型受信機によって構成されています。すなわち、火災を発見した場合、手動により M 型発信機を操作して M 型受信機に火災信号を送り、火災の発生を消防機関に報知する仕組みになっています。したがって、一定の防火対象物の関係者に設置・維持を義務付けているもので、早期に火災の発生を感知し、早期に火災の発生を防火対象物の関係者、従業員、入場者、宿泊者等に報知することを目的とする自動火災報知設備（政令第 7 条第 3 項第 1 号）とは、その目的および機能において異なります。

「消火栓」とは、専ら消防機関において、消防活動のために使用する消火栓、つまり、市町村その他水道の管理者が設置し、維持・管理する水道（法第 20 条第 2 項）に設けられる消火栓を意味します。

したがって、一定の防火対象物の関係者に設置・維持を義務づけているもので、火災が発生した場合、当該防火対象物の従業員による初期消火または中期消火を目的とする屋内消火栓設備（政令第 7 条第 2 項第 2 号）や、防火対象物の 1・2 階部分の火災における中期以降の消火および隣接建物への延焼防止を目的とする屋外消火栓設備（政令第 7 条第 2 項第 9 号）とは異なります。

150

「消防の用に供する貯水施設」には、水利施設としての貯水施設（法第20条第2項）および消防長（消防本部を設置していない市町村においては、当該市町村長）または消防署長が指定した消防水利（法第21条第1項）が該当します。

なお、消防法第18条にいう火災報知機や消火栓には、同法第17条の規定に基づく自動火災報知設備や屋内消火栓設備も含まれるとする内閣法制局の見解が国会（昭和49年第72回国会）の場で示されています。また、これを受けたかのような行政実例として消防庁予防救急課長の回答（昭和61年6月17日消防予76号、長崎県総務部長あて）があります。消防法制定当時（昭和23年）から存在していた本罪の火災報知機には、昭和35年に規定された自動火災報知設備が含まれないことは明らかですが、電話の発達、普及という時代の変せんに伴い、消防機関に火災の発生を通報するための火災報知機は、その存在意義を失いつつある一方、自動火災報知設備は火災の発生を防火対象物の関係者等に早期に覚知させる重要な機能をもっており、これに基づき早期避難による人命の安全とあわせ、消防機関への早期通報による消防隊の迅速な出動が期待されています。してみると、自動火災報知設備は、間接的に火災報知機の機能をも果しているとみることもできましょう。このような自動火災報知設備の機能の一面と消防活動の係わり合いをみるとき、ここにいう火災報知機の中に自動火災報知設備を含めても本罪の趣旨を逸脱しないとの見解もなり立ちましょう。しかし、人を処罰するための罰則規定は、罪刑法定主義の立場から、厳格に解釈するのが鉄則であるとすれば、前記見解と異なる考え方も十分あり得ましょう。すなわち、消防法第39条の制定時、火災報知機には自動火災報知設備が含まれていなかったことのほか、火災報知機と自動火災報知設備は別個の概念として独立しており、その目的および機能において異っています。

したがって、自動火災報知設備の損壊等に対しては、すなおに刑法第261条の器物損壊罪を適用すべきであるという考え方です。

いずれにしても、火災報知機に自動火災報知設備が含まれることについて

第2編 各 論

は明白とはいえず、むしろ、疑義の残るところですから、最終的には裁判所の正式裁判による結着をまつほかないでしょう。

3　本罪の性質および主体

本罪の性質が抽象的危険犯であることおよび「何人」も犯罪の主体となることについては、前**2**の犯罪（法第38条）の場合と同様です。

4　本罪と刑法犯との関係

火災報知機、消火栓等を損壊または撤去する行為は、器物損壊罪（刑法第261条）にも該当しますが、消防法第39条は、「火災報知機、消火栓等」を特定し、しかも、その損壊・撤去について刑を加重（器物損壊罪3年以下の懲役→本罪・5年以下の懲役）していますから、前者の刑法犯に対し、特別法の性質をもち、法条競合により本罪のみの成立があること前**2**の犯罪（法第38条）の場合と同様です。

火災報知機の覆いガラスを破って消防機関に虚偽の火災通報を行った場合は、本罪と火災報知機濫用罪（法第44条第13号）との観念的競合となり、本罪一罪として処罰されます（最決昭和34年12月15日裁判集131号949頁）。

5　刑罰

本罪を犯した者の刑罰は、1月以上5年以下の懲役となっています。

なお、本罪が前**2**の犯罪（法第38条の望楼等の損壊・撤去罪）にくらべ、刑が軽くなっているのは、刑法犯の建造物等損壊罪（刑法第260条・5年以下の懲役）と器物損壊罪（刑法第261条・3年以下の懲役）との差を考慮した立法措置と思われます。

また、本罪が器物損壊罪にくらべ刑が加重されているほか、器物損壊罪のように親告罪となっていないのは、保護される客体の社会公共性によるものと思われます。

6　裁判例

前述のとおり、消防法第39条の法定刑は、最高が懲役5年となっていることから、同条にいう火災報知機の損壊というのは、火災報知機の機能を損

152

なうような主要な部分を損壊することをいうのであって、押しボタンを覆っている覆いガラスを破るような行為は、消防法第39条違反を構成しないのではないかという考え方もあり得ましょう。

ここで紹介するのは、この問題に関する判例です。

〔事件の概要〕

被告人甲は、昭和42年10月17日午前零時30分ごろ、酒に酔った勢いで、H市H町T旅館前に設置してあったH市長管理の火災報知機の覆いガラスを持っていた竹の棒で叩き割った。

甲は、消防法違反として起訴され、第一審の神戸地方裁判所姫路支部では、この覆いガラスの損壊が果たして消防法第39条に該当するかどうか疑問であるとの意向を示したため、検察官は、予備的訴因として刑法第261条の器物損壊を追加し、結局、第一審は、この予備的訴因を認めて有罪としました。

これに対して、検察官は、「火災報知機の覆いガラスを損壊した行為は、消防法第39条に該当するものであるのに、その本位的訴因を認めないで、予備的訴因の器物損壊を認めたのは、法令の解釈・適用を誤ったものである」として控訴したものです。

〔判例〕

これに対し、大阪高等裁判所は、

「火災報知機の覆いガラスは、同報知機を不正に使用することを防止するとともに、機器内に雨水、ほこり、湿気、こん虫等が入って、報知機の機能に影響を与えることがないように、右機器を保護するための重要なもので、右火災報知機の一部をなすものと認めるのが相当である。

そうだとすると、消防法第39条にいう火災報知機の損壊とは、同法の趣旨並びに火災報知機の機能および構造に照らし、火災報知機の主要部分を損傷して、その機能に直接障害を及ぼした場合に限られず、同報知機の一部に損傷を加えてその機能に障害を招来するおそれのある状態を顕出させた場合をも包含するものと解するのが相当であり、本件のように正当な理由がなく

第2編 各　論

火災報知機の覆いガラスを破壊した場合も、正に火災報知機を損壊したものとして、一般法である刑法の規定に優先して、特別法である消防法第39条の規定の適用があるものといわなければならない」

と判示し、原判決を破棄して消防法第39条違反として有罪の判決（懲役3月）を言い渡したものです。この判決の中で、「火災報知機の損壊とは、同法の趣旨並びに火災報知機の機能および構造に照らし、火災報知機の主要部分を損傷して、その機能に直接障害を及ぼした場合に限られず、同報知機の一部に損傷を加えてその機能に障害を招来するおそれのある状態を顕出させた場合をも包含するものと解するのが相当であり、」と判示しているのは、この犯罪が正に抽象的危険犯の性質をもっていることを明確に示したものとして重要な意味をもっています。（大阪高判昭和43年6月24日判時報534巻86頁）。

（参考）

火災報知機の覆いガラスを正当な理由なしに破壊した行為に対し、消防法第39条を適用できることについては、すでに最高裁判所の決定があります。すなわち、火災報知機の覆いガラスを弁当箱で叩き割って、火災発生の虚為通報をした事案について、消防法第39条を適用した第一審判決に対し、法令の適用に誤りがないと判示したものです（最決昭和34年12月15日裁判集131号949頁）。

4　火災報知機等の濫用・使用妨害罪（法第44条第13号）

1　保護法益

本罪も消防活動の円滑な遂行を保護法益としています。

2　構成要件

本罪は、「みだりに火災報知機、消火栓、消防の用に供する貯水施設または消防の用に供する望楼もしく警鐘台を使用し、またはその正当な使用を妨げる」ことによって成立します。

ここで、「みだりに使用」とは、火災報知機等を正当の理由がなく、その本来の目的以外に使用することをいいます。

また、「正当な使用を妨げる」とは、火災報知機等を使用しなければならない場合（使用する必要性が生じた場合）に、その使用を妨げる行為を指し、必ずしも火災の発生を要件としていません。したがって、消火妨害罪（刑法第114条）の構成要件である「火災の際」または「消火の妨害」より広く、消防の演習や訓練において、消火栓を使用する必要が生じた際に、その使用を妨げる行為も本罪を構成することになります。

使用を妨害する方法は、暴力等により物理的に不可能にする場合だけでなく、偽計（人を欺くに足る一切の手段）、威力（人の意思を抑圧する力）を用いて行う場合も含まれます。

3 本罪の性質

本罪は、みだりに火災報知機等を使用したり、その使用を妨害すること自体に円滑な消防活動を阻害する危険があるものとして、成立するものですから抽象的危険犯に属し、また、火災報知機等の使用等によって犯罪が成立するとともに終了するものですから即時犯の性質をもっています。

4 刑罰

本罪を犯した者は、30万円以下の罰金または拘留に処せられます。「拘留」とは1日以上30日未満の期間留置場に留置する自由刑のことです。

なお、正当な理由なく、火災報知機を使用し、消防署等に火災発生の虚偽の通報をした者は、本罪（法第44条第13号）と虚偽通報罪（法第44条第20号）との観念的競合になると解されますが、両者の法定刑には差異がありません。

5 本罪と刑法犯との関係

消防隊による消火栓、貯水施設等の正当な使用に対し、暴行または脅迫の手段をもって妨害した者は、本罪と公務執行妨害罪（刑法第95条）の観念的競合となり（刑法第54条第1項前段）、法定刑の重い公務執行妨害罪（3年以下の懲役または禁錮）として処断されます。

第2編　各　　論

※　消防法第38条、第39条、第44条第13号と消火妨害罪との関係

（法第38条の望楼等の損壊・撤去罪、法第39条の火災報知機等の損壊・撤去）と本罪（法第44条第13号の火災報知機等の濫用・使用妨害罪）は、場合により刑法の消火妨害罪（刑法第114条）を構成することがあります。すなわち、消火妨害罪は、「火災の際、消火用の物を隠匿し、若しくは損壊し、又はその他の方法で消火を妨害する」ことによって成立しますが、ここにいう「消火用の物」とは、消防車、消防用ホース、消火栓、消火器、貯水施設などを指し、「隠匿」とは、消火に従事する者の目に触れないように隠ぺい（かくす）する行為をいいます。また、「その他の方法」とは、消火を妨害するに足る一切の方法（たとえば、水道の妨害など）を指し、「消火を妨害する」とは、消火を不可能または困難にするような行為を行うことで、現実に消火が妨害されたことを必要としません。しかし、刑法上の消火妨害罪が成立するためには、「火災の際」という構成要件的状況を必要としますので、現実に火災が発生している場合とか、少なくとも、いままさに火災が発生しようとしている状況のもとで前記の行為が行われなければなりません。

　ところで、消防法上の前記犯罪は、このような具体的な火災の発生を前提要件としない一般的な消火活動の阻害行為を規定したものですから、消火栓などを損壊した行為であっても、火災の際に行われた場合には、刑法の消火妨害罪のみが成立し、火災の際以外の損壊等の行為について、前記消防法上の犯罪が成立することになります。以上の罰則の適用関係は表のとおりです。

行為／消防用施設	損　壊		撤　去		正当な使用の妨害		みだりに使用
	火災のさい	その他の場合	火災のさい	その他の場合	火災のさい	その他の場合	
消火栓／貯水施設	刑法114条		刑法114条		刑法114条		
火災報知機	消防法　39条						
望楼／警鐘台	消防法　38条				消防法　44条13号		

156

第 1 章　消防施設の損壊等に関する罪

6　裁判例

　昭和 61 年 4 月 3 日午前 2 時 26 分ごろ、長崎県 N 市 H 町 3 番 23 号の
アーケードに設けられた自動火災報知設備の作動ボタンをうっぷん晴らしの
ために押し、みだりに使用した者に対し、所轄警察が消防法第 44 条第 9 号
（現行第 13 号）を適用して送検し、N 区検察庁から略式起訴されていた事
件について、昭和 61 年 7 月 25 日 N 簡易裁判所から被告人に対し罰金 2 万
円の略式命令がありました。

　しかし、消防法施行令第 7 条第 3 項において、火災報知機、すなわち、
消防機関へ通報する火災報知設備（第 3 号）と自動火災報知設備（第 1 号）が、
せつ然と区別されていることから考えて自動火災報知設備を消防法第 44 条
第 13 号の火災報知機に含めることについて異論のあることは前述のとおり
です（150 〜 152 頁参照）。

5　消防信号等の濫用罪（法第 44 条第 14 号）

1　保護法益

　本罪は、消防信号等に対する住民の信用を確保することを保護法益として
います。

2　構成要件

　本罪は、「何人も、みだりに総務省令で定める消防信号またはこれに類似
する信号を使用する」ことによって成立します。ここにいう「みだりに」と
は、信号を発する正当な理由がない場合を指します。「消防信号」とは、火
災等の災害の発生、鎮圧およびそれに伴う出動等を消防団および住民等に周
知するために用いられる信号のことで、火災信号（近火信号、出場信号、応
接信号、報知信号および鎮火信号）、山林火災信号（出場信号および応接信
号）、火災警報信号（火災警報発令信号および火災警報解除信号）および演
習信号の別があります。（規則第 34 条）。

　また、「これに類似する信号」とは、通常人がこれを聞いた場合に、容易

157

第 2 編 各　　論

に消防信号と誤認されるおそれのある信号を指します。

　信号の方法については、消防法施行規則別表第 1 の 3 に示されています
（規則第 34 条）。

3　本罪の性質

　本罪は、消防信号等をみだりに使用することによって当該信号に対する住
民の信用をそこなう危険があるものとして成立するものですから、抽象的危
険犯に属します。

4　刑罰

　本罪を犯した者は、30 万円以下の罰金または拘留に処せられます。

6　指定消防水利の無届撤去等の罪（法第 44 条第 15 号）

1　保護法益

　本罪は、円滑な消火活動の確保を保護法益としています。

2　構成要件

　本罪は、「消防水利の関係者が、届出をせずに消防水利を使用不能の状態
に置いた」ことによって成立します。本罪の主体は消防水利の関係者に限定
される身分犯です。「消防水利」とは、消防法第 21 条第 1 項の規定により、
消防長（消防本部を置かない市町村においては、市町村長。以下同じ。）ま
たは消防署長が、池、泉水、井戸、水そう、その他消防の用に供し得る水利
について、その所有者、管理者または占有者の承諾を得て、消防水利として
指定し、消防機関が常に使用できるような状態にした水利を指します。

3　責任条件

　本罪は故意犯ですが、消防水利を使用不能の状態に置いたことについて認
識がある以上故意が認められます。

4　本罪の性質

　本罪は、届出をせずに消防水利を使用不能の状態に置くことによって、火
災の際の円滑な消防活動を阻害するおそれを生じさせるとして成立するもの

158

ですから、抽象的危険犯に属します。また、消防水利を使用不能の状態に置くことよって成立し、終了するものですから即時犯に属します。

5 刑罰

本罪を犯した者は、30 万円以下の罰金または拘留に処せられます。

第2編 各 論

第2章 危険物の漏出等に関する罪

消防法第39条の2および同法第39条の3の規定は、石油コンビナート等災害防止法（昭和50年法律第84号）の制定に伴う消防法の改正により新設されたものであり、行政法規における罰則規定としては、その形式および法定刑の重い点において特異なものとされていますが、法解釈上においても、その構成要件の問題等重要な事項が含まれています。

本罪の保護法益は、危険物の流出等からもたらされる火災による公共危険の防止、すなわち、危険物にかかる公共の安全にあります。

なお、消防法第39条の2および同法第39条の3の規定は、危険物の漏出等によって火災による公共危険をさせたという客観的構成要件が同じですから、主として前者について解説し、後者については、業務上必要な注意義務の範囲等過失犯固有の事項を重点的に説明することにします。

1 故意による危険物の漏出等の罪（法第39条の2）

1 構成要件

消防法第39条の2第1項は、「製造所、貯蔵所または取扱所から危険物を漏出させ、流出させ、放出させ、または飛散させて火災の危険を生じさせた者は、3年以下の懲役または300万円以下の罰金に処する。ただし、公共の危険が生じなかったときは、これを罰しない。」と規定しています。このただし書からも理解できるように本罪は、火災による公共危険の発生を構成要件とする具体的危険罪（犯）あるいは具体的公共危険罪であってその構成要件は、製造所等から危険物を漏出させるなどの行為により火災の危険を生じさせ、さらに、公共の危険が生じたときに犯罪が成立し、処罰されることになります。

160

第2章　危険物の漏出等に関する罪

（要件その1）

　本罪は、まず第一に、製造所等からの危険物の漏出等によって火災の危険を生じさせたことを必要とします。ここに「製造所等」とは、消防法第11条第1項に基づき市町村長等の許可を得た危険物施設です。より正確にいえば、市町村長等の許可を受けて設置された危険物施設であって、消防法第11条第5項に基づき市町村長等の行う完成検査に合格したものをいいます。したがって、許可を受けずに設置された施設はもちろん、許可を受けて設置された施設であっても、いまだ完成検査に合格していない施設および仮貯蔵または仮取扱いの承認を受けた場所からの危険物の漏出等は本罪の対象とはなりません。

　「危険物」とは、消防法別表第1の品名欄に掲げる物品で、同表に定める区分に応じ同表の性質欄に掲げる性状を有するものをいいます（法第2条第7項）。「漏出、流出、放出または飛散」というのは、危険物が本来の取扱いの態様といえない危険な形で製造所等から外部に流動する状態を類型的に分類し、限定的に列挙したのであって、立法者は、危険物が製造所等から危険な形で外部に流動する場合、これらのいずれかの概念に該当するものと考えたものでしょう。なお、漏出等の用語は、法令用語ではありませんから、一般的な語義にしたがって常識的に解釈すればよく、実務上特にむずかしい問題はないものと思われます。「火災の危険」とは、火災発生の可能性のある状態を現に発生させたことを意味します。したがって、発火性または引火性物品である危険物を製造所等から漏出させるなどの行為自体、火災の危険を生じさせたものとみることができます。「火災の危険を生じさせた者」とは、危険物の漏出等によって火災発生の可能性のある状態をひき起こした者をいい、製造所等における危険物の貯蔵取扱いの過程の中で、現に危険物の漏出等を行った者（行為者）のほか、製造所等の施設の欠陥があることを知りながらこれを改修せず放置していたため、当該欠陥箇所から危険物の漏出等があった場合には、不作為（未改修）による作為犯（危険物の漏出等による火災危険の発生）として、管理責任を有する者（製造所等の関係者、危険物保

161

第 2 編 各　　論

安統括管理者、危険物保安監督者など）も含まれます。

（要件その 2）

　本罪は、製造所等からの危険物の漏出等によって火災の危険を生じさせた
うえ、さらに、公共の危険が生じたことを必要とします。ここで「公共の危
険」とは、不特定多数人の生命、身体、財産に対し、危害を感じさせるよ
うな可能性ある状態をいうとされています。（大判明治 44 年 4 月 24 日刑録
17 集 655 頁、大判昭和 6 年 7 月 2 日刑集 10 巻 303 頁、大判昭和 9 年 9 月
29 日刑集 13 巻 1245 頁）。

　したがって、危険物の漏出等により火災の危険を生じさせただけにとどま
り、公共の危険が生じなかったときは構成要件を欠くものとして本罪は成立
しないことになります。このことは、本罪について考えるとき最も重要な点
です。たとえば、製造所等から危険物が漏出して火災の危険が生じたとして
も、それが当該製造所等の構内のごく一部にとどまり、不特定多数人の身体
等に脅威を及ぼさないときは本罪を構成しないのです。この場合は、消防法
第 10 条第 3 項（危政令第 24 条第 8 号）違反として、同法第 43 条第 1 項
第 1 号の犯罪が成立することになります。

　以上のように、本罪の構成要件は、製造所等からの危険物の漏出等によっ
て火災の危険を生じさせ、さらに、公共の危険が発生したことを要しますが、
このような結果を発生させた者である以上何人も本罪の主体となることがで
きるのであって製造所等の従業員等のみに限定する理由がありません。

2　故意の成否

　業務上の過失を罰する消防法第 39 条の 3 第 1 項の規定との対比から、本
罪の成立には故意を必要とすることは明らかでしょう。

　ところで、故意の成立には、本罪の存在を認識していることを要しないと
しても、製造所等からの危険物の漏出等についてのみ認識があればよいのか、
あるいは火災による公共危険の認識をも必要とするかが問題とされます。

　通説によれば、本罪は、具体的公共危険罪であり、火災による公共危険の
発生をその構成要件としているのですから、故意の成立に関する原則（故意

162

責任の原則）により、製造所等からの危険物の漏出等に関する事実の認識の
みでは足りず、さらに、火災による公共危険発生の認識を必要とするとされ
ています。（熊倉『日本刑法各論』下巻 49 頁、江家『刑法概論（各論）』83 頁、
福田『刑法各論』90 頁等〔関連判例〕名古屋高判昭和 39 年 4 月 27 日　高
裁刑集 17 巻 3 号 262 頁）。

　一方、大審院判決は、本罪と類似する非現住建造物等放火罪（刑法第 109
条第 2 項）の故意の成立につき、公共の危険発生の認識は必要でないとし
ていますが（大判昭和 6 年 7 月 2 日　刑集 10 巻 303 頁、大判昭和 10 年 6
月 6 日　刑集 14 巻 631 頁）、公共の危険を構成要件と解する限り理論的と
はいえないでしょう。もっとも、ここにいう故意には未必の故意も含まれ、
行為者の多くは、危険物の漏出等により少なくとも公共の危険が発生するか
もしれないとの認識をもつでしょうから、いずれの考え方をとっても事件の
解決にはそれほどの差異を生じないものと思われます。実務上は、大審院判
決に従って処理されることになります。

3　結果の加重

　消防法第 39 条の 2 第 2 項は、「前項の罪を犯し、よって人を死傷させた
者は、7 年以下の懲役または 500 万円以下の罰金に処する。」と規定し、刑
を加重していることから、本罪は、いわゆる結果的加重犯にあたり結果的
加重犯というのは、ある基本的な犯罪から行為者の意図しない結果を発生さ
せたとき、その基本的犯罪の刑よりも加重された刑によって処罰される罪の
ことですが、ここにいう「前項の罪」というのが基本的な犯罪にあたります。
ところで、前項の罪とは、前述のように危険物の漏出等により火災の公共危
険を発生させたことによって成立するものですから、単に火災の危険を生じ
させたにとどまるときは前項の罪を構成しません。したがって、このような
場合には、結果的加重犯の前提となる基本的な犯罪が存在しないのですから
本罪（法第 39 条の 2 第 2 項）の成立する余地がありません。

　また、結果的加重犯の本質は、基本的犯罪によって行為者の意図しない重
い結果が発生することにありますから、その性質上、本罪の成立には人の死

第2編 各 論

傷について認識していることを必要としません。しかし、前項の罪と人の死傷との間には因果関係が存在することが必要です。

なお、故意、つまり人を死傷させる意図をもって製造所等から危険物を漏出させるなどの行為を行い、その結果人を死傷させるにいたった場合には本罪の成立はなく、殺人罪（刑法第119条）または傷害罪（刑法第204条）と前項の罪との併合罪（刑法第45条）を構成し、牽連犯（刑法第54条第1項後段）の関係には立たないものと解されます（関連判例・最判昭和25年5月2日刑集4巻5号725頁）。牽連関係の存否の決定には、手段あるいは結果の関係が、経験則上通常であると認められることを必要とします（客観説―通説・判例）が、危険物の漏出等の行為は、人を死傷させる手段としては通常の手段とはいい難いこと、両者の保護法益が異なってことなどの理由が考えられるからです。一般に検察の実務上は、刑法犯と消防法違反などの特別刑法犯がある場合、併合罪とされるケースが多いようです。なお、牽連犯の解釈については、学説判例とも一貫したものがなく、あいまいな点が多いことから改正刑法草案では牽連犯の規定が削除されています。

4 他の犯罪との関係

(1) 消防法第39条の2第1項と同法第43条第1項第1号との関係

製造所等から故意に危険物を漏出させ、流出させ、放出させ、または飛散させて火災の危険を生じさせ、公共の危険が生じた場合には、消防法第39条の2第1項の危険物の漏出等の罪が成立します。一方、製造所等において、危険物の規制に関する政令第24条第8号に違反して危険物を漏れ、あふれ、または飛散させた行為は、消防法第10条第3項違反として同法第43条第1項第1号の構成要件にも該当しますが、この構成要件は、危険物の漏出等の罪の構成要件の一部を構成するものですから、法条競合としてこれに吸収され、危険物の漏出等の罪、一罪のみが成立することになります。

(2) 危険物の無許可施設から故意に危険物の漏出等をさせた場合

消防法第39条の2第1項の危険物漏出等の罪は、製造所等から故意に危険物の漏出等を行ったことを構成要件としていることから、消防法上製造所

等といえない施設から故意に危険物の漏出等の行為を行い、火災の公共危険を発生させたとしても、場所的な構成要件を欠くことになり、本罪を構成しません。けれども、危険物の漏出等の行為そのものは、危険物の取扱行為にあたるから、その量が指定数量であるときは危険物の無許可取扱いとして、消防法第10条第1項違反を構成します。

なお、消防法第10条第1項違反は、無許可で指定数量以上の危険物を貯蔵、取扱うことによる危険（災害）の防止を保護法益と理解するならばこのような行為を行った者または行わせた者は何人といえどもその適用を受けるべきものであり、本罪の主体を危険物の所有者のみに限定すべき理由はありません。

(3) 本罪（消防法第39条の2）

本罪を犯した結果、現実に火災が発生した場合は、ケースにより業務上失火・重失火罪（刑法第117条の2）あるいは失火罪（刑法第116条）の成立が考えられますが、本罪が危険物を漏出、流出、放出または飛散させる行為によって火災による公共危険を発生させるという具体的危険犯であるのに対し、業務上失火等の罪は、過失によって現実に火災を発生させることを構成要件とする結果犯です。

このように、両者はその構成要件と保護法益を異にしているため、一方（本罪）が他方（業務上失火等）の構成要件の一部を構成し、これに吸収される関係にはありません。したがって、両者はそれぞれ独立して成立し、併合罪の関係にあります。すなわち、本罪と業務上失火・重失火罪が成立する場合は、4年6月以下の懲役または450万円以下の罰金の範囲内で処断され、また、本罪と失火罪が成立する場合は、3年以下の懲役または350万円以下の罰金の範囲内で処断されることになります（刑法第47条本文、第48条第2項）。

(4) 放火の意思をもって危険物の漏出等を行った場合

危険物の漏出等を行って、これに火を放ち、目的物を焼きさせた場合には放火罪（刑法第108条、第109条または第110条）のみが成立します。放

第2編　各　　論

火罪の放火行為には目的物そのものに点火する直接的なものから、可燃性導火材等に点火する間接的なものまで種々の態様がありますが、危険物の漏出等を行い、これに点火する行為は、後者の間接的な放火行為に該当します。したがって、危険物の漏出等は、法条競合により放火罪に吸収されることになるからです。

(5) 刑罰

本罪のうち、第1項の罪を犯した者は、3年以下の懲役または300万円以下の罰金に処せられます。

また、第1項の罪を犯し、人を死傷させた者は、7年以下の懲役または500万円以下の罰金に処せられます。

なお、本罪が行われた場合は、当該行為者のほか、事業主である法人または人（個人営業の場合）もその監督責任として処罰（罰金300万円以下または500万円以下）の対象となります（法第45条第3号）。

2　過失による危険物の漏出等の罪（法第39条の3）

1　構成要件

消防法第39条の3第1項は、「業務上必要な注意を怠り、製造所、貯蔵所または取扱所から危険物を漏出させ、流出させ、放出させ、または飛散させて火災危険を生じさせた者は2年以下の懲役もしくは禁錮または200万円以下の罰金に処する。ただし、公共の危険が生じなかったときは、これを罰しない。」と規定しているので、業務上必要な注意を怠って製造所等から危険物の漏出等をさせ、火災による公共危険を生じさせたことによって成立します。本罪は消防法第39条の2第1項に対し「業務上必要な注意を怠り」との主観的構成要件と法定刑が異なるだけです。

本罪は、業務上課された注意義務の懈怠を責任条件としているのですから、消防法上、そのような注意義務を課されている製造所等の関係者、従業者等のみが本罪の主体となります。したがって、消防法第39条の2第1項の故

166

意による危険物の漏出等の場合と異なり、第三者による行為は本罪の対象とはなりません。ここで「業務」というのは、人がその社会生活上の地位に基づき、一定の行為を反復、継続して従事する事務を意味し、営利または権原の有無を問いません。したがって、危険物の貯蔵取扱業務に従事している者や危険物の漏出等の防止について職務上の義務が課されている者は勿論、製造所等の不法占拠者が当該製造所等において継続して危険物を貯蔵または取扱っている過程において、必要な注意を怠り本条所定の結果を発生させた場合にも本罪を構成することになります。しかし、一般自動車の運転者が運転に関する業務上の注意を怠って危険物施設を破損させ、危険物を漏出させたような場合は、本罪の業務とはいえません。したがって本罪を構成しないことになります。

　過失の前提となる注意義務の根拠としては、一般に、消防法、危険物の規制に関する政令、同規則のほか石油コンビナート等災害防止法など災害の防止に関する法令により定められている基準が目やすとなるものと考えられます。

2　他の犯罪との関係

(1) 製造所等から誤って危険物を漏れ、あふれまたは飛散させ、火災による公共危険を発生させた場合

　この場合は、故意による危険物の漏出の罪の場合と同様、消防法第10条第3項（危政令第24条第8号）違反として同法第43条第1項第1号の構成要件にも該当しますが、法条競合により特別法である本罪のみが成立します。

(2) 本罪を犯し、その結果人を死傷させた場合

　この場合は、結果的加重犯として刑罰が加重されますが、人の死傷につき予見可能性があれば業務上過失致死傷罪（刑法第211条）の構成要件にも該当します。しかし、法条競合により特別法である本罪のみが成立し、業務上過失致死傷罪はこれに吸収されます。

(3) 本罪の結果、現実に火災が発生した場合

　この場合、火災の発生について予見可能性が認められれば、本罪のほかに

第 2 編 各　　論

業務上失火罪（刑法第 117 条の 2）の成立が考えられます。しかし、業務上失火罪は、火災の発生そのものを要件とする結果犯であるのに対し、本罪は具体的危険犯に属し、しかも、両者の保護法益が異なります。したがって、一方（本罪）が他方（業務上失火等）に吸収される関係にありません。この場合は、危険物の漏出等という一個の過失行為と業務上失火とは、社会通念上重り合うものと解されますから、1 個の行為にして数個の罪名に触れる場合に該当し、観念的競合の関係に立つものと考えられます。したがって、法定刑の重い本罪で処罰されることになります。

3　刑罰

本罪のうち、1 項の罪を犯した者は、2 年以下の懲役もしくは禁錮または 200 万円以下の罰金に処せられます。

また、1 項の罪を犯し、人を死傷させた者は、5 年以下の懲役または 300 万円以下の罰金に処せられます。

なお、本罪が行われた場合は、当該行為者のほか、事業主である法人または人（個人営業の場合）がその監督責任として処罰（罰金 200 万円以下または 300 万円以下）の対象となります（法第 45 条第 3 号）。

3　告発事例等

前 **2** において説明した過失による危険物の漏出等の罪に関する告発事例としては、次のようなものがあるので紹介しておきましょう。

1　事案の概要

甲石油輸送 KK 所属のタンクローリー運転手乙は、昭和 51 年 9 月 14 日 9 時 10 分ごろ、東京都○○市○○○番地に所在する丙商事 KK 国立サービスステーション（給油取扱所）において、ガソリン専用の地下タンクにガソリン 6,000 リットルを注入するに際し、同サービスステーション所長丁の指示の不徹底と乙の不注意により、当該タンクの容量を超えて注入したため、当該タンクの計量口からガソリン約 280 リットルをあふれさせるとともに

168

公共用排水溝を経て付近の矢川に流出させ、もって公共の危険を生じさせた
もの。

　本件違反事案に関し、所轄消防署は、乙および丁の行為に対し消防法第
39条の3第1項の規定を、また、法人である甲および丙に対して消防法第
45条を適用し計4名を東京地方検察庁八王子支部に告発、その結果、いず
れも罰金15万円の刑（略式命令）が確定しました。

2　告発の内容

　本件告発に関する犯罪の事実、情状意見等を掲げると、次のとおりです。

(1)　被告発人

甲	本社所在地	東京都○○区○○○丁目○番○号
	法人名称	甲石油輸送株式会社（代表取締役　甲野　太郎）
乙	本　籍　地	埼玉県○○郡○○町○○番地
	住　　　所	神奈川県○○市○○町○丁目○○番地○号
	職　　　業	会社員
	氏　　　名	乙　野　太　郎
	生年月日	昭和○○年○○月○○日
丙	本社所在地	東京都○○区○○町○番○号
	法人名称	丙商事株式会社

第2編　各　　論

　　　　　　　　　　（代表取締役

　　　　　　　　　　丙野　太郎）

　丁　本　籍　地　東京都○○区○

　　　　　　　　　○○○丁目○番

　　　　　　　　　地

　　　住　　　所　東京都○○市○

　　　　　　　　　○○丁目○○番

　　　　　　　　　地○号の○

　　　職　　　業　会社員

　　　氏　　　名　丁　野　太　郎

　　　生年月日　　昭和○年○月○

　　　　　　　　　○日

(2) 罪名および適用法条

　消防法違反

　甲に対して　消防法第 39 条の 3

　　　　　　　第 1 項

　　　　　　　消防法第 45 条

　乙に対して　消防法第 39 条の 3

　　　　　　　第 1 項

　丙に対して　消防法第 39 条の 3

　　　　　　　第 1 項

　　　　　　　消防法第 45 条

　丁に対して　消防法第 39 条の 3

　　　　　　　第 1 項

(3) 犯罪の事実

　被告発人甲は、東京都○○区○○○丁目○番○号に本社を置き、移動タン

ク貯蔵所（危険物の規制に関する政令（昭和 34 年 9 月 26 日政令第 306 号）

第 2 条 6 号の移動タンク貯蔵所をいう。以下同じ）により石油類の運送業

170

を営むもの、

被告発人乙は、甲の従業員として移動タンク貯蔵所の運転を担当し、石油類の運送業務にたずさわるもの、

被告発人丙は、東京都○○区○○町○番○号に本社を置き、主として、営業用給油取扱所（危険物の規制に関する政令第3条第1号の給油取扱所をいう。以下同じ）により石油類の販売業務を営むもの、

被告党人丁は、丙の従業員として営業用給油取扱所において石油類の販売業務に携わる者であるが、

① 被告発人乙は、甲の業務に関し、昭和51年9月10日9時10分ごろ、東京都○○市○○○番地に所在する丙商事株式会社国立矢川サービスステーション（営業用給油取扱所）において同所の地下タンク（以下「タンク」という）に危険物であるガソリン（第4類第1石油類。以下同じ）を注入するに際し、業務上必要な注意を怠って注入すべきタンクを誤り、しかも、残量約5,500リットルのタンク（容量1万リットル）に容量を超える6,000リットルを注入したため、当該タンクの計量口から約280リットルのガソリンがあふれ、国道20号線道路端の公共用排水溝を経て失川に流出させ、

② 被告発人丁は、丙の業務に関し昭和51年9月10日9時10分ごろ、前記サービスステーションにおいて乙に対してガソリンを注入すべきタンクを指示するに際し、業務上必要な注意を怠ってあいまいな指示を行い、乙をしてガソリンを注入すべきタンクを誤らせたため、容量1万リットルのタンクからガソリン約280リットルがあふれ、国道20号線道路端の公共用排水溝を経て付近の矢川に流出させ、

もって、火災による公共の危険を生じさせたものである。

(4) 証拠となるべき資料

① 違反調査復命書または違反調査報告書（現場案内図、現場付近図、給油取扱所の配置図、ガソリンの流出状況図、たき火場所の付近図等を含む）

② 指導資料（立入検査結果通知書の写し）

第2編 各　論

③　許認可関係資料の写し

④　現場写真

⑤　違反者その他関係のある者の質問調書

⑥　ガソリンの納入伝票等

⑦　答申書

⑧　火災調査書

⑨　法人（甲、丙）の商業登記簿謄本

⑩　違反者（乙、丁）の住民票謄（抄）本

(5) 犯罪の情状

①　被告発人甲は、石油類の運送業を営むにあたり、当該業務に伴う石油類の安全確保のため、従業員をして危険物の規制法令を遵守するよう徹底し、危険発生の未然防止を図るべき責任を有するものであるが、その従業員乙が消防法に違反し危険物の流出事故を起こしたことは、当該違反行為の防止について万全の注意を払ったものとは認められない。

②　被告発人乙は、昭和43年3月30日危険物取扱者の資格（乙種第4類）を取得し、同年10月以来、甲の従業員として石油類の運送業務にたずさわるものであり、移動タンク貯蔵所から給油取扱所のタンクに石油類を注入するときは、事前に石油類を注入すべきタンクおよびタンク内の危険物の残量等を確認して、危険物の注入に伴う流出等の防止に努める責任を有しながら、このような配慮を怠り、タンクの容量を超える過剰な注入を行ってガソリンを流出させ、これに対し、拡散防止の措置をとらずに注水して河川に流出させ、火災を発生させたことは危険物取扱者として危険物の安全に対する配慮の欠如も甚だしいものというべく、その社会公共に与えた影響はまことに大きい。

③　被告発人丙は、石油類の販売業を営むにあたり、給油取扱所などの施設の適正な管理と危険物の貯蔵、取扱いの安全確保のため、丁ら従業員に対し十分に指導、監督を徹底すべき責任を有するものであるところ、丁が国立矢川サービスステーションのタンクに乙の運転する移動タンク貯蔵所か

172

らガソリンの注入を受けるにあたり、当該タンクの計量口のふたの閉鎖状況を確認せず、乙の過剰な注入による計量口からのガソリンの流出をもたらしたことは、これら危険物を取り扱う施設の安全管理に万全の注意を払っていたとは認められない。

④　被告発人丁は、前記サービスステーションにおいて、危険物取扱者（乙種第4類）として石油類の販売業務にたずさわるものであり、給油取扱所の施設の適正な管理と危険物の安全確保に努める責任を有するものであるが、タンクの計量口のふたは、計量時以外閉鎖されていることを確認しなければならず、また、移動タンク貯蔵所からタンクへの危険物の注入を依頼する場合は、注入するタンクを明示し、かつ、当該タンクの受入れ容量を確認すべき責任を有しながら、乙のガソリンの注入行為に際して注入すべきタンクを明確に指示せず、しかも、タンクの残量を確かめずに注入を依頼したため、ふたが完全に閉鎖されていなかった当該タンク計量口からガソリンを流出させる結果をもたらし、流出したガソリンに注水してその流出範囲を拡大したことは、石油類の販売業務に従事する当事者として危険物の安全の確保に関する規制法令に反するところまことに大きいものがある。

(6) 参考事項

○　火災概要

ア　出火日時

昭和51年9月10日9時30分ごろ

イ　出火場所

東京都○○市○○○番地河川

ウ　原因

　　当日9時25分ごろ、前記サービスステーションにおいて移動タンク貯蔵所からタンクにガソリンを注人中、あふれたガソリンが矢川に流出し、たまたま矢川べりの水際で行われたたき火の火がガソリンに引火して火災となったもの。

第2編 各　　論

エ　焼損程度

ガソリン約100リットル

立木　約66本

(7)　意見

移動タンク貯蔵所および給油取扱所において、危険物の貯蔵または取扱いの業務にたずさわる者は、当該危険物の安全の確保について常に真剣な配慮を払っていなければならない責務を有している。

したがって、危険物の規制法令についてこれを誠実に遵守し、危険物の管理に危険な結果をみないよう努めなければならないにも拘らず、被告発人乙および丁は、移動タンク貯蔵所から給油取扱所のタンクに危険物を注入するに際して業務上の基本的事項を怠って、ガソリンの過剰な注入流出をもたらし、これに基因して火災を発生させ、社会公共の安全をおびやかしたことは、社会的責務に対する自覚の欠如もはなはだしい。したがって、危険物取扱者としての責務を思念させ、かつ、同業者に対する戒めとなり得るよう被告発人乙および丁ならびにその監督責任を有する被告発人甲および丙に対し厳しい処分を賜りたい。

3　本件告発事案にかかる刑法上の問題

(1)　同時犯（同時正犯）

本件被告発人乙と丁の行った法第39条の3第1項の犯罪は、2人以上の者が、意思の連絡なしに、それぞれ独自の原因行為によって、タンクからのガソリン流出という違法な結果をもたらしたものですから、刑法理論上のいわゆる同時犯（同時正犯）にあたります。したがって、それぞれ、法第39条の3第1項の犯罪の責を負うことになり、本件事案は、このような観点から法を適用し告発したものです。

(2)　消防法第39条の3第1項の犯罪と失火罪との関係

検察当局は、本件過失による危険物の漏出等の罪に関連して、矢川に流出した危険物が川べりでたき火をしていた火に引火し、火災となったことについては、失火罪の適用をしていませんが、このことは、危険物を流出させた

者が、たき火による火災については、予見可能性がなかったものと判断したからと思われます。

第2編 各 論

第3章　消防活動の妨害等に関する罪

1 総 説

　消防活動の妨害等に関する罪は、①消防車通過妨害罪（法第40条第1項第1号）、②消防団員の消火活動等妨害罪（法第40条第1項第2号）③応急消火義務者等の消火活動等妨害罪（法第40条第1項第3号）および④火災現場における情報提供拒否等の罪（法第42条第1項第11号）から構成されています。

　①ないし③の犯罪に共通する保護法益は、消火、延焼防止および人命救助にかかる消火活動が円滑に遂行されることにあります。

2 消防車通過妨害罪（法第40条第1項第1号）

1 本罪の構成要件

　本罪は、「消防法第26条第1項の規定による消防車の通過を故意に妨害した」ことによって成立します。

　「法第26条第1項の規定による」とは、消防車が火災現場に赴くときは、車馬（道路交通法第2条第8号の車両および路面電車）および歩行者は、これに道路を譲らなければならないのに」という意味です。「消防車」とは、消防自動車をはじめ司令車、無線車、通信車、照明車その他消防の用に供されるすべての車両をいいますが、必ずしも道路交通法上の緊急車としての消防自動車（同法第39条第1項、同法施行令第14条）および消防用車両（同法第41条の2第1項、同法施行令第14条の4）である必要はないと解されています。したがって、サイレンや鐘を鳴らさず、または赤色警光灯や赤色灯をつけない状態、つまり、道路交通法上の緊急自動車あるいは消防用車両とはいえない状態で火災現場に急行している消防車の通過を妨害したとき

176

でも本罪が成立することになります。しかし、この場合、少なくとも消防車が火災現場に急行していることが外見上明らかであることが必要です。また、自衛消防組織の化学消防車など事業所が自主的に装備する消防自動車等も本罪の保護法益から考えて、ここにいう消防車に該当すると解されます。

　本罪は、車馬の運転者や歩行者が消防車の通過を故意に妨害することを必要とする故意犯です。したがって、過失によって消防車の通過を妨害した場合には本罪の成立はありません。故意の認定については、行為者が、火災現場に赴く消防車であることを認識していればよく、火災の内容まで明確に了知している必要はありません。「通過を妨害した」というのは、消防車の通過を現実に不可能にした場合だけでなく、その通過を困難にする状態を生じさせた場合も含まれ、その方法のいかんを問わないものと解されています。たとえば、故意に道路上に車両を停車させて消防車の進行を妨げたりするのはこれにあたります。しかし、消防車の進行に際し、単に道路を譲らなかったのみでは本罪を構成しません。なお、消防法第26条第1項の規定は、同法第36条の規定により火災を除く他の災害に関しても準用されることから、危険物等の災害現場に向う消防車の通過を妨害した場合にも本罪が成立することになります。

2　本罪の性質

　本罪は、消防車の通過を不可能または困難にするような危険を生じさせることによって成立し、現実に通過を妨害したことを必要としませんから抽象的危険犯に属するものと解されます。また、消防車の通過を妨害した時点で犯罪が成立し終了するものですから、即時犯に属します。

3　刑罰

　消防活動の妨害等に関する罪のうち、消防車通過妨害罪、消防団員の消火活動等妨害罪および応急消火義務者等の消火活動等妨害罪の刑罰については、すべて共通していますので、「5　**2**、**3**、**4**の犯罪の刑罰の項」で一括して触れることにします。

177

第 2 編　各　　論

3　消防団員の消火活動等妨害罪（法第 40 条第 1 項第 2 号）

1　本罪の構成要件

　本罪は、「消防団員が消火活動または水災を除く他の災害の警戒防禦および救護に従事するにあたり、その行為を故意に妨害した」ことによって成立します。「消防団員」とは、条例に基づき市町村に置かれる消防団に属し、消防事務に従事する者をいいます（消防組織法第 19 条以下）。「水災」とは、水防法にいう洪水、高潮をいい、「その他の災害」とは、暴風、豪雨、豪雪、地震、津波、噴火その他の異常な自然現象または爆発等をいいます（災害対策基本法第 2 条）。「妨害」とは、暴行または脅迫以外の方法で消火活動等に障害（支障）を生じさせるおそれのある行為を指し、現実に障害の結果を生じさせたことを必要としません。

　本罪の対象となる者は、消防団員の消火活動等の行為を妨害した者ですから、消防吏員の消火活動等の行為を妨害した者は、本罪の対象から除外されます。

　それは、消防吏員の消火活動に対する妨害行為は、一般に、公務執行妨害罪（刑法第 95 条）または消火妨害罪（刑法第 114 条）を構成し、これによって処罰の目的を達成できると考えたからと思われます。

2　本罪の性質

　本罪は、故意犯ですが前述のとおり、消火活動等を現実に妨害したことを必要とせず、その危険を生じさせたことをもって足りますから、抽象的危険犯の性質をもつものと解されます。また、本罪は、消防団員の消火活動等を妨害したことによって成立し、終了するものですから、即時犯に属します。

3　本罪と刑法上の公務執行妨害罪および消火妨害罪との関係

　消防団員は、法令（消防組織法第 21 条、法第 4 条第 1 項、第 4 条の 2、第 34 条第 2 項、第 29 条第 1 項・第 5 項等）に基づき、公務（消防事務）に従事し、その業務内容は、精神的労務に属するもので、単に機械的・肉体的労働でないことから、刑法第 95 条にいう公務員に該当するものと解され

178

第3章　消防活動等の妨害等に関する罪

る。

　したがって、消防団員の消火活動等を暴行または脅迫の手段によって妨害
した場合は、刑法上の公務執行妨害罪（刑法第95条）を構成し、暴行・脅
迫以外の方法で妨害した場合は、本罪（消防団員の消火活動等妨害罪）と
消火妨害罪（刑法第114条）の両罪の構成要件に該当しますが（法条競合）、
特別法優先の原則により、一般法である消火妨害罪の適用が排除され、本罪
のみが成立することになります。

　なお、参考までに付言すると、消防吏員の消火活動等を暴行または脅迫の
手段で妨害した場合、公務執行妨害罪を構成しますが、暴行・脅迫以外の手
段で妨害した場合、消防法上当該妨害行為を処罰する特別規定がありません
から、刑法第114条の消火妨害罪が直接適用されることになります。

4 応急消火義務者等の消火活動等妨害罪（法第40条第1項第3号）

1　本罪の構成要件

　本罪の構成要件は、「消防法第25条（第36条第7項において準用する場
合を含む。）または第29条第5項（第30条の2および第36条第7項にお
いて準用する場合を含む。）の規定により、応急消火義務者（規則第46条）
または火災の現場付近にある者が、消火もしくは延焼の防止または人命の救
助に従事するときまたは火災以外の災害（水災を除く）に際し、これらに準
じた活動をするとき、これらの行為を妨害した」ことによって成立します。

　「応急消火義務者」とは、火災を発生させた者、火災の発生に直接関係が
ある者、火災が発生した消防対象物の居住者または勤務者をいいます。「こ
れらの行為を妨害した」とは、消火、延焼または人命救助等の活動を困難に
させるような行為を指し、現実に妨害することを必要としません。

2　本罪の性質

　本罪の場合も、前 3 の消防団員の消火活動等妨害罪と同様、故意犯で抽
象的危険犯と即時犯の性質をもつものと解されます。

179

第2編 各　論

5 2 、3 、4 の犯罪の刑罰

　消防活動の妨害等に関する罪のうち、消防車通過妨害罪、消防団員の消火
活動等妨害罪および応急消火義務者等の消火活動妨害罪の各犯罪を行った者
は、2年以下の懲役または100万円以下の罰金に処せられます。法定刑が
比較的重いのは、これらの犯罪が消防活動等に対する妨害という反社会的要
素が高いからと思われます。

　刑罰は、情状により懲役刑と罰金刑とを併科することができますが、刑法
に正条がある場合は、併科することができません（法第40条第2項）。「刑
法に正条がある場合」というのは、特別刑法に規定されている事項と同様の
事項が、一般法である刑法にも定められている場合に後者の刑法の規定を指
します。たとえば、刑法には、消防団員の消火活動等妨害罪と同様の規定と
して消火妨害罪（第114条）が定められていますから、刑法に正条がある
ことになります。したがって、消防団員の消火活動等妨害罪には懲役刑のみ
を科すことができ、罰金刑の併科は許されないことになります。

　また、前記各犯罪を犯すことによって、人を死傷させた場合は、本法、す
なわち消防法第40条第1項の法定刑と刑法の法定刑とを比較して重い刑に
よって処罰されます（法第40条第3項）。

　このように、ある基本的な犯罪（たとえば、消防団員の消火活動等妨害罪）
から、行為者の意図しないより重い結果（例えば、消防団員の負傷）が発生
した場合、基本的な犯罪よりも加重された刑で処罰される罪を「結果的加重
犯」といいます。

　ところで、刑の軽重については、刑の種類が異なる場合、死刑が最も重く、
以下懲役、禁錮、罰金、拘留、科料の順となっています。同様の刑について
は、長期の長いもの、または多額の多いものが重く、長期また多額が同じ場
合は、その短期の長いもの、または寡額の多いものが重いと定められていま
す（刑法第9条、第10条）。

　以上のことから、たとえば、消防団員の消火活動等を妨害した結果、当該

180

第3章　消防活動等の妨害等に関する罪

消防団員を負傷させた場合は、本罪（法第40条第1項第2号）の法定刑（2年以下の懲役または100万円以下の罰金）と傷害罪（刑法第204条）の法定刑（10年以下の懲役または30万円以下の罰金もしくは科料）とを比較し、懲役刑を選択して科刑する場合は、法定刑の重い刑法第204条により、罰金刑を選択して科刑する場合は、法定刑の重い消防法第40条第第2号1項によって処罰されることになります。

6　火災現場における情報提供拒否等の罪（法第42条第1項第11号）

1　保護法益

　本罪は、消防隊が火災現場において、迅速、的確な人命の救助および消火活動を行い得るための正確な情報を確保することを保護法益としています。

2　構成要件

　本罪は、「消防法第25条第3項の規定による情報を求められて、正当な理由がなく、情報の提供をせず、または虚偽の情報を提供した」ことによって成立します。すなわち、火災現場において、当該消防対象物の関係者その他総務省令で定める者が、消防吏員または消防団員から当該消防対象物の構造、救助を要する者の存否その他消火もしくは延焼の防止または人命の救助のため必要な事項の情報を求められて、正当な理由がなく情報の提供をせず、または虚偽の情報を提供したことによって成立します。「当該消防対象物の関係者」とは、火災が発生した建物等の所有者、管理者または占有者をいい、管理者には、防火管理者、危険物保安監督者など防火上の管理責任を有する地位にある者も含まれます。「その他総務省令で定める者」とは、消防法施行規則第47条に定める①火災を発生させた者、②火災の発生に直接関係がある者、③火災が発生した消防対象物の居住者または勤務者、④延焼のおそれのある消防対象物の関係者、居住者または勤務者をいいます。「当該消防対象物の構造」とは、火災が発生した消防対象物の出入口、階段の位置、防火戸の有無、間取りのあらまし等を指します。「救助を要する者の存否」とは、

181

第2編　各　　論

出火した消防対象物または延焼のおそれのある消防対象物の内部に人々がいるか否か、あるいはこれらの消防対象物から脱出した者のうち、負傷者などがいるか否かを指します。「その他消火もしくは延焼の防止または人命の救助のため必要な事項」としては、火災が発生した消防対象物の出火箇所、出火時間、消火器の種類・個数とその所在、屋内消火栓の種類と位置、連結送水管の位置、その他消火設備や排煙設備の有無とその操作位置、防火戸の開閉状況、避難器具の有無とその所在、各種鍵の所在、危険物等の有無とその所在、放送設備の有無・所在および操作方法などがあげられます。なお、火災が発生した消防対象物に関する情報のうち、「消防対象物の構造」や「延焼の防止または人命の救助のため必要な事項」に関する情報は、延焼のおそれのある消防対象物の場合にも妥当します。

3　責任条件

本罪は、情報の提供を拒否した場合または虚偽の情報を提出した場合に成立する故意犯です。ここで、「虚偽の情報の提供」とは、真実でないこと（偽りであること）を認識しながら真実の情報として提供することをいいます。したがって、真実のものと認識して（勘違いして）、情報を提供したところ、実は事実に反していたというような場合は、虚偽とはいえず、本罪が成立しないことになります。

4　本罪の性質

本罪は、情報提供の拒否や虚偽の情報の提供の事実があれば、迅速・的確な人命救助や消火活動を阻害する危険を生じさせたものとして成立し、現実に阻害することを必要としませんから、抽象的危険犯の性質を有し、また、本罪は、情報提供の拒否や虚偽の情報の提供によって成立し、終了するものですから、即時犯に属します。

5　刑罰

正当な理由がなく本罪を犯した者は、6月以下の懲役または50万円以下の罰金に処せられますが、情状により懲役刑と罰金刑を併科することができます。

第4章　製造所等の体制等に関する罪

第4章　製造所等の体制等に関する罪

1 総　説

　製造所等は、製造所、貯蔵所および取扱所の総称（危政令第6条）です。「製造所」とは、危険物を製造する目的をもって指定数量以上の危険物を取り扱うために設置された施設で、消防法第11条第1項の規定により市町村長等から許可を受けたものをいいます。ここで、「許可を受けた」とは、単に許可を受けただけでなく、消防法第11条第5項本文の完成検査を受け、その検査済証の交付を受けているものを意味します（以下「貯蔵所」および「取扱所」の場合において同じ）。

　製造所等の設置許可というのは、製造所等の設置計画が、書類上、消防法第10条第4項の基準に適合していることにより、当該施設を設置してもよいという効果を有するにすぎませんから、それが現実に法第10条第4項の基準に適合した施設として完成され、検査済証の交付を受けることにより、はじめて許可の内容が実現し、物的施設として認知され、適法に危検物を貯蔵し、または取り扱うことができることになるからです。

　このように、完成検査済証の交付は、許可内容の実現あるいは完結として許可と密接不可分の関係にありますから、許可を受けた施設というのは、完成検査済証の交付を受けた施設を意味するわけです。

　「貯蔵所」とは、指定数量以上の危険物を貯蔵する目的をもって設置された施設で、消防法第11条第1項の規定により市町村長等の許可を受けたものをいい、危険物を貯蔵する場所により、「屋内貯蔵所（倉庫）、屋外タンク貯蔵所、屋内タンク貯蔵所、地下タンク貯蔵所、簡易タンク貯蔵所、移動タンク貯蔵所（車両に固定されたタンクにおいて危険物を貯蔵し、または取り扱うもの）、屋外貯蔵所に区分されます（危政令第2条）。

　「取扱所」とは、危険物の製造以外の目的で指定数量以上の危険物を取り

183

第2編 各 論

扱うため設置された施設で、消防法第11条第1項の規定により市町村長等の許可を受けたものをいい、その取扱いの態様により①給油取扱所（固定した給油設備により自動車等の燃料タンクに直接給油するための施設）、②第1種販売取扱所（店舗において容器入りのままで販売するため、指定数量の5倍以下の危険物を取り扱う施設）、③第2種販売取扱所（店舗において容器入りのままで販売するため、指定数量の5倍を超え、15倍以下の危険物を取り扱う施設）、④移送取扱所（配管およびポンプならびにこれに付属する設備によって危険物の移送の取扱いを行う施設）、⑤一般取扱所（給油取扱所、販売取扱所および移送取扱所に該当しない一切の取扱所）に区分されています（危政令第3条）。

なお、屋内・外貯蔵所、給油取扱所および第1種・第2種販売取扱所の区分に関する改正規定は、平成2年5月23日に施行されました。

製造所等の体制等に関する罪は、①製造所等の無許可設置・変更の罪（法第42条第1項第2号）、②完成検査前使用の罪（法第42条第1項第3号）、③危険物保安監督者の選任義務違反罪（法第42条第1項第6号）、④定期点検記録の作成・保存義務違反罪（法第44条第5号）および⑤予防規程作成義務違反（法第42条第1項第8号）から構成されています。

2 製造所等の無許可設置・変更の罪（法第42条第1項第2号）

1 保護法益

本罪は、許可手続を励行させることにより、製造所等の設置・変更に係る位置、構造、設備等の適法性、安全性の事前チェックを図ることを保護法益としています。

2 構成要件

本罪は、「消防法第11条第1項の規定に違反した」こと、すなわち、製造所等を設置または変更しようとする者が、その区分に応じ、法第11条第1項各号に定める許可を受けなければならないのに、これを怠って製造所等

を設置または変更することによって成立します。

　したがって、この許可を怠って製造所等を設置または変更すれば、たとえ製造所等の位置、構造および設備が消防法第10条第4項の基準に適合していたとしても、形式上、本罪が成立することになります。しかし、犯罪の成立とこれを処罰することは別問題であり、このような場合は、一応安全な施設の推定を受け、犯罪としての可罰性が低く、また、行政的にも、すみやかに許可手続を追完させることによって容易に決着のつく事案と思われます。

　本罪の主体は、「製造所等を設置または変更しようとする者」ですから、いわゆる身分犯です。したがって、従業員が勝手に製造所等を変更したような場合は、当該従業者は本罪の主体となることができません。しかし、設置者において、従業者が勝手に変更したことを覚知しながら変更許可の手続きを怠っている場合は、当該設置者が本罪の主体となります。

　また、設置者が部下に命じて製造所等の一部を無許可で変更させたような場合は、設置者が正犯として、犯罪の主体となり、設置者としての身分のない部下は、従犯である幇助罪（刑法第62条第1項）を構成することになりましょう。

　「変更」とは、設置許可および完成検査を受けて適法に使用している製造所等の位置、構造または設備の一部を変えることをいいます。設置許可を受けて工事に着手したが、まだ完成していない段階で製造所等の計画を変えることや地震、水火災等の不可抗力による損壊等または過失による損傷箇所等を復旧する行為も変更に該当するものとされています。ボルト、ナット照明用電球の取替えなど通常の維持管理に属する行為は変更にあたりません。

3　責任条件

　本罪は、故意に許可を受けずに製造所等の設置または変更を行ったときに成立する故意犯です。したがって、過失により無許可で製造所等の設置または変更を行ったときは、本罪を構成しないことになります。しかし、実務上、設置者が、製造所等の設置または変更の事実を認識している限り、通常、故意の成立が認められるものと解されます。

185

また、第三者が誤って給油取扱所の防火塀や計量機などを破損させたような場合であっても、設置者においてその事実を覚知しながら変更許可の手続きを怠っている場合は、設置者自らが無許可変更を行った場合と実質上の差異がありませんから、設置者が故意に変更したことになります。

4 本罪の性質

本罪は、製造所等の設置・変更の許可手続に着目し、これを怠ったことによって成立し、施設の位置、構造および設備の状況（適法・違法の有無）のいかんを問いませんから、形式犯に属するとの解釈も考えられましょう。

しかし、許可の手続きを怠って製造所等を設置・変更すること自体に保安面での危険性が内在するとも考えられ、それゆえに許可制をとっている法意と解すれば抽象的危険犯とみることができましょう。また、本罪に係る法定刑の選択刑として懲役刑が科されていることからも抽象的危険犯と解することが妥当と思われます。

また、本罪は、許可を怠って製造所等を設置または変更したりすることによって成立しますが、許可手続がとられない限り犯罪の終了がありませんから、継続犯の性質をもつものと解されます。

5 製造所等の無許可設置と危険物の無許可貯蔵取扱違反罪との関係

製造所等を無許可で設置し、そこにおいて指定数量以上の危険物を貯蔵し、または取扱っている場合、前者は、危険物の貯蔵・取扱いにかかる施設面からの規制を図ったものであり、後者は、危険物の貯蔵・取扱い自体を処罰の対象としていることから、製造所等の無許可設置（法第42条第1項第2号）と危険物の無許可貯蔵取扱違反罪（法第41条第1項第3号）の二つの犯罪が成立し、併合罪として刑が加重されます（刑法第45条、第47条、第48条）。

6 刑罰

本罪を犯した者は、6月以下の懲役または50万円以下の罰金に処せられますが、情状により懲役刑と罰金刑を併科することができます。

なお、本罪が行われた場合には、当該行為者のほか、事業主である法人や

第4章 製造所等の体制等に関する罪

人（個人営業の場合）も処罰（罰金50万円以下）の対象となります（法第45条第3号）。

3 完成検査前使用の罪（法第42条第1項第3号）

1 保護法益

本罪の保護法益は、許可を受けた施設について、完成検査を受ける義務を課すことにより、その具体的な適法性、安全性を確保することにあります。

2 構成要件

本罪は、「消防法第11条第5項の規定に違反した」こと、つまり、許可を受けて製造所等の設置または変更を行った者が、完成検査を受け、消防法第10条第4項の基準に適合していると認められる前（製造所等の変更の場合で、変更工事に係る部分以外の部分について仮使用承認を受けている場合を除く）に当該施設を使用することによって成立します。

本罪の主体は、製造所等の設置または変更の許可を受けた者で、身分犯に属します。したがって、原則として、許可を受けた者がその責を負うことになります。

「完成検査」とは、現実にでき上がった施設が、許可された計画に従い消防法第10条第4項の基準に適合するよう造られているか否かを確認する行為をいい、「適合していると認められる」とは、法的には完成検査済証の交付（危政令第8条第3項）を受けることを意味します。

また、「使用」とは、製造所等の区分に従って危険物の貯蔵または取扱いを行うことで、その量のいかんを問いません。

したがって、製造所等の完成検査を受けても、完成検査済証の交付を受けていない以上、当該施設において危険物の貯蔵または取扱いが行われていれば完成検査前の使用として本罪を構成することになります。なお、従業者が施設を勝手に使用したとしても、設置者がその事実を覚知しながらこれを制止しなかった場合は、当該設置者において本罪の責任が問われます。

187

第2編 各 論

3 責任条件

本罪も故意犯ですから、過失による場合は、本罪を構成しません。しかし、使用者において、完成検査済証の交付を受けていないことについて、認識がある限り故意の成立が認められます。したがって、本罪について、現実に過失が認められることは、通常考えられません。

4 本罪の性質

本罪は、完成検査済証の交付を受ける前に使用すること自体、保安上の危険性が内在するものとされ、それゆえに使用の禁止を規制しているものと考えられることから、抽象的危険犯と解されます。

5 本罪と製造所等の無許可変更の罪（法第42条第2号）との関係

本罪は、製造所等の設置・変更の許可を受けた者で、完成検査合格前に使用した者に科せられるものですから、製造所等の無許可変更事案には全くかかわりがありません。すなわち、製造所等を無許可で変更し、使用している場合は、製造所等の無許可変更の罪（法第42条第1項第2号）のみが成立するだけです。

6 刑罰

本罪を犯した者は、6月以下の懲役または50万円以下の罰金に処せられますが、情状により懲役刑と罰金刑を併科することができます。

なお、本罪が行われた場合には、当該行為者のほか、事業主である法人や人（個人営業の場合）もその監督責任として処罰（罰金50万円以下）の対象となります（法第45条第3号）。

4 危険物保安監督者の選任義務違反罪（法第42条第1項第6号）

1 保護法益

本罪の保護法益は、一定の製造所等に対し危険物保安監督者の選任を義務づけることにより、当該施設における危険物の取扱いに係る保安の確保を図

ることにあります。

2　構成要件

　本罪は、「消防法第13条第1項の規定に違反して危険物保安監督者を定めないで事業を行った」こと、つまり、危険物保安監督者を選任しなければならない製造所等の関係者が、甲種危険物取扱者または乙種危険物取扱者で6月以上の実務経験を有する者のうちから、危険物保安監督者を定めないで事業を行ったことによって成立します。

　ここで注意しなければならないのは、本罪の構成要件が、「消防法第13条第1項の規定に違反した者」となっていない点です。すなわち、消防法第13条第1項の規定は、一定の製造所等の関係者に対し、危険物保安監督者の選任義務と併せてその者をして危険物の取扱作業に関し保安監督業務を行わせることを義務づけていますが、本罪の構成要件は、このうちの危険物保安監督者を定めないで事業を行ったことに限定されています。したがって、危険物保安監督者を選任して事業を営んでいる以上本罪を構成しないことになります。しかし、危険物保安監督者に保安監督業務を行わせていない場合は、消防法第13条第1項後段の義務違反となりますから同法第12条の2第2項に基づく使用停止命令の対象となります。

　「危険物保安監督者を定めなければならない製造所等」は、次に掲げる製造所等以外のものです。（危政令第31条の2）。

① 指定数量の30倍以下の危険物（引火点が40度以上の第4類の危険物に限る。）を貯蔵し、または取り扱う屋内貯蔵所または地下タンク貯蔵所

② 引火点が40度以上の第4類の危険物のみを貯蔵し、または取り扱う屋内タンク貯蔵所または簡易タンク貯蔵所

③ 移動タンク貯蔵所

④ 指定数量の30倍以下の危険物を貯蔵し、または取り扱う屋外貯蔵所

⑤ 引火点が40度以上の第4類の危険物のみを取り扱う第一種販売取扱所または第二種販売取扱所

⑥ 指定数量の30倍以下の危険物（引火点が40度以上の第4類の危険物

第2編 各 論

に限る。）を取り扱う一般取扱所で、ボイラー、バーナーその他これらに類する装置で危険物を消費するものまたは危険物を容器に詰め替えるもの

危険物保安監督者を選任する方式には、消防法上、特段の定めがありませんから、法的には、口頭であると文書であるとを問いません。しかし、実務運用上、文書による選任方式をとることが望ましいことはいうまでもありません。

「事業を行った」とは、製造所等の区分に応じて危険物の貯蔵または取扱業務を行うことを意味します。

3 責任条件

本罪も故意犯であり、過失による場合は処罰されませんが、危険物保安監督者を選任していない事実について認識がある限り、故意の成立が認められます。したがって、本罪について、過失が認められることは、通常考えられません。

4 本罪の性質

本罪は、危険物保安監督者を選任しないで事業を行うこと自体危険物の取扱いに係る保安の確保上問題があるとして、その選任を義務づけていることから、単なる形式犯ではなく、抽象的危険犯に属するものと解されます。

また、本罪は、危険物保安監督者を選任しないで事業を行ったことによって成立し、終了するものですから即時犯に属します。

5 刑罰

本罪を犯した者は6月以下の懲役または50万円以下の罰金に処せられますが、情状により懲役刑と罰金刑を併科することができます。

なお、本罪が行われた場合には、当該行為者のほか、事業主である法人または人（個人営業の場合）もその監督責任として処罰（罰金50万円以下）の対象となります（法第45条第3号）。

190

第4章　製造所等の体制等に関する罪

5 定期点検記録の作成・保存義務違反罪（法第44条第5号）

1 保護法益

本罪の保護法益は、製造所等の定期点検の結果について、適正な記録の整備を義務づけることによって、消防機関による安全性のチェックを可能とすることにあります。

2 構成要件

本罪は、「消防法第14条の3の2の規定による点検記録を作成せず、虚偽の点検記録を作成し、または点検記録を保存しなかった」ことによって成立します。点検記録の記載事項および点検記録の保存期間は、次のとおりです。

(1) 点検記録の記載事項（危則第62条の7）

点検記録の記載事項は、次のとおりです。

① 点検した製造所等の名称

② 点検の方法および結果

③ 点検年月日

④ 点検を行った危険物取扱者もしくは危険物施設保安員または点検に立合った危険物取扱者の氏名

(2) 点検記録の保存期間（危則第62条の8）

点検記録の保存期間は、3年間、ただし、特定屋外タンク貯蔵所の場合は、タンクの容量により10年または20年間。

本罪は、点検記録の未作成等の事実がある以上その原因のいかんを問いませんから、定期点検そのものを実施していないため点検記録を作成できない場合であっても本罪を構成することになります。なお、定期点検の未実施や点検記録の末作成等については、消防法第12条の2第1項に基づく製造所等の使用停止命令によって対処することもできます。

3 責任条件

本罪のうち、虚偽の点検記録の作成における虚偽は、作為的あるいは意識

191

第2編 各　　論

的に行われるものですから、その性質上故意犯です。点検記録の未作成および未保存については、いわゆる忘却犯の性質をもつものですから、うっかりして点検記録を作成しなかったり、保存期間中に点検記録を廃棄してしまったような場合でも本罪が成立することになります。

4　本罪の性質

本罪は、点検記録による安全性のチェックを不能にしたり、安全性の判断を誤らせる危険を内包していますので抽象的危険犯の性質を有するものと解されます。

また、本罪は、点検記録の未作成等の事実があったときに成立し、終了するものですから即時犯に属します。

5　刑罰

本罪を犯した者は、30万円以下の罰金または拘留に処せられます。

6　予防規程作成義務違反罪（法第42条第1項第8号）

1　保護法益

本罪は、製造所等の関係者に、予防規程の作成と、消防機関の認可を受けることを義務づけることにより、危険物の貯蔵、取扱いに係る個別的、具体的な安全体制の確立を図ることを保護法益としています。

2　構成要件

本罪は、「消防法第14条の2第1項の規定に違反して危険物を貯蔵し、または取り扱った」ことによって成立します。「消防法第14条の2第1項の規定に違反する」とは、危険物の規制に関する政令第37条で定める製造所等の所有者、管理者または占有者が、当該製造所等の火災を予防するため、危険物の規制に関する規則第60条の2で定める事項について予防規程を定め、市町村長等の認可を受けなければならないのに、これを怠ることです。「危険物の規制に関する政令第37条で定める製造所等」とは、次のとおりです（危政令第7条の3）。

192

① 指定数量の 10 倍以上の危険物を取り扱う製造所

② 指定数量の 150 倍以上の危険物を貯蔵し、または取り扱う屋内貯蔵所

③ 指定数量の 200 倍以上の危険物を貯蔵し、または取り扱う屋外タンク貯蔵所

④ 指定数量の 100 倍以上の危険物を貯蔵し、または取り扱う屋外貯蔵所

⑤ 移送取扱所

⑥ 指定数量の 10 倍以上の危険物を取り扱う一般取扱所（指定数量の 30 倍以下であり、引火点が 40 度以上の第 4 類の危険物を取り扱う一般取扱所で危険物を容器に詰め替えるものを除く。危政令第 31 条の 2 第 6 号ロ）ただし、①ないし⑥に属しても、次の製造所等は除かれます（危政令第 37 条、危則第 61 条）。

・ 鉱山保安法（昭和 24 年法律第 70 号）第 10 条第 1 項の規定による保安規程を定めている製造所等

・ 火薬類取締法（昭和 25 年法律第 149 号）第 28 条第 1 項の規定による危害予防規程を定めている製造所等

・ 自家用の給油取扱所のうち、屋内給油取扱所以外のもの

「予防規程」とは、製造所等の危険物の貯蔵・取扱いに係る火災を予防するために作成される自主的な保安基準をいい、予防規程の内容には、平常時における危険物の貯蔵または取扱いの具体的な方法のほか、災害発生時における避難その他の緊急措置も含まれます。「認可」とは、市町村長等が製造所等の関係者が定めた予防規程を有効なものと認定する行政処分です。したがって、予防規程を事実上定めていても、市町村長等の認可を受けていない以上、法的には予防規程を定めたことにはなりません。

　なお、予防規程を変更しながら、市町村長等の認可を得ていない場合も本条違反となります。

　本罪は、以下のような消防法第 14 条の 2 第 1 項の規定に違反する事実が認められる場合には、当該製造所等において貯蔵、取り扱われている危険物については、その量のいかんを問いません。

本罪の主体は、製造所等の関係者で、身分犯に属します。予防規程の作成義務は、製造所等の関係者に課せられており、本罪は、その責務違反として処罰されるものだからです。

3　責任条件

本罪は、故意犯ですが、予防規程を定め、市町村長等の認可を受けなければならないことを知っていながら、これを怠っている場合がほとんどでしょうから、通常の場合、故意犯として成立することが可能と思われます。

4　本罪の性質

本罪は、予防規程が作成されていないため、製造所等の危険物の貯蔵、取扱いに係る安全の確保上、支障があるとして処罰されるものですから、抽象的危険犯に属するものと解されます。

また、本罪の法定刑の選択刑として懲役刑が科されていることも、本罪が単なる形式犯でないことの証左ともなりましょう。

また、本罪は、消防法第14条の2第1項に違反して危険物を貯蔵し、または取り扱ったときに成立し、終了するものですから、即時犯の性質をもつものです。

5　刑罰

本罪を犯した者は、6月以下の懲役または50万円以下の罰金に処せられますが、情状により懲役刑と罰金刑を併科することができます。

なお、本罪が行われた場合は、当該行為者のほか、事業主である法人または人（個人営業の場合）もその監督責任として処罰（罰金50万円以下）の対象となります（法第45条第3号）。

第5章　危険物の貯蔵取扱いに関する罪

第5章　危険物の貯蔵取扱いに関する罪

1 総　説

　危険物の貯蔵取扱いに関する罪は、①危険物の無許可貯蔵取扱違反罪（法第41条第1項第3号）、②危険物の貯蔵取扱基準違反罪（法第43条第1項第1号）、③無資格者による危険物の取扱違反罪（法第42条第1項第7号）から構成されています。

2 危険物の無許可貯蔵取扱違反罪（法第41条第1項第3号）

1　保護法益

　本罪の保護法益は、指定数量以上の危険物の無許可貯蔵取扱いに伴う危険の防止、許可による貯蔵取扱いの励行を図ることにあります。

2　構成要件

　本罪の構成要件は、「消防法第10条第1項の規定に違反した」こと、すなわち、指定数量以上の危険物を貯蔵所以外の場所で貯蔵し、または製造所、貯蔵所および取扱所以外の場所で取り扱うことによって成立します。

　「製造所」とは、危険物を製造する目的をもって指定数量以上の危険物を取り扱うため許可を受けた施設をいいます。「貯蔵所」とは、指定数量以上の危険物を貯蔵するる目的をもって、許可を受けた施設をいい、屋内貯蔵所、屋外タンク貯蔵所、屋内タンク貯蔵所、地下タンク貯蔵所、簡易タンク貯蔵所、移動タンク貯蔵所および屋外貯蔵所に分けられます（危政令第2条）。

　「取扱所」とは、危険物の製造以外の目的をもって指定数量以上の危険物を取り扱うため、許可を受けた施設をいい、給油取扱所、販売取扱所、移送取扱所および一般取扱所に分けられます（危政令第3条）。

　「貯蔵所以外の場所で貯蔵し」とは、指定数量以上の危険物を適法に貯蔵

195

第2編　各　　論

できる貯蔵所以外の場所で貯蔵することの意味です。したがって、貯蔵所の許可をとっていない場所で指定数量以上の危険物を貯蔵する場合はもちろん、貯蔵所の許可をとっていても、当該貯蔵所において予定されている貯蔵形態を逸脱した貯蔵（貯蔵所における目的以外の貯蔵）を行っている場合も含まれます。たとえば、屋外タンク貯蔵所の保有空地内にドラム缶入りの指定数量以上の危険物を貯蔵するような場合がこれにあたります。このような貯蔵は、本来、屋内・屋外貯蔵所の許可をとり、その場所に貯蔵しなければならないからです。「製造所、貯蔵所および取扱所以外の場所で取り扱う」とは、指定数量以上の危険物を適法に取り扱うことができるこれらの施設以外の場所で取り扱うことの意味です。したがって、製造所、貯蔵所および取扱所の許可をとっていない場所で指定数量以上の危険物を取り扱う場合はもちろん、これらの施設の許可をとっていても、当該施設において予定されている取扱形態を逸脱した取扱い（これらの施設における目的以外の取扱い）を行っている場合も含まれます。たとえば、給油取扱所において指定数量以上の灯油などを小分けしている場合がこれにあたります。このような取り扱いは、本来、一般取扱所の許可をとり、そこにおいて行われなければならないからです。

　「貯蔵」とは、危険物をタンクまたは容器に収納し、保管する状態をいい、時間の長短を問いません。「取扱い」とは、危険物の製造、詰替え、消費、廃棄、給油（危険物の注入）汲上げ、販売、移送などをいいます（危政令第27条）。

　なお、貯蔵所以外の場所で貯蔵し、または製造所、貯蔵所および取扱所以外の場所で取り扱う場合であっても、所轄消防長または消防署長の承認（学問上の許可）を受けて指定数量以上の危険物を 10 日以内の期間において 仮に貯蔵し、または取り扱う場合は、構成要件の該当性が否定され、犯罪を構成しません。そこで、このような承認を、実務上、犯罪の構成に対する「法定の除外事由」などといわれています。

　本罪の主体には、特に限定がありませんから指定数量以上の危険物を無許

可で貯蔵または取り扱った者は、何人といえども犯罪の主体としてその責任を問われることになります。

3 責任条件

本罪は、代表的な故意犯です。したがって、危険物であることの認識（品名を明確に認識している必要はありません）がない場合や指定数量以上の貯蔵または取扱いの事実の認識（たとえば、ガソリン 100 リットル以上の貯蔵または取扱いが、消防法上禁止されていることまでも認識している必要はなく、少なくとも 100 リットル以上は貯蔵または取り扱ったという事実の認識があれば足りるとされています）がない場合は、犯罪を構成しないことになります。しかし、実務上、これらの認識の立証は、ほとんどの場合可能であって、認識欠如により犯罪の成立がないとされる例は、むしろ希有のことと思われます。

4 本罪の性質

本罪の構成要件は、前述のとおり、消防法第 10 条第 1 項の規定に違反する行為があったときに成立し、このほかに特別の危険要素の存在を必要としません。すなわち、消防法第 10 条第 1 項の規定に違反する行為があった場合、その行為自体に本罪の保護法益を侵害する危険が存在するものと評価され、犯罪の成立が認められるものですから、抽象的危険犯に属します。

本罪の処罰を求める場合にはもちろん、危険物の種類、数量等による危険性と違反者の悪質性等を考慮して行うことになりましょうが、このことは、すでに成立している犯罪について処罰に値するか否かの可罰性あるいは情状の問題です。犯罪の成立と可罰性とは次元を異にする問題であることを理解してください。

また、本罪は、消防法第 10 条第 1 項の規定に違反する行為があったときに成立しますが、無許可貯蔵または取扱いの状態が是正されない限り、法益侵害の違法状態が終了することがないから継続犯の性質を有するものと解されます。したがって、無許可貯蔵取扱いの状態が是正されない限り公訴の時効が進行することはありません（刑訴法第 253 条）。

図21

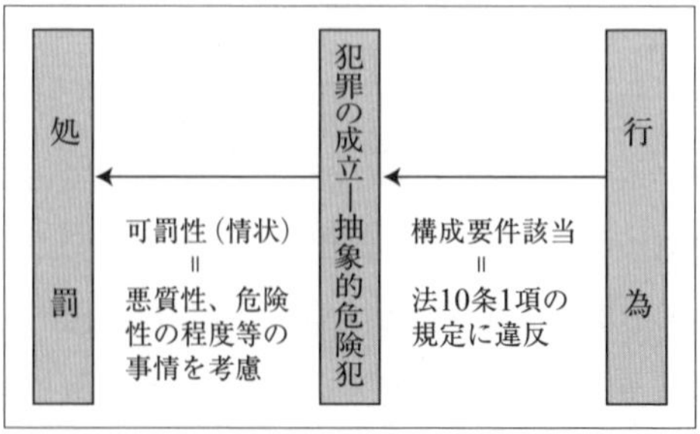

処罰	犯罪の成立＝抽象的危険犯

可罰性（情状）
＝
悪質性、危険性の程度等の事情を考慮　　構成要件該当
＝
法10条1項の規定に違反　　行為

これに反し、あとで述べる消防法第17条の4第1項の消防用設備等の設置命令違反罪（法第41条第1項第5号）などは、命令の履行期限の経過によって犯罪が成立するとともに命令事項の履行がなくとも犯罪が終了します。したがって、犯罪終了後3年を徒過すれば検察官の公訴権が消滅し、公訴の提起（いわゆる起訴）が不可能になります。

なお、ここで、参考までに「経過」と「徒過」の使い分けについて説明しておきましょう。「徒過」というのは、時の経過によって一定の権利が消滅する場合に用います。時の経過によって権利を無駄にするとか、徒らに権利が消滅するというような意味合いがあるからです。一方、時の経過によっても権利の消滅に係りのない場合は、「徒過」の語を用いずに「経過」の語を用います。たとえば、命令の履行期限が過ぎると、違反という犯罪が成立し、これに対して国家刑罰権や公訴権（いずれも権利であって、権限ではありません）が発生することはあっても権利の消滅というような変動は生じません。したがって、この場合は命令の履行期限の経過というわけです。また、法第17条の4第1項の命令違反が成立し、終了したのち、3年を過ぎると公訴の時効（刑訴法第253条）により検察官の公訴権（国家の権利）が消滅しますから「3年を徒過する」というのです。しかし、「経過」というのは広い概念ですから、徒過を含む意味で用いられることがあります。

5　刑罰

本罪を犯した者は、1年以下の懲役または100万円以下の罰金に処せら

第5章　危険物の貯蔵取扱いに関する罪

れますが、情状により懲役刑と罰金刑を併科することができます。本罪に比較的重い法定刑が科されているのは、本罪に内在する高い危険性に由来するものと思われます。

なお、本罪が行われた場合には、当該行為者のほか、事業主である法人や人（個人営業の場合）もその監督責任として処罰（罰金3,000万円以下）の対象となります（法第45条第2号）。

3 製造所等における危険物の貯蔵取扱基準違反罪（法第43条第1項第1号）

1　保護法益

本罪は、製造所等における危険物の貯蔵取扱いの安全を図ることを保護法益としています。

製造所等の無許可設置・変更の罪（法第42条第1項第2号）が位置、構造および設備面に係るいわゆるハード面の安全性を図ることを保護法益としているのに対し、本罪は、危険物の貯蔵取扱い行為に係るソフト面からの安全性を図ることを保護法益としている点において特色が認められます。

2　構成要件

本罪は、「消防法第10条第3項の規定に違反した」ことによって成立します。

ところで、消防法第10条第3項の具体的な規制内容は、危険物の規制に関する政令第24条から第27条までに規定されていますから、結局、本罪の構成要件は危険物の規制に関する政令第24条から第27条までのいずれかの規定に違反することによって成立し、危険物の貯蔵、取扱量のいかんを問いません。また、消防法第10条第3項の規定は、製造所等の関係者、従業員が行う危険物の貯蔵取扱の遵守事項を定めたものですから、通常の場合、関係者および従業員が犯罪の主体となって、違反の責任を負うことを予想したものと思われますが、本罪の保護法益から考え、第三者が製造所等におい

199

第2編　各　　論

て消防法第 10 条第 3 項に違反する行為を行った場合、これを免責しなければならない理由は乏しいように思われます。

3　責任条件

　本罪のほとんどは、意識的に行われる故意犯で、過失で行われた場合は、犯罪を構成しませんが、製造所等における危険物の洩れ、あふれ等の違反（危政令第 24 条第 8 号）については、通常、過失によって行われ、したがって、過失を処罰できなければ規定の存在意義が失われることから、理論上、過失の場合をも処罰できる法意が認められると解されてきました（関連判例・最決昭和 28 年 3 月 5 日　刑集 7 巻 3 号 506 頁、最判昭和 37 年 5 月 4 日刑集 16 巻 5 号 510 頁、東京高判昭和 40 年 1 月 29 日　下級刑集 7 巻 1 号 36 頁）。

　このようなことから、昭和 50 年の消防法の一部改正（昭和 50 年法律第 84 号）により、消防法第 39 条の 3 の規定（危険物の流出等について過失を処罰する旨の明文の規定）が設けられる以前においては、この種過失による危険物の漏れ、あふれ等について数件の告発・有罪の事例がありますが、この規定が設けられたことにより、その反対解釈として、同一法の中で、過失を罰する旨の明文の規定がない場合は、処罰の対象とすることができない法意であるとの解釈が生まれ（検察側）、過失による危険物のもれ、あふれ等については、処罰することが不可能となり、危険物の取締りにかかる行政の実務上、重大な支障をきたしています。

　また、灯油が貯蔵されている固定注油設備の地下タンクに誤ってガソリンを注入し、これを灯油として販売した場合のように、誤って許可品以外の危険物を貯蔵取扱った場合、消防法第 10 条第 3 項（危政令第 24 条第 1 号）違反（法第 43 条第 1 項第 1 号）として処罰することができるかどうかの問題があります。

　これについて、製造所等における許可品名外の危険物の貯蔵取扱いは、通常、意識的（故意）に行われ、過失によって行われるのはむしろ例外であることから、過失を処罰しなければ規定の存在意義が失われることにはなりま

200

せん。したがって、過失による許可品名外の危険物の貯蔵取扱いは犯罪として成立しないことになります。

なお、類似判例によれば過失による不衛生食品（腐敗、有毒、不潔等の食品）の販売行為（食品衛生法第6条違反）について、この種の販売行為は、通常、過失による場合よりもむしろ未必の故意（万一、不衛生食品を販売するようなことがあっても、止むを得ないと認識していること）によって行われる場合が多いことから、過失を処罰する法意が容易に読みとれないとして、過失による犯罪の成立が否定されている（広島高判昭和37年5月31日高判集15巻4号262頁）。

4　本罪の性質

本罪は一般に即時犯ですが、許可品名外または許可数量を超える危険物の貯蔵取扱違反（危政令第24条第1号）などについては、継続犯の性質を有するものと解されます。

また、本罪は、危険物の貯蔵取扱基準に違反すること自体に危険が内在するものとして犯罪の成立が認められるものですから、抽象的危険犯に属します。

5　刑罰

本罪を犯した者は、3月以下の懲役または30万円以下の罰金に処せられますが、情状により懲役刑と罰金刑を併科することができます。

また、本罪が行われた場合には、当該行為者のほか、事業主である法人や人（個人営業の場合）もその監督責任として処罰（罰金30万円以下）の対象となります。

なお、危険物の漏れ、あふれ等により、火災による公共の危険を生じさせた場合は、本罪の適用はなく、消防法第39条の2第1項罰則規定の適用があります。すなわち、本罪（法第43条第1項第1号）は、消防法第39条の2第1項の構成要件の一部を構成するものとして、これに吸収され、同法第39条の2第1項の犯罪のみが成立することになります。

第2編 各 論

4 無資格者による危険物の取扱違反罪（法第42条第1項第7号）

1 保護法益

本罪は、危険物取扱者以外の者の単独による危険物の取扱いを禁止し、危険物の取扱作業に係る災害の防止を図ることを保護法益としています。

2 構成要件

本罪は、「消防法第13条第3項の規定に違反する」こと、すなわち、危険物取扱者以外の者が、製造所等において、甲種危険物取扱者、または乙種危険物取扱者の立会いを受けずに、危険物を取り扱うことによって成立し、危険物の取扱量のいかんを問いません。

本罪の場所的要件は、製造所等となっていますから、製造所等以外の場所における危険物の取扱いの場合には 本罪を構成しません。「立会い」とは、製造所等において、危険物取扱者以外の者の危険物の取扱作業について、これを監視得る範囲内にいればよく、必ずしも危険物取扱者以外の者に付き添っている必要はありません。前述のとおり、本罪の主体は、危険物取扱者以外の者で危険物取扱者の立会いを受けずに危険物を取り扱った者ですが、危険物保安監督者等の指示等によって行われた場合には、事案により両者の共同正犯（刑法第60条）あるいは教唆犯（刑法第61条）などの成立が考えられます。

3 責任条件

本罪は、製造所等において、危険物取扱者以外の者が、故意に危険物取扱者の立ち会いを受けずに危険物を取り扱った場合に成立しますが、立会いを受けていない事実と危険物を取り扱った事実の認識があれば、通常、故意の成立が可能と考えられます。

4 本罪の性質

本罪は、危険物取扱者以外の者が、危険物取扱者の立会いを受けずに危険物を取り扱うこと自体に危険性が内在しているものとしてその取扱いを禁じているものであり、その行為が行われれば、特段の危険事情の存在や発生を

202

第 5 章　危険物の貯蔵取扱いに関する罪

必要とせず、直ちに犯罪が成立するものですから、抽象的危険犯の性質をもつものと解されます。また、本罪は、危険物取扱者の立会いを受けずに危険物を取り扱うことによって成立し、終了するものですから、即時犯に属します。

5　刑罰

本罪の犯した者は、6月以下の懲役また50万円以下の罰金に処せられますが、情状により懲役刑と罰金刑を併科することができます。しかし、本罪には、両罰規定の適用がありませんから、従業員の違反行為について、法人等の事業主の監督責任が認められたとしても、犯罪として処罰することができません。

第2編 各 論

第6章　危険物の運搬・移送に関する罪

1 総　説

　危険物の運搬・移送に関する罪は、①危険物の運搬基準違反罪（法第43条第1項第2号）、②危険物取扱者同乗義務違反罪（法第43条第1項第3号）および③危険物取扱者免状携帯義務違反罪（法第44条第6号）から構成されています。

2 危険物の運搬基準違反罪（法第43条第1項第2号）

1　保護法益
　本罪は、基準に適合した危険物の積載、運搬を行わせることにより危険物の運搬に伴う公共危険の防止を図ることを保護法益としています。

2　構成要件
　本罪は、「消防法第16条の規定に違反した」こと、すなわち、危険物の運搬容器、積載方法および運搬方法に関する政令上の技術基準に従わずに危険物を運搬することによって成立します。

　ところで、危険物の運搬容器については、危険物の規制に関する政令第28条および危険物の規制に関する規則第41条から第43条に規定され、積載方法については、危険物の規制に関する政令第29条および危険物の規制に関する規則第44条から第46条に定められており、また、運搬方法については危険物の規制に関する政令第30条および危険物の規制に関する規則第47条に具体的に定められていますから、結局、これらの規定のいずれかに違反したときに成立することになります。

　本罪の主体については、消防法第16条の規定上、特に限定がありませんから、消防法第16条の規定に違反した者であれば何人といえども犯罪の主

204

体となることができます。このことを消防法第16条の法文を掲げて分かりやすく説明してみましょう。

法第16条の条文構成は、

「危険物の運搬は、その容器、積載方法および運搬方法について政令で定める技術上の基準に従ってこれをしなければならない」

となっていますが、条文中の「これ」とは、「危険物の運搬」を意味し、したがって、「これをしなければならない」とは、「危険物を運搬しなければならない」と同じ意味になります。このように、この条文には、政令で定める一定の技術上の基準に従って危険物を運搬するよう義務づけていますが、誰がその義務を負うのかについては、明確な定めをしていないことになります。このような場合には「何人といえども」その義務を負うというように解釈されるわけです。義務者を限定（特定）する必要があるならば、そのような文言を設けておかなければならないからです。

危険物の「運搬」とは、車両等の輸送機関または人力により運搬容器に収納された危険物を一の場所から他の場所に移動させることをいいます。その危険物の量のいかんを問いません。

なお、危険物の「運搬」と「貯蔵」とは、全く性質の異なった別異の概念というわけではなく、容器に収納（貯蔵）された危険物を一の場所から他の場所に移動させる限りにおいて、この収納（貯蔵）状態の連続行為を、法規制技術上、「運搬」と呼んでいるにすぎません。危険物に係る行為には、基本的に「貯蔵」と「取扱」しかなく、「運搬」や「移送」（移送取扱所における「移送」を除く。）の概念は、「貯蔵」の一変形として、貯蔵状態の一場面における規制上の呼称にすぎないのです。したがって、たとえば、灯油を収納したドラム缶6本を車両で運ぶ過程においては、消防法第16条の規制上、運搬行為と呼称されますが、これをある場所に荷下ろしして置いている場合は、ドラム缶による灯油の貯蔵となり、その場所が製造所等以外の場所であれば、灯油の無許可貯蔵として同法第10条第1項の規制を受け、また屋外貯蔵所であれば、同法第10条第3項の貯蔵基準に従って貯蔵するよう義務

第2編 各　　論

づけられる理屈になるわけです。

3　責任条件

　本罪は、原則として、故意犯ですが、本罪のうち、運搬容器を落下、転倒しないよう積載することを義務づけたり、当該容器の包装を破損しないように積載することを義務づけた積載基準（法第29条第4号関係）、危険物を収納した運搬容器が著しく摩擦や動揺しないよう運搬することを義務づけた運搬基準（危政令第30条第1号関係）に違反した場合など、いずれも注意義務規定違反であり、これらの違反は、通常、不注意（過失）によって行われるものですから、その事柄の性質上過失犯と解されます。

4　本罪の性質

　本罪は、「消防法第16条の規定（危政令第28条から第30条等）に違反すること自体に危険性が内在しているものとして評価され、具体的な危険状態の発生を犯罪成立の要件としていませんから、抽象的危険犯の性質をもつものと解されます。

　また、本罪は、主として、即時犯に属しますが、容器違反（危政令第28条関係）、標識掲出義務違反（危政令第30条第2号関係）、消火設備付義務違反（危政令第30条第4号関係）などは、継続犯の性質をもつものと解されます。

5　刑罰

　本罪を犯した者は、3月以下の懲役または30万円以下の罰金に処せられますが、情状により懲役刑と罰金刑を併科することができます。

　なお、本罪が行われる場合は、当該行為者のほか、事業主である法人または人（個人営業の場合）もその監督責任として処罰（罰金30万円以下）の対象となります（法第45条第3号）。

第6章　危険物の運搬・移送に関する罪

3 危険物取扱者同乗義務違反罪（法第43条第1項第3号）

1　保護法益

本罪は、移動タンク貯蔵所により危険物を移送する場合に、当該危険物を取り扱うことができる危険物取扱者を乗車させることによって移送の安全と有事の際における適切な対応の確保を図ることを保護法益としています。

2　構成要件

本罪は、「消防法第16条の2第1項の規定に違反した」こと、すなわち、移動タンク貯蔵所によって危険物を移送する場合、当該危険物を取り扱うことができる危険物取扱者を乗車させないで危険物を移送したことによって成立します。

ここにいう危険物の「移送」とは、移動タンク貯蔵所により、移動貯蔵タンクに貯蔵された危険物を一の場所から他の場所に移動させることです。すなわち、危険物の「移送」とは、移動タンク貯蔵所の移動貯蔵タンクによる貯蔵状態の場所的移動あるいは貯蔵状態の連続行為であって、その本質は貯蔵です。ただ、危険物の移送は、貯蔵の特殊な形態であるので、規制技術上、このような概念を創設し、移送の範囲内のものについては、貯蔵基準（法第10条第3項）のほか、さらに移送にかかる固有の規制（法第16条の2・第2項、危政令第30条の3）が付加されているわけです。

「移送」には、危険物の量のいかんを問いませんが、タンクに危険物が貯蔵されていない場合は、移送といえません。

本罪の主体は、移動タンク貯蔵所による危険物の移送にあたって、当該移動タンク貯蔵所に危険物取扱者を乗車させなければならない義務のある者です。「危険物取扱者を乗車させなければならない義務のある者」とは、移動タンク貯蔵所の所有者、管理者、占有者等で移送に関し責任を有する者とされています（『逐条解説消防法』396頁）。ここで、危険物の移送について責任のある者には、原則として、危険物の移動を命じたり指示した関係者または運行責任者が含まれます。ただし、移動タンク貯蔵所の運転者が関係者等

207

と係わりなしに自らの意思で危険物取扱者を乗車させないで危険物を移送した場合は、その限りにおいて、移送について責任のある者の立場（地位）に立ちます。しかし、このようなケースは、実際上、稀有のことで、通常は、移送を指示、命令する関係者、運行責任者が、犯罪の主体となりましょう。なお、違法であることを知りながら、関係者、危険物保安監督者等（以下「関係者等」という。）の指示などにより危険物取扱者を乗車させずに危険物を移送した運転者は、関係者等との共犯として処罰の対象となります。

　また、免状を忘失中の危険物取扱者が乗車している場合は、本罪を構成しないものと解されます。免状を忘失したからといって危険物取扱者の資格を喪失することにはならないからです。ただ、この場合、次に述べる免状携帯義務違反（法第16条の2第3項）として処罰の対象となります（法第44条第3号）。

3　責任要件

　本罪は、故意犯ですから、過失によって行われた場合は犯罪が成立しませんが、関係者または運行責任者において、運転手が危険物取扱者でないことを知りながら、その者をして危険物を移送させた事実、あるいは運転手自らの意思で危険物取扱者が乗車していない移動タンク貯蔵所により危険物を移送した事実が認められるときは 故意の成立が認められますから、過失による危険物の移送として処罰を免れるケースは極めて稀有のことと思われます。

4　本罪の性質

　本罪は、危険物取扱者を乗車させずに危険物を移送すること自体に危険性が内在するものとして犯罪の成立を認めているものですから、抽象的危険犯に属するものと解されます。

　また、危険物取扱者の無乗車状態が続いている限り犯罪の終了がありませんから、継続犯の性質をもつものと解されます。

5　刑罰

　本罪を犯した者は、3月以下の懲役または30万円以下の罰金に処せられますが、情状により懲役刑と罰金刑を併科することができます。

第6章　危険物の運搬・移送に関する罪

なお、本罪が行われた場合には、当該行為者のほか、事業主である法人または人（個人営業の場合）もその監督責任として処罰（罰金30万円以下）の対象となります（法第45条第3号）。

4 危険物取扱者免状携帯義務違反罪（法第44条第6号）

1 保護法益

本罪は、危険物の移送にあたって、危険物取扱者に免状の携帯義務を課すことにより、資格の有無を行政的にチェックする必要が生じた場合、これを可能にすることを保護法益としています。そして、この行政チェックの実効を図るための措置として、消防吏員等による移動タンク貯蔵所の停止権および免状提示要求権があります（法第16条の5第2項前段）。

2 構成要件

本罪は、「消防法第16条の2第3項の規定に違反した」こと、すなわち、危険物取扱者が、移動タンク貯蔵所に乗車している場合に、危険物取扱者免状を携帯していなかったことにより成立します。「携帯」とは、直接所持していなくともよいが、直ちにこれを提示することが可能な程度に免状をその占有下においていることをいいます（関連判例・最判昭和33年10月3日刑集12巻14号3199頁）。

3 責任条件

本罪は、通常、うっかりして忘れてしまったことにより行われるいわゆる忘却犯ですから、過失による場合に処罰できないとすると携帯義務違反として罰則を設けた意味が失われることになりますから、その事柄の性質上、過失の場合も処罰できるものと解されます（関連判例・最決昭和28年3月5日刑集7巻3号506頁）。

4 本罪の性質

本罪は、消防機関による行政チェックの必要上、移動タンク貯蔵所に乗車する危険物取扱者に対し免状の携帯義務を課したものにすぎず、当該義務違

209

第2編　各　　論

反自体に危険性が内在しているわけではありませんから、形式犯の性質を有するものと解されます。また、免状不携帯の状態が続行される限り犯罪の終了がない点において継続犯に属します。

5　刑罰

本罪を犯した者は、30万円以下の罰金または拘留に処せられます。

第7章　公務執行拒否等に関する罪

1 総　説

　消防法令上の公務執行拒否等の罪は、①立入検査拒否等の罪（法第44条第2号）、②保安検査拒否等の罪（法第44条第4号）、③消防用設備等の設置検査拒否等の罪（法第44条第4号）、④走行中の移動タンク貯蔵所に対する停止措置拒否等の罪（法第44条第7号）、⑤消防の用に供する機械器具等に係る販売業者等の報告義務違反・検査拒否等の罪（第44条第16号）および⑥火災による被害状況調査拒否罪（第44条第22号）から構成されています。

2 立入検査拒否等の罪（法第44条第2号）

1 保護法益

　本罪は、消防法第4条第1項に基づく立入検査拒否等の罪、同法第16条の5第1項に基づく立入検査拒否等の罪および同法第34条に基づく立入検査拒否等の罪に分けられますが、いずれも立入検査の実効性の確保を保護法益としています。

2 構成要件

　本罪は、「違法に、あるいは故なく消防法第4条、同法第16条の5第1項または同法第34条の規定による立入り、検査または収去を拒み、妨げもしくは忌避した」ことによって成立します。「違法に」については、明文の規定がありませんが、適法な公務の執行に対し、違法な拒否等があった場合にはじめて犯罪性が認められるものですから、拒否等に正当な理由が認められる場合であってもこれを犯罪としなければならない理由がありません。したがって、このことは、理論上当然のこととして理解されるわけです。

211

第2編 各 論

「違法に」とは、正当な理由がなくの意味ですが、正当な理由の有無については、社会通念上の観点から考えるべきものです。たとえば、関係者が理由を示さずに無下に立入検査を拒否するような場合、消防法令等の違反や火災危険がないことを理由に立入検査を拒否するような場合あるいはプライバシーをたてに立入検査を拒否するような場合などは、正当な理由が認められない場合の一例と考えられます。ただ、平常時の個人の住居に対する立入検査については、関係者の承諾を受けることを絶対の要件としていますから、拒否等の理由が何であろうと正当性が認められ、違法とはなりません。しかし、緊急時における個人の住居への立入検査は、関係者の承諾を必要としませんから（法第4条第1項ただし書）、前に例示した正当な理由のないケースに該当する場合には違法性が認められることになります。

なお、参考までに、立入検査拒否等に関し正当な理由が認められる場合としては、次のような例が考えられます。

① 関係者から、証票の提示を求められたが、証票の不携帯により証票を提示できなかったことを理由に立入検査を拒否された場合

② 営業時間中であることを理由に立入り検査を拒否された場合

③ 事前連絡を怠ったことを理由に立入りを拒否された場合

④ 「今日は……の理由で都合が悪いので、○日後にお願いしたい」というように拒否の理由を明示して後日の立入検査を要望するような場合

「拒み」とは、積極的な態度による拒絶をいい「妨げ」とは、暴行に至らない程度の有形力（物理的な力）の行使、たとえば、消防職員の肩に手を触れた形で立入りを妨害するような場合をいい、「忌避」とは、消極的な手段による拒絶、たとえば、居留守を使うような場合がこれにあたります。いずれにしても、これらの行為によって現実に公務が阻害されたか否かを問いません。

立入検査の拒否等の罪のうち、拒否や忌避は、防火対象物等の管理権を有する関係者およびその代理者のみが行うことができますが、妨害については、その性質上誰しもが行うことができるもので、身分犯ではありません。（関

212

連判例・最判昭和 45 年 12 月 18 日刑集 24 巻 13 号 1773 頁)。

3 責任条件

本罪は、故意犯ですが、本罪を構成する拒み、妨げおよび忌避の行為は、すべてその日的意思をもって行われるものですから、常に故意犯として成立するものと考えられます。

4 本罪の性質

本罪の性質については、感覚的には侵害犯に属するものと考えられがちですが、立入検査の拒否等により消防上必要な実態の把握ができず、行政上支障をきたす危険が内在することをもって犯罪の成立が認められており、現実に公務が阻害されたか否かは犯罪の成否に関係がないことおよび刑罰とのバランスの面から考えると抽象的危険犯に属するものと解されます。

また、本罪は、拒否等の行為によって犯罪が成立し、同時に終了するものですから、即時犯の性質をもつものと解されます。

5 本罪と公務執行妨害罪（刑法第 95 条）との関係

消防職員の立入検査を妨げた場合は、本罪の成立がありますが、暴行をもってこれを妨害した場合には、法条競合により刑法第 95 条の公務執行妨害罪のみが成立します。

本罪は、公務執行妨害罪に至らない程度の行為を禁ずる趣旨のものであり、公務執行妨害罪に対し補充的規定の性格を有するものですから、基本規定である公務執行妨害罪が成立するときは、補充規定である立入検査拒否等の罪の成立する余地がありません（前掲最判判決）。

なお、消防法第 4 条第 1 項、第 16 条の 5 第 1 項および第 34 条第 1 項に基づく立入検査は、相手方の拒否に対して強行できる機能をもっていません。したがって、このような場合に立入りを強行した場合は権限を逸脱した違法な行為とされ、相手方から暴行あるいは暴行に至らない妨害をされても、公務執行妨害罪あるいは立入検査拒否等の罪の成立はありません。

6 刑罰

本罪を犯した者は 30 万円以下の罰金または拘留に処せられます。

第 2 編 各 論

3 消防用設備等の設置検査拒否等の罪（法第 44 条第 4 号）

1 保護法益

本罪は、消防用設備等が技術上の基準に従って適法に設置されているか否かを確認し、設置の段階における有効な機能の確保を図ることを保護法益としています。

2 構成要件

本罪は、「消防法第 17 条の 3 の 2 の規定による検査を拒み、妨げまたは忌避した」こと、すなわち、法第 17 条第 1 項の防火対象物のうち、特定防火対象物その他政令（政令第 35 条第 1 項）で定めるものの関係者が、設備等技術基準に従って消防用設備等を設置した場合に、消防長または消防署長の検査を拒み、妨げまたは忌避したことによって成立します。「拒み、妨げまたは忌避」の意義については、立入検査拒否等の罪（本章・**2**）の場合と同様です。

3 責任条件等

本罪の責任条件、性質および刑罰についても前**2**の立入検査拒否等の罪の場合と同様です。

---

4 走行中の移動タンク貯蔵所に対する停止措置拒否等の罪（法第 44 条第 7 号）

1 保護法益

本罪は、走行中の移動タンク貯蔵所に対する火災防止のための検査と危険物取扱者の確認の実効を図ることを保護法益としています。

2 構成要件

本罪は、「走行中の移動タンク貯蔵所の運転者または危険物取扱者が、消防吏員または警察官の停止措置に従わないことまたは危険物取扱者免状の提示の要求を拒んだ」ことによって成立します。

214

第7章　公務執行拒否等に関する罪

　本罪の主体は、通常、移動タンク貯蔵所の運転者です。すなわち、運転者が、自分の意志で、消防吏員等の停止措置に従わなかった場合は、運転者の単独犯ですが、同乗の危険物取扱者等の指示等により停止しなかった場合は、当該同乗者と運転者の共犯の成立が考えられます。

　なお、同乗の危険物取扱者が免状を携帯しなかったため、提示の要求に応じられなかった場合には本罪の成立はなく、危険物取扱者免状携帯義務違反罪（法第44条第6号）のみが成立します。

3　責任条件

　本罪は、消防吏員等から移動タンク貯蔵所の停止を求められ、また、免状の提示を求められながら、あえて（意識的に）これに従わないことによって成立するものですから故意犯の性質をもつものと解されます。

4　本罪の性質

　本罪は、立入検査拒否等の罪（本章・**2**）と同様の理由により抽象的危険犯に属するものと解されます。また、本罪は、停止措置に従わなかったり、免状の提示要求を拒んだときに成立し、終了するものですから、即時犯の性質をもつものと解されます。

5　刑罰

　本罪を犯した者は、30万円以下の罰金または拘留に処せられます。

5　保安検査拒否等の罪（法第44条第4号）

1　保護法益

　本罪の保護法益は、一定の製造所等の完成検査後において、保安検査の実施を義務づけることにより、その維持管理上の保安の確保を図ることにあります。

2　構成要件

　本罪は、「消防法第14条の3第1項の規定による検査を拒み、妨げまたは忌避した」ことによって成立します。「消防法第14条の3第1項の規定

215

による検査」とは、政令で定める屋外タンク貯蔵所または移送取扱所について、政令で定める時期ごとに当該施設に係る構造および設備に関する事項で政令で定めるものに対して市町村長等が行う保安に関する検査をいいます。「政令で定める屋外タンク貯蔵所または移送取扱所」とは、特定屋外タンク貯蔵所で、その貯蔵し、もしくは取り扱う液体の危険物の最大数量が1万キロリットル以上のもの、または特定移送取扱所（危険物を移送するための配管の延長が15キロメートルを超える移送取扱所および危険物を移送するための配管に係る最大常用圧力が9.5重量キログラム毎平方センチメートル以上であって、かつ、危険物を移送するための配管の延長が7キロメートル以上15キロメートル以下の移送取扱所）をいいます（危政令第8条第4第1項）。「政令で定める時期」とは、特定屋外タンク貯蔵所については、完成検査を受けた日または直近において行われた保安検査を受けた日の翌日から起算して8年（危則第62条の2の2で定める保安のための措置を講じている特定屋外タンク貯蔵所にあっては、当該措置に応じ、危則第62条の2の3で定めるところにより市町村等が定める10年または13年のいずれかの期間）を経過する日前1年目に当たる日から、当該経過する日の翌日から起算して1年を経過するまでの間とされています（危政令第8条の4第2項）。「構造または設備に関する事項で政令で定めるもの」とは、特定屋外タンク貯蔵所については、液体危険物タンクの底部の板の厚さに関する事項および同タンクの溶接部に関する事項を指し、特定移送取扱所については、その構造および設備に関する事項を指します（危政令第8条の4第3項）。

「拒み」とは、積極的な態度による拒絶をいい、「妨げ」とは、暴行に至らない程度の有形力（物理的な力）による妨害（たとえば、消防職員の肩に手を触れた形で立入りを妨害するような場合）をいい、「忌避」とは、消極的な手段による拒絶、たとえば、居留守を使うような場合がこれにあたります。

3 責任条件

拒み、妨げまたは忌避という本罪の違反行為は、その性質上、故意を徴表するものですから、常に故意が認められます。

第7章　公務執行拒否等に関する罪

4　本罪の性質

本罪は、検査の拒否等によって検査が行い得ないこと自体に保安上の危険性が内在するものとして捉えることができますから、抽象的危険犯の性質をもつものと解されます。

また、本罪は検査の拒否等があったときに成立し、終了するものですから即時犯に属します。

5　刑罰

本罪を犯した者は、30万円以下の罰金または拘留に処せられます。

6　消防の用に供する機械器具等の販売業者等の報告義務違反・検査拒否等の罪（法第44条第16号）

1　保護法益

本罪は、消防の用に供する機械器具等の販売業者等の業務報告ならびに立入検査の受忍の徹底等行政監督の実効を図ることを保護法益としています。

2　構成要件

本罪は、「消防の用に供する機械器具等の販売業者等が、消防法第21条の13・第1項または第21条の16の6・第1項の規定による報告を求められて報告をせず、もしくは虚偽の報告をし、またはこれらの規定による立入もしくは検査を拒み、妨げ、もしくは忌避した」ことによって成立します。

本罪の主体は、販売業者等ですが、「販売業者等」とは、消防の用に供する機械器具等の販売を業とする者または消防の用に供する機械器具もしくは設備の設置、変更もしくは修理の請負に係る工事を業とする者をいいます。報告の懈怠については、報告期限の経過によって成立します。「拒み」、「妨げ」、「忌避」の意義については、本章、**2**、2の項を参照してください。

3　責任条件

本罪のうち、報告の懈怠については過失犯ですが、その他の虚偽報告、立入検査の拒否等については故意犯です。

217

第 2 編　各　　論

4　本罪の性質

本罪は、抽象的危険犯および即時犯の性質をもっています。

5　刑罰

本罪を犯した者は、30 万円以下の罰金または拘留に処せられます。

7　火災による被害状況調査拒否罪（法第 44 条第 22 号）

1　保護法益

本罪は、火災による損害調査の実効を図ることを保護法益としています。

2　構成要件

本罪は、「消防法 33 条の規定に基づき、消防長または消防署長および関係保険会社の認めた代理者による火災後の被害状況の調査を拒んだ」ことによって成立します。「関係保険会社」とは、当該火災によって生じた損害を填補する責任のある保険会社を指します。「被害状況」とは、火災によって直接損害を受けた財産だけでなく、消火や避難活動によって受けた財産の損害状況をも含みます。

3　責任条件等

本罪は、故意犯で、抽象的危険犯および即時犯の性質をもっています。

4　刑罰

本罪を犯した者は、30 万円以下の罰金または拘留に処せられます。

218

第8章　命令違反罪

1 総　説

　消防法上の命令違反罪には、①屋外における火災予防等措置命令違反罪（法第3条第1項、法第44条第1号）、②防火対象物に係る資料提出命令・報告徴収違反罪（法第4条第1項、法第44条第2号）、③防火対象物に対する火災予防措置命令違反罪（第5条第1項、法第39条の3の2）、④防火管理者選任命令違反罪（法第8条第3項、法第42条第1項第1号）、⑤防火管理業務適正執行命令違反罪（法第8条第4項、法第41条第1項第2号）、⑥製造所等の使用停止命令違反罪（法第12条の2、法第42条第1項第4号）、⑦製造所等の緊急使用停止命令等違反罪（法第12条の3第1項、法第42条第1項第5号）、⑧危険物取扱者免状返納命令違反罪（法第13条の2第5項、法第44条第9号）、⑨予防規程変更命令違反罪（法第14条の2第3項、法第42条第1項第8号）、⑩製造所等に対する応急措置命令違反罪（法第16条の3第3項・第4項、法第42条第1項第9号）、⑪製造所等に係る資料提出命令・報告徴収違反罪（法第16条の5第1項、法第44条第2号）、⑫消防用設備等の設置・維持命令違反罪（法第17条の4、法第41条第1項第5号、法第44条第12号）、⑬消防設備士免状返納命令違反罪（法第17条の7第2項、法第44条第9号）、⑭火災警戒区域における火気使用の禁止・退去命令等違反罪（法第23条の2第1項、第44条第19号）、⑮消防警戒区域からの退去命令等違反罪（法第28条第1項、第44条第21号）があります。

　これらの命令違反罪は、所定の履行期限内に命令事項を履行しなかったときに成立し、終了するものですが、命令違反罪が成立するための共通的事項としては、当然に命令そのものが有効、適法なものであることが要求されます。

第 2 編 各　論

　命令が有効、適法であるための主な要件としては、次のような事項があげられます。

① 　受命者（名宛人）の特定に間違いのないこと（受命者適格）

② 　命令要件の認定に誤りがないこと

③ 　命令内容が明確であること

④ 　命令規定に 2 以上の措置が選択的に定められている場合（法第 5 条第 1 項命令の場合など）、その選択を誤らないこと（警察比例の原則適合性）

⑤ 　履行期限が妥当であること（客観的に履行に可能であること）

⑥ 　命令の事前手続（弁明、聴聞手続など）が履践されていること

　なお、共同防火管理協議事項作成命令違反（法第 8 条の 2 第 3 項）、危険物の貯蔵取扱基準適合命令違反（法第 11 条の 5 第 1 項・2 項）、製造所等の位置、構造、設備基準適合命令違反（法第 12 条第 2 項）および無許可危険物に対する災害防止措置命令違反（法第 16 条の 6 第 1 項）には直接罰則の担保がありませんから、命令違反自体は犯罪となりません。しかし、危険物の貯蔵取扱基準適合命令違反および製造所等の位置、構造、設備の基準適合命令違反については、製造所等の使用停止命令（法第 12 条の 2 第 1 項）によって補完され、当該命令に違反した場合に犯罪となります。また、無許可危険物に対する災害防止措置命令については、命令の前提となる違反事実（法第 10 条第 1 項違反）自体が犯罪となります。

2　屋外における火災予防等措置命令違反罪（法第 3 条第 1 項、法第 44 条第 1 号）

1　保護法益

　本罪は、命令により屋外における火災予防上危険な行為や物件あるいは消防活動上支障となる物件の排除を図ることを保護法益としています。

2　構成要件

　本罪は、「消防法第 3 条第 1 項の規定による命令に従わなかった」こと、

すなわち、消防長（消防本部を置かない市町村においては市町村長。以下同じ）、消防署長またはその他の消防吏員から消防法第3条第1項の命令を受けた受命者が、履行期限内に命令事項を履行しなかったことによって成立します。命令には、文書による場合と口頭による場合とがありますが、口頭による命令の場合は、命令に違反したことの立証が困難です。したがって、急を要する場合で、やむを得ずに口頭の命令を発した場合は、後刻文書命令によって補完しておくのが通常の方法です。この方法は、他のすべての命令に共通する事項です。

3 責任条件

本罪は、故意犯ですが、命令を受領し、その内容を知っていながら、あえて命令事項を履行しなかったことによって成立するものですから、常に故意の成立が認められるものと解されます。

4 本罪の性質

本罪は、命令に違反した事実があれば、そのこと自体に公益を侵害する危険があるものとして犯罪の成立が認められているものですから、抽象的危険犯に属するもの解されます。また、所定の履行期限内に命令事項が履行されなかった場合は、命令違反として犯罪が成立、終了し、処罰の対象となりますが、命令違反の場合、その成立後も命令事項が履行されていないという状態、つまり法益侵害の状態は依然として存続することになります。しかし、命令違反成立後に存続するこのような違反状態については、すでに成立している命令違反に対し、刑罰が科せられることによって、評価尽されていますから、不可罰的な事後行為となります。したがって本罪は状態犯の性質を持つものと解されます。

なお、状態犯の性質を持つことについては、すべての命令違反に共通するものです。

本罪は、履行期限の経過によって命令違反が成立し、終了してから3年以上徒過すれば公訴の時効が完成し、処罰することができません（刑訴法第250条、第253条）。そして、このことは、他の命令違反についても妥当し

第2編 各 論

ます。

5 刑罰

本罪を犯した者は、30万円以下の罰金または拘留に処せられます。

3 防火対象物に係る資料提出命令・報告徴収違反罪 （法第4条第1項、法第44条第2号）

1 保護法益

本罪は、火災予防上必要な資料の提出や知っておきたい事項の把握について、その実効を図ることを保護法益としています。

2 構成要件

本罪は、「消防法第4条第1項の規定による資料の提出または報告を求められて、資料を提出せず、もしくは虚偽の資料を提出し、または報告をせずもしくは虚偽の報告をした」こと、すなわち、消防長または消防署長から消防法第41条第1項に基づく資料提出命令または報告徴収を受けた受命者が所定の履行期限内に一定の資料を提出しなかった場合、一定の資料を提出しても当該資料が虚偽のものであった場合のほか、所定の履行期限内に要求された事項を報告しなかった場合、あるいは一定の報告があっても当該報告の内容が虚偽のものであった場合に成立します。「虚偽」とは、意識的に事実と異なる資料の提出や事実と異なる内容の報告を行うことをいいます。

3 責任条件等

本罪が故意犯であること、抽象的危険犯、状態犯の性質をもつことについては、前 **2** の命令違反罪の場合と同様です。

4 本罪を犯した者は、30万以下の罰金または拘留に処せられます。

222

第 8 章　命令違反罪

4　防火対象物に対する火災予防措置命令違反罪 （法第 5 条第 1 項、法第 39 条の 3 の 2 第 1 項）

1　保護法益

本罪は防火対象物に内在する出火・拡大危険、消火活動上の障害または火災が発生した場合における人命危険排除の実効を図ることを保護法益としています。

2　構成要件

本罪は「消防法第 5 条第 1 項の規定による命令に違反した」こと、すなわち、消防長または消防署長から消防法第 5 条第 1 項の命令を受けた受命者が、所定の履行期限内に命令事項を履行しなかったことによって成立します。

3　責任条件

本罪は、故意犯であり、故意の立証が容易であることは前 **2** の命令違反罪の場合と同様です。

4　本罪の性質

本罪も前 **2** の命令の場合と同様、命令に違反した事実があれば、そのこと自体に公益侵害の危険があるものとして犯罪の成立が認められますから抽象的危険犯に属します。消防法第 5 条第 1 項の命令を発動する場合には、防火対象物に具体的な火災発生危険、火災拡大危険あるいは火災が発生した場合における具体的な人命危険等の存在を必要としますが、これは、あくまでも命令を発動する場合の要件であり、命令権者がこの要件に該当するものとして発した命令である以上、その履行期限内に命令事項が履行されなければ、その際にあらためて危険性を立証することなく犯罪が成立するのです。構成要件が、「消防法第 5 条第 1 項の規定による命令に違反した」となっており、このほかに特段の要件が付加されていないのは、このことを意味しています。消防法第 5 条第 1 項命令の発動要件と第 5 条第 1 項命令違反の成立要件（構成要件）とは異なるものであることを理解しておくべきでしょう。

223

第2編 各 論

また、本罪が状態犯の性質をもつものであることは前**2**の命令違反の場合と同様です。

5 刑罰

本罪を犯した者は、2年以下の懲役または200万円以下の罰金に処せられますが、情状により懲役刑と罰金刑を併科することができます。なお本罪については、当該命令違反者のほか、事業主である法人や人（個人営業の場合）も、その監督責任として、処罰（1億円以下の罰金）の対象となります。（法第45条第1号）。

また、罰則の担保のある火災予防条例に違反している事実について火災予防上危険であるとして消防法第5条の改修命令を発動し、当該命令違反があった場合は、本罪と火災予防条例違反罪との併合罪として処断されることになります（刑法第45条、第47条）。

---

5 防火管理者選任命令違反罪 （法第8条第3項、第42条第1項第1号）

1 保護法益

本罪は、防火管理者選任義務の励行の確保を図ることを保護法益としています。

2 構成要件

本罪は、「消防法第8条第3項の規定による命令に違反して防火管理者を定めなかった」こと、すなわち、消防法第8条第3項の規定に基づき消防長または消防署長（消防本部を置かない市町村においては市町村長。）から防火管理者を選任すべき旨の命令を受けた受命者が、所定の履行期限内に資格を有する者（政令第3条）から防火管理者を選任しなかったことによって成立します。

「防火管理者」とは、防火に関する講習会の課程を修了した者等一定の資格を有し、かつ、防火対象物において、防火上必要な業務を適切に遂行でき

第 8 章　命令違反罪

る地位を有する者で（選任要件）、管理権原者から防火上の管理を行う者として選任された者をいいます。したがって、管理権原者が、防火管理者の選任要件を欠く者を防火管理者として選任しても、法的には選任したことにはならないと解されます。一方、管理権原者が選任要件に該当する者から防火管理者を選任した場合、当該選任行為は有効に成立し、法的には、その選任方式のいかんを問いません。つまり、口頭による選任であろうと辞令の交付による選任であろうと法的にはさしつかえないわけです。また、防火管理者の選任行為の成立には、選任届の有無には関係がありません。消防法第 8条第 2 項に基づく防火管理者の選任届の提出は、消防機関が防火管理者の選任状況の実態を把握し、当該防火管理者に対し必要な措置をとり得るよう課されたものであって、防火管理者の選任が有効に成立するための手続要件ではないからです。

3　責任条件等

本罪が故意犯であり、状態犯の性質をもつことは前 **2** の命令違反罪の場合と同様です。

また本罪は、選任命令違反の事実があれば、防火管理上支障をきたすおそれがあるとして成立するものですから、抽象的危険犯に属します。

4　刑罰

本罪を犯した者は、6 月以下の懲役または、50 万円以下の罰金に処せられますが、情状により懲役刑と罰金刑を併科することができます。

なお、本罪が行われた場合は、当該行為者のほか、事業主である法人または人（個人営業の場合）もその監督責任として処罰（罰金 50 万円以下）の対象となります（法第 45 条第 3 号）。

※　防災管理者選任命令違反罪については、本罪に準じて処理されます。

　このほか、防災管理者選・解任届出義務違反罪や防災対象物点検報告義務違反罪等についても、防火管理者や防火対象物の場合に準じて処理されます。

第 2 編 各 論

6 防火管理業務適正執行命令違反罪 （法第 8 条第 4 項、法第 41 条第 1 項第 2 号）

1 保護法益

本罪は、適正な防火管理業務遂行の実効を図ることを保護法益としています。

2 構成要件

本罪は、「消防法第 8 条第 4 項の規定による命令に違反した」こと、すなわち、「消防長または消防署長から消防法第 8 条第 4 項の命令を受けた受命者が、所定の履行期限内に命令事項を履行しなかったこと」によって成立します。本件命令の代表的なものとしては、消防計画の作成命令、消防計画の変更命令、避難訓練の実施命令などがあげられます。

なお、本命令は、防火管理者が、消防計画の作成や避難訓練の実施など防火管理上必要な業務として、法令の規定（政令第 4 条第 3 項、規則第 3 条）や消防計画に定められている事項が履行されていない場合（命令の要件）に、当該行為を法令の規定や消防計画に従って行うべきことを命ずることができる（措置の範囲）作為命令です。

したがって、本命令によって、法令の規定に定められていない「防火管理者の解任」について命ずることは、明らかに措置の範囲を逸脱する違法な命令となります。

3 責任条件等

本罪が故意犯であること、抽象的危険および状態犯の性質をもつものであることについては、前 **2** の命令違反罪の場合と同様です。

4 刑罰

本罪を犯した者は、1 年以下の懲役また 100 万円以下の罰金に処せられますが、情状により懲役刑と罰金刑を併科することができます。

なお、本罪が行われた場合は、当該行為者のほか、事業主である法人または人（個人営業の場合）もその監督責任として処罰（罰金 1,000 万円以下）

226

第 8 章　命令違反罪

の対象となります（法第 45 条第 3 号）。

7　製造所等の使用停止命令違反罪（法第 12 条の 2、法第 42 条第 1 項第 4 号）

1　保護法益

本罪は、製造所等の使用停止による危険状態の排除と法令の履行の確保を図ることを保護法益としています。

2　構成要件

本罪は、「法第 12 条の 2 の規定による命令に違反した」こと、すなわち、法第 12 条の 2 の使用停止命令により一定期間の使用の停止を命じられながら、当該期間中に製造所等を使用したことによって成立します。ここにいう「使用の停止」とは、製造所等としての用法に従い、危険物を貯蔵し、または取り扱うことを停止することをいい、直接施設そのものの使用の停止あるいは営業の停止を意味しません。したがって、当該製造所等としての危険物の貯蔵や取扱いに係わりのない業務を行うために使用することは何らさしつかえないわけです。「停止」とは、一定時点から一定時点までの間、限定的にその使用をさしとめることをいいます。

3　責任条件等

本罪が故意犯であり、その立証が容易であること、また、抽象的危険犯で状態犯の性質を有するものであることは、前 **2** の命令違反罪の場合と同様です。

4　刑罰

本罪を犯した者は、6 月以下の懲役または 50 万円以下の罰金に処せられますが、情状により懲役刑と罰金刑を併科することができます。

なお、本罪が行われた場合は、当該行為者のほか、事業主である法人または人（個人営業の場合）もその監督責任として処罰（罰金 50 万円以下）の対象となります（法第 45 条第 3 号）。

227

第2編 各 論

8 製造所等に対する緊急使用停止等命令違反罪
（法第 12 条の 3 第 1 項、法第 42 条第 1 項第 5 号）

1 保護法益

本罪は、使用停止命令等により緊急時における公共危険の排除と法令の履行の確保を図ることを保護法益としています。

2 構成要件

本罪は「消防法第 12 条の 3 第 1 項の規定による命令または処分に違反した」こと、すなわち、法第 12 条の 3 第 1 項に基づく緊急使用停止命令または使用制限命令により一時的な使用の停止や一定の使用の制限を受けながら、これに従わなかったことによって成立します。「一時的」あるいは「一時」とは、緊急的な危険が排除されるまでの意と解されます。「停止」とは、前 **7** の命令違反罪の場合と同様です。「制限」とは、製造所等の使用そのものをさしとめることではなく、使用の方法に一定の制約を加えることを意味します。

3 責任条件等

本罪の責任条件および性質については、前 **2** の命令違反罪の場合と同様、故意犯であり、抽象的危険犯・状態犯の性質を有します。

4 刑罰

本罪を犯した者は、6 月以下の懲役また 50 万円以下の罰金に処せられますが、情状により懲役刑と罰金刑を併科することができます。

なお、本罪が行われた場合は、当該行為者のほか、事業主である法人または人（個人営業の場合）もその監督責任として処罰（罰金 50 万円以下）の対象となります（法第 45 条第 3 号）。

228

第 8 章　命令違反罪

9 危険物取扱者免状返納命令違反罪 （法第 13 条の 2 第 5 項、法第 44 条第 9 号）

1　保護法益

　本罪は、免状返納命令によって無効となった免状の返納の励行と当該免状の悪用、誤信の防止を図ることを保護法益としています。

2　構成要件

　本罪は、「消防法第 13 条の 2 第 5 項の規定による命令に違反した」こと、すなわち、危険物取扱者が消防法または同法に基づく命令（消防法の委任を受けた政・省令）の規定に違反したことにより都道府県知事から危険物取扱者免状の返納命令を受けながら当該免状を返納しなかったことによって成立します。返納命令の対象となる違反の内容や範囲については、特段の限定がありませんが、都道府県知事の裁量により現実に命令を発する場合は、危険物関連規定に違反した場合に限定されましょうから、実質上は、消防法のうち、危険物に関連する規定または危険物の規制に関する政令・規則のうち、消防法の委任を受けた規定（たとえば、危政令第 24 条〜第 30 条の 2、危則第 41 条、第 47 条、第 48 条、第 39 条の 2 など多数）に違反した場合に限定されましょう。なお、市町村の「火災予防条例」には、消防法の委任を受けて設けられた規定（たとえば、火災予防条例第 3 条など）がありますが、条例は命令に含まれません。

　したがって、消防法の委任を受けていない危険物の規制に関する政令第 31 条や消防法の委任による条例の規定に違反してもそれのみでは免状返納命令の対象となり得ません。

3　責任条件

　本罪は、都道府県知事から免状の返納を命ぜられた受命者が、あえて当該免状を返納しなかったことによって成立するもので、故意犯の性質をもっています。

229

第 2 編　各　　論

4　本罪の性質

危険物取扱者免状は、返納命令を受けたことによって自動的に失効するもので、免状の返納があったときにはじめてその効力が失われるわけではありません。つまり、免状の返納があろうとなかろうとその効力が失われることについては差異がないわけです、したがって、この点に着目すれば、本罪は形式犯の性質をもつものとも考えられますが、無効となった免状がそのまま使用され、事情を知らない第三者が真正な免状と誤信するような危険性を考えるとき、抽象的危険犯の性質をもつとの解釈も成り立ちましょう。私は、後説をとりたい。

また、本罪は所定の期限までに免状が返納されないことによって成立し終了しますが、これにより無効な免状が有効なものとして、誤信される危険性、つまり、法益侵害の状態が存続することから状態犯の性質をもつものと解されます。

5　刑罰

本罪を犯した者は 30 万円以下の罰金または拘留に処せられます。

10　予防規程変更命令違反罪 （法第 14 条の 2 第 3 項、法第 42 条第 1 項第 8 号）

1　保護法益

本罪は、製造所における危険物の貯蔵・取扱いの実態に見合った適正な予防規程の作成を図ることを保護法益としています。

2　構成要件

本罪は「消防法第 14 条の 2 第 3 項の規定による命令に違反した」こと、すなわち、火災の予防のための必要上、市町村長等から予防規程の変更命令を受けた受命者が当該命令に従わなかったことによって成立します。ここにいう「火災の予防」とは、火災の発生を防止するだけではなく、火災が発生した場合の延焼拡大を防止し、被害を最小限度にとどめることを意味します

230

第8章　命令違反罪

が、「火災の予防のための必要」とは製造所等の位置、構造または設備の変更、従業員の増減、危険物の種類・数量の変更、周囲の状況の変化等の事由により、火災予防の見地から、予防規程の内容が不適切となり、内容変更の必要が生じた場合を指します。「予防規程」とは、製造所等の危険物の貯蔵取扱いに係る火災を予防するために作成される自主的な保安基準をいい、予防規程の内容には、平常時における危険物の貯蔵または取扱いの具体的な方法のほか、災害発生時における避難その他の緊急措置も含まれます。参考までに、予防規程に盛り込むべき事項とされているものをあげると、次のとおりです。

ア　危険物の保安に関する業務を管理する者の職務および組織に関すること。

イ　危険物の保安の監督をする者が旅行、疾病その他の事故によってその職務を行うことができない場合にその職務を代行する者に関すること。

ウ　化学消防自動車の設置その他自衛の消防組織に関すること。

エ　危険物の保安に係る作業に従事する者に対する保安教育に関すること。

オ　危険物の保安のための巡視、点検および検査に関すること（コに掲げるものを除く）。

カ　危険物施設の運転または操作に関すること。

キ　危険物の取扱い作業の基準に関すること。

ク　補修等の方法に関すること。

ケ　顧客に自ら給油等をさせる給油取扱所にあっては、顧客に対する監視その他保安のための措置に関すること。

コ　移送取扱所にあっては、配管の工事現場の責任者の条件その他配管の工事現場における保安監督体制に関すること。

サ　移送取扱所にあっては、配管の周囲において移送取扱所の施設の工事以外の工事を行う場合における当該配管の保安に関すること。

シ　災害その他の非常の場合に取るべき措置に関すること。

ス　危険物の保安に関する記録に関すること。

セ　製造所等の位置、構造および設備を明示した書類および図面の整備に関すること。

231

第2編　各　論

ソ　前各号に掲げるもののほか、危険物の保安に関し必要な事項（危則第
60条の2）。

3　責任条件等

本罪は、故意犯であって、状態犯の性質を有すること前**2**の命令の場合
と同様です。

また、本罪は、火災予防上の見地から発せられた予防規程変更命令に従わ
なかったことに危険物の貯蔵取扱いに係る火災予防上の危険があるとして犯
罪の成立が認められているものですから、抽象的危険犯に属します。

4　刑罰

本罪を犯した者は、6月以下の懲役または50万円以下の罰金に処せられ
ますが、情状により懲役刑と罰金刑を併科することができます。

なお、本罪が行われた場合は、当該行為者のほか、事業主である法人また
は人（個人営業の場合）もその監督責任として処罰（罰金50万円以下）の
対象となります（法第45条第3号）。

11　製造所等に対する応急措置命令違反罪 （法第16条の3第3項・第4項、法第42条第1項第9号）

1　保護法益

本罪は、製造所等からの危険物の流出等による公共危険の拡大防止等を図
ることを保護法益としています。

2　構成要件

本罪は、「消防法第16条の3第3項または第4項の規定による命令に違
反した」こと、すなわち、製造所等から危険物の流出その他の事故が発生し
た場合に、当該製造所等の関係者が、直ちに、引き続く危険物の流出および
拡散の防止、流出した危険物の除去その他災害の発生防止のための応急措置
を講じなかったため市町村長等（移動タンク貯蔵所の場合は、市町村長等の
ほかそれが存在する区域を管轄する市町村長（消防本部および消防署を設置

232

第 8 章　命令違反罪

する市町村以外の市町村の区域においては、当該区域を管轄する都道府県知事))から応急措置命令を受け、これに従わなかったことによって成立します。「その他の事故」には、火災、爆発等の事故が含まれます。「応急措置」とは、事故発生時においてとることができる最善の措置と解されています（『逐条解説消防法』400 頁）。つまり、物理的に可能と思われる措置のことですが、物理的に不可能な措置に対し刑事責任を問うことはできないからです。

なお、物理的に可能であるか否かは結局、社会通念によって決するほかないでしょう。

3　責任条件等

本罪が故意犯であり、状態犯の性質を有するものであること前 **2** の命令違反罪の場合と同様です。また、本罪は、応急措置命令に従わなかったことによって成立するもので、犯罪の成立に具体的な危険の発生を要件としていませんから、抽象的危険犯に属するものと解されます。

4　刑罰

本罪を犯した者は、6 月以下の懲役また 50 万円以下の罰金に処せられますが、情状により懲役刑と罰金刑を併科することができます。

なお、本罪が行われた場合は、当該行為者のほか、事業主である法人または人（個人営業の場合）もその監督責任として処罰（罰金 50 万円以下）の対象となります（法第 45 条第 3 号）。

12　製造所等に係る資料提出命令・報告徴収違反罪 （法第 16 条の 5 第 1 項、法第 44 条第 2 号）

1　保護法益

本罪は、危険物の貯蔵または取扱いに伴う火災の防止上必要な資料の提出や知っておきたい事項の把握について、その実効を図ることを保護法益としています。

233

第 2 編 各 論

2　構成要件

　本罪は、「（消防法第 16 条の 5・第 1 項の規定による資料の提出または報告を求められて、資料を提出せず、虚偽の資料を提出し、報告をせず、または虚偽の報告をした」こと、すなわち、市町村長等から消防法第 16 条の 5・第 1 項に基づく資料の提出命令または報告徴収を受けた受命者が、所定の履行期限内に提出しなかった場合、一定の資料を提出しても当該資料が虚偽の資料であった場合のほか、所定の履行期限内に要求された一定の事項を報告しなかった場合、あるいは一定の報告があっても当該報告の内容が虚偽のものであった場合に成立します。「虚偽」については、前 **3**（「防火対象物に係る資料提出命令・報告徴収違反罪」）の項を参照してください。

3　責任条件等

　本罪は、故意犯であり、抽象的危険犯および状態犯の性質をもっています。

4　刑罰

　本罪を犯した者は、30 万円以下の罰金または拘留に処せられます。

---

13 消防用設備等・特殊消防用設備等の設置・維持命令違反罪
（法第 17 条の 4 第 1 項・第 2 項、第 41 条第 1 項第 5 号、法第 44 条第 12 号）

1　保護法益

　本罪は、消防用設備等または特殊消防用設備等の設置および適正な維持管理により出火の防止と火災が発生した場合における拡大危険や人命危険の防止を図ることを保護法益としています。

2　構成要件

　本罪は、消防用設備等または特殊消防用設備等の設置命令違反罪（法第 42 条第 1 項第 5 号）と同維持命令違反罪（法第 44 条第 12 号）に分けられます。前者については、「消防法第 17 条の 4 第 1 項・第 2 項の規定による命令に違反して消防用設備等または特殊消防用設備等を設置しなかった」こと、すなわち消防法第 17 条第 1 項により一定の消防用設備等または特殊消

234

防用設備等を設置しなければならない防火対象物の関係者で権原を有する者が、当該設備の設置を怠っていたため、消防長または消防署長から当該設備の設置命令を受けたが、受命者がこれに従わなかったことによって成立します。「権原を有する者」とは設置命令を正当に履行し得る関係者のことですが、スプリンクラー設備や自動火災報知設備については、これを設置する場合、建物の構造等に変更を加えることになりますから処分権を有する所有者が権原を有する者となりますが、法人が建物を所有している場合は、法人に代わって所有者としての業務を担当する代表者（代表取締役、理事長等＝自然人）が権原を有することになります（東京高裁平成2年8月15日判決）。なお、所有者と占有者との間にこの種設備の設置について契約がなされている場合には、その限りで占有者も権原を有する者の地位に立ちます。「従わなかった」とは、命令の履行期限が経過しても所定の設備を設置しなかったことを指します。

　また、後者の維持命令違反罪（法第44条第12号）については、「消防法第17条の4第1項・第2項の規定による命令に違反して消防用設備等または特殊消防用設備等の維持のため必要な措置をしなかった」こと、すなわち、消防法第17条第1項により一定の消防用設備等を適正に維持しなければならない防火対象物の関係者で権原を有する者が、当該設備を維持するための必要な措置をとることを怠っていたため、消防長または消防署長から当該設備の維持命令を受けたが、受命者がこれに従わなかったことによって成立します。「維持」とは、基準適合状態を保持することあるいは消防用設備等の正常な機能を持続させることをいいます。

3　責任条件等

　本罪は、故意犯ですが、命令に従わないことに火災が発生した場合の拡大危険や人命危険が内在するものとして犯罪の成立が認められているものですから、抽象的危険犯に属します。また、本罪は、命令の履行期限内に所定の設備を設置しなかったこと、あるいは、設備の維持のため必要な措置をとらなかったことによって成立、終了しますから、履行期限後の違反状態につい

ては不可罰です。したがって、一旦、命令違反として処罰され、有罪が確定したのちにおいて依然として所定の設備が設置または維持されていない場合には、あらためて命令を発し、履行期限内に所定の設備が設置され、または維持されていないときに、はじめて再度の処罰を求めることができることになります。なお、この場合、一度処罰された命令違反と同じ内容の再命令違反について処罰することは一事不再理の原則に抵触するのではないかとの疑義をもたれる向きもあろうかと思われますので、この点について説明しておきましょう。

一事不再理の原則というのは、「何人も、同一犯罪については、重ねて刑事上の責任を問われない」という憲法上の原則（憲法第39条後段）ですが、一口でいうと一度裁判にかけた事項（犯罪）については、二度裁判にかけることができないという原則です。

刑事訴訟法は、この規定を受けて、「確定判決を受けた事件は免訴の言い渡しをしなければならない」としています（刑訴法第337条第1号）。

ところで、ここにいう「同一犯罪」というのは、確定判決を経た事件を意味し、確定判決を経た事件とは、確定判決の対象となった既存の犯罪事実を指します。

したがって、一時不再理の原則というのは、確定判決の対象となった既存の犯罪事実については、再び裁判によって処罰することができていないということになります。

以上のことから消防法第17条の4第1項・第2項の消防用設備等または特殊消防用設備等の設置・維持命令を受けた受命者が、履行期限内に所定の命令事項を履行しなかったため、命令違反として処罰され、判決が確定した場合には、この確定判決の対象となった命令違反について再び処罰を求めることは、同一犯罪については重ねて刑事上の責任を問うこととなり許されません。しかし、確定判決後、依然として所定の設備の設置や維持を怠っているため、再び命令を発し、受命者がこれに従わなかった場合には、この命令違反は、すでに確定判決を受けた命令違反とは別個の新たな犯罪が成立した

第8章　命令違反罪

ことになります。

　したがって、この新たな命令違反について告発し、処罰を求めることは、同一犯罪について再び刑事上の責任を問うことにはなりません。すなわち、一時不再理の原則に抵触することにはならないわけです。参考までに、これらの関係を図示すると**図22**のとおりです。

図22

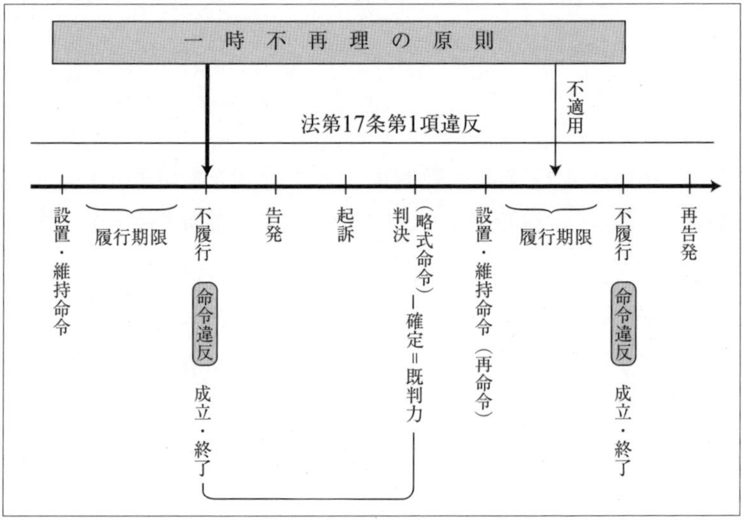

一　時　不　再　理　の　原　則

不適用

法第17条第1項違反

設置・維持命令
　履行期限
不履行
　命令違反
　成立・終了
告発
起訴
判決
（略式命令）＝確定＝既判力
設置・維持命令（再命令）
　履行期限
不履行
　命令違反
　成立・終了
再告発

4　刑罰

　本罪に対する刑罰は、設置命令に違反した場合と維持命令に違反した場合とで法定刑を異にします。すなわち、設置命令違反罪については、6月以下の懲役または50万円以下の罰金に処せられ、情状により懲役刑と罰金刑を併科することができます。

　なお、本罪が行われた場合には、当該行為者のほか、事業主である法人または人（個人営業の場合）もその監督責任として処罰（罰金50万円以下）の対象になります（法第45条第3号）。

237

第2編　各　論

一方、維持命令違反罪については、30万円以下の罰金または拘留に処せられるにすぎません。

14 消防設備士免状返納命令違反罪（法第7条の7第2項において準用する法第13条の2第5項、法第44条第9号）

1　保護法益

本罪は、危険物取扱者免状返納命令違反罪の場合と同様、免状返納命令によって無効となった免状の返納の励行と当該免状の悪用、誤信の防止を図ることを保護法益としています。

2　構成要件

本罪は「消防法第17条の7第2項において準用する同法第3条の2第5項の規定による命令に違反した」こと、すなわち、消防設備士が、消防法または同法に基づく命令（消防法の委任を受けた政・省令）の規定に違反したことにより都道府県知事から、消防設備士免状の返納命令を受けながら、当該免状を返納しなかったことによって成立します。返納命令の対象となる違反の内容や範囲については、特段の限定がありませんが、実際上は、消防用設備等に関連する消防法の規定および同法の委任による政・省令の規定（たとえば、政令第10条～第22条、規則第5条の2～第31条の2など多数）に違反した場合に限定されましょう。

3　責任条件等

本罪が故意犯で、抽象的危険犯および状態犯の性質を有すること前**9**の危険物取扱者免状返納命令違反罪の場合と同様です。

4　刑罰

本罪を犯した者は、20万円以下の罰金または拘留に処せられます。

238

第8章　命令違反罪

15 火災警戒区域における火気使用の禁止・退去命令等違反罪（法第23条の2第1項、第44条第19号）

1 保護法益

　本罪は、火災警戒区域内における火災発生危険、人命危険の防止ならびに火災警戒活動の円滑な遂行を保護法益としています。

2 構成要件

　本罪は「消防法第23条の2第1項の規定による火災警戒区域内における火気の使用の禁止、同区域からの退去命令または同区域への出入の禁止もしくは制限に従わなかった」ことによって成立します。「火災警戒区域」とは、火災の発生を防止し、人命または財産に対する危険を未然に排除するため、火気の使用を禁止し、命令で定める者以外の者の退去を命じ、または出入の禁止等を行う必要のある区域をいいます。「火気」には、たき火などのほか、かまど、ガス湯沸設備などの火を使用する設備やストーブ、こんろ、電熱器などの火を使用する器具が含まれます。「命令で定める者」とは、次に掲げる者をいいます（規則第45条第1項）。

① 火災警戒区域内にある消防対象物または船舶の関係者

② 事故が発生した消防対象物または船舶の勤務者で、当該事故に係る応急作業に関係があるもの

③ 電気、ガス、水道等の業務に従事する者で、当該事故に係る応急作業に関係があるもの

④ 医師、看護師等で救護に従事しようとする者

⑤ 法令の定めるところにより、消火、救護、応急作業等の業務に従事する者

⑥ 消防長または消防署長が特に必要と認める者

　本罪の主体は、火気の使用の禁止、出入りの禁止または制限に従わなかった者のほか、退去命令に従わなかった者です。

3 責任条件等

239

第2編 各 論

本罪は、故意犯で、抽象的危険犯および即時犯の性質をもっています。

4 刑罰

本罪を犯した者は、30万円以下の罰金または拘留に処せられます。

---

16 消防警戒区域からの退去命令等違反罪 （法第28条第1項・第2項、第44条第21号）

1 保護法益

本罪は、消防警戒区域における生命または身体に対する危険の防止と消火活動および火災原因調査活動の円滑な執行を図ることを保護法益としています。

2 構成要件

本罪は、消防法第28条第1項または第2項（第36条において準用する場合を含む）の規定による消防警戒区域からの退去命令または出入りの禁止もしくは制限に従わなかった」ことによって成立します。「消防警戒区域」とは、火災の際、生命または身体に対する危険を防止するため、あるいは消防活動や火災原因等の調査のため、命令で定める者以外の者の立入等の禁止や制限等を行う必要のある区域をいいます。「命令で定める者」とは通常の場合、次に掲げる者をいいます（規則第48条第1項）。

① 消防警戒区域内にある消防対象物または船舶の関係者、居住者およびその親族で、これらに対して救援をしようとする者

② 消防警戒区域内にある消防対象物の勤務者

③ 電気、ガス、水道、通信、交通等の業務に従事する者で、消防作業に関係があるもの

④ 医師、看護師等で、救護に従事しようとする者

⑤ 法令の定めるところにより、消火救護等の業務に従事する者

⑥ 報道に関する業務に従事する者

⑦ 消防長または消防署長があらかじめ発行する立入許可の証票を有する者

本罪を犯して他人の建造物等に立ち入った場合は、刑法第130条の建造物侵入罪が成立しますが、両罪は、その保護法益を異にしますので、併合罪を構成すると解されます。また軽犯罪法第1条第8号（…火事…その他の変事に際し、正当な理由がなく、現場に出入するについて公務員…の指示に従うことを拒んだ者）との関係については、本罪が特別犯と考えられるので、本罪に吸収され本罪のみが成立するものと解されます。

3　責任条件等

本罪は、故意犯で、抽象的危険犯および即時犯の性質をもっています。

4　刑罰

本罪を犯した者は、30万円以下の罰金または拘留に処せられます。

第2編 各 論

第9章 消防の用に供する機械器具等の違法販売等に関する罪

1 総 説

本章の罪は、①検定対象機械器具等の違法販売等の罪と②自主表示対象機械器具等の違法販売等の罪（法第43条の4）から構成されています。

2 検定対象機械器具等の違法販売等の罪（法第43条の4）

1 保護法益

本罪は、粗悪な消防用設備等の販売等の防止について、その実効を図ることを保護法益としています。

2 構成要件

本罪は、次のいずれかに該当する行為があったときに成立します。

① 消防法第21条の2第4項前段の規定に違反して、個別検定合格の表示が付されていない検定対象機械器具等を販売し、または販売の目的で陳列したとき

② 消防法第21条の2第4項後段の規定に違反して、検定対象機械器具等のうち、個別検定合格の表示が付されていない消防の用に供する機械器具または設備を、その設置、変更または修理の請負に係る工事に使用したとき

「個別検定」とは、個々の検定対象機械器具等の形状等が型式承認を受けた検定対象機械器具等の型式に係る形状等と同一であるか否かについて行う検定をいいます。

「検定対象機械器具等」とは、消防の用に供する機械器具もしくは設備、消火薬剤または防火塗料、防火液その他の防火薬品（消防の用に供する機械

242

器具等）のうち、政令で定めるものをいい（法第21条の2第1項）、消防法施行令第37条は次のように定めています。

ア　消火器

イ　消火器用消火薬剤（二酸化炭素を除く）

ウ　泡消火薬剤（水溶性液体泡消火薬剤を除く。規則34条の3）

エ　消防用ホース

オ　消防用ホースに使用する差込式またはねじ式の結合金具および消防用吸管に使用するねじ式の結合金具

カ　火災報知設備の感知器（火災によつて生ずる熱、煙または炎を利用して自動的に火災の発生を感知するものに限る）または発信機

キ　火災報知設備またはガス漏れ火災警報設備（規則第34条の4で定めるものを除く）に使用する中継器（火災報知設備およびガス漏れ警報設備の中継器を含む）

ク　火災報知設備またはガス漏れ火災警報設備に使用する受信機（火災報知設備およびガス漏れ火災警報設備の受信機を含む）

ケ　漏電火災警報器

コ　閉鎖型スプリンクラーヘッド

サ　スプリンクラー設備、水噴霧消火設備または泡消火設備に使用する流水検知装置

シ　スプリンクラー設備等に使用する一斉開放弁（配管との接続部の内径が300ミリメートルを超えるものを除く）

ス　金属製避難はしご

ソ　緩降機

「販売」とは、不特定または多数人に対し有償で譲渡することをいいますが（最判昭和34年3月5日刑集13巻3号275頁）、営利の目的をもって行う必要もなく（大判昭和12年2月10日大審刑集16巻67頁）、また業として行う必要もありません。したがって、不特定または多数人への譲渡の意思さえあれば、たとえ一度だけの有償譲渡であっても販売にあたることに

第 2 編　各　論

なります。

「陳列」とは、その物を販売の目的をもって不特定または多数人の目に触れるような場所に置くことをいいます。「設置、変更または修理の請負に係る工事に使用する」とは、請負工事を行う際に現実に使用することで、請負契約の中で使用を明記していると否とを問いません。

本罪は、販売し、または販売の目的をもって陳列し、もしくは設置等の請負に係る工事に使用した者であれば何人もその主体となります。したがって、購入者や設置等の注文主は、たとえ個別検定不合格品であることを知っていたとしても、本罪の主体とはならないと解されます。ただし、個別検定不合格品の機械器具等を設置等の工事に使用した請負業者の犯罪については、事情により工事注文主の教唆犯、幇助犯あるいは共同正犯の成立が考えられます。

3　責任条件等

本罪は、故意犯であり、抽象的危険犯に属します。また、個別検定不合格の機械器具等を販売する罪や設置等の請負工事に使用する罪については、即時犯の性質を有しますが、陳列の罪については、それが行われている限り犯罪の終了することがないので、その性質上継続犯に属するものと解されます。

4　刑罰

本罪を犯したものは、30 万円以下の罰金に処せられます。

なお、本罪が行われた場合は、当該行為者のほか、事業主である法人または人（個人営業の場合）もその監督責任として処罰（罰金 30 万円以下）の対象となります（法第 45 条第 3 号）

3 自主表示対象機械器具等の違法販売等の罪（法第 43 条の 4）

1　保護法益

本罪も、粗悪な消防用設備等の販売等の防止について、その実効を図ることを保護法益としています。

244

第 9 章　消防の用に供する機械器具等の違法販売等に関する罪

2　構成要件

本罪は、次のいずれかに該当する行為があったときに成立します。

① 　消防法第 21 条の 16 の 2 前段の規定に違反して、技術上の規格に適合する旨の表示が付されていない自主表示対象機械器具等を販売し、または販売の目的で陳列したとき

② 　消防法第 21 条の 16 の 2 後段の規定に違反して、自主表示対象機械器具等のうち、技術上の規格に適合する旨の表示が付されていない消防の用に供する機械器具または設備を、その設置、変更または修理の請負に係る工事に使用したとき

「自主表示対象機械器具等」とは、検定対象機械器具等以外の消防の用に供する機械器具等のうち、政令で定めるものをいい（法第 21 条の 16 の 2）、消防法施行令第 41 条の 2 は、動力消防ポンプと消防用吸管の二つを定めています。「販売」とは、不特定または多数人に対し有償で譲渡することをいいますが（最判昭和 34 年 3 月 5 日刑集 13 巻 3 号 275 頁）、営利の目的をもって行う必要もなく（大判昭和 12 年 2 月 10 日大審刑集 16 巻 67 頁）、また、業として行う必要もありません。したがって、不特定または多数人への譲渡の意思さえあれば、たとえ一度だけの有償譲渡であっても販売にあたることになります。

「陳列」とは、その物を販売の目的をもって不特定または多数人の目に触れるような場所に置くことをいいます。

「設置、変更または修理の請負に係る工事に使用する」とは、請負工事を行う際に現実に使用することで、請負契約の中で使用を明記していると否とを問いません。

本罪は、販売し、または販売の目的をもって陳列し、もしくは設置等の請負に係る工事に使用した者であれば何人もその主体となります。したがって、購入者や設置等の注文主は、たとえ技術上の規格に適合していないものであることを知っていたとしても、本罪の主体とはならないと解されます。ただし、技術上の規格に適していない機械器具等を設置等の工事に使用した請負

245

第2編 各 論

業者の犯罪については、事情により工事注文主の教唆犯、幇助犯あるいは共同正犯の成立が考えられます。

3　本罪は、故意犯であり、抽象的危険犯に属します。また、技術上の規格不適合の機械器具等を販売する罪や設置等の請負工事に使用する罪については、即時犯の性質を有しますが、陳列の罪については、それが行われている限り犯罪の終了することがないので、その性質上継続犯に属するものと解されます。

4　刑罰

本罪を犯したものは、30万円以下の罰金に処せられます。なお、本罪が行われた場合は、当該行為者のほか、事業主である法人または人（個人営業の場合）もその監督責任として処罰（罰金30万円以下）の対象となります（法第45条第3号）。

第 10 章　不正・虚偽表示に関する罪

第 10 章　不正・虚偽表示に関する罪

1　総　　説

　不正・虚偽表示に関する罪は、①防炎対象物品に係る不正防炎表示罪（法
第 44 条第 3 号）、②検定対象機械器具等に係る個別検定合格不正表示罪（法
第 44 条第 3 号）、③自主表示対象機械器具に係る規格適合不正表示罪（法
第 44 条第 3 号）および④自主表示対象機械器具等に係る不正表示除去・消
印命令違反罪（法第 44 条第 17 号）から構成されています。

2　防炎対象物品に係る不正防炎表示罪（法第 44 条第 3 号）

1　保護法益
　本罪は、防炎物品でないものの誤買の防止と防炎表示の信頼性の確保を保
護法益としています。

2　構成要件
　不正表示に関する罪は、「消防法第 8 条の 3 第 3 項の規定に違反した」こ
と、すなわち、防炎性能を有していない防炎対象物品またはその材料に自治
省令（規則第 4 条の 4）に定める防炎表示を付したり、これと粉らわしい表
示を付すこと（法第 8 条の 3 第 3 項関係）によって成立します。

　本罪の構成要件に該当する行為を行った者は、何人といえども犯罪の主体
となります。

　「防炎対象物品」とは、高層建築物もしくは地下街または劇場、キャバレー、
旅館、病院その他政令（政令第 4 条の 3 第 1 項、規則第 4 条の 3 第 2 項）
で定める防火対象物において使用するもので、次に掲げるものをいいます
（法第 8 条の 3 第 1 項、政令第 4 条の 3 第 3 項）。

① 　カーテン

247

第2編 各 論

② 布製のブラインド

③ 暗幕

④ じゅうたん等

⑤ 展示用合板

⑥ どん帳その他舞台において使用する幕

⑦ 舞台において使用する大道具用の合板

⑧ 工事用シート

「防炎性能」とは、カーテン等の防炎対象物品に火が燃え移っても、それ自体火災拡大の原因とならない程度の低燃焼性を意味し、消火および避難を容易にするのに役立ちます。

防炎性能の基準は、防炎対象物品の種類または性状に応じ、残炎時間、残じん時間、炭化面積、炭化長または接炎回数について定められ（政令第4条の3第4項、規則第4条の3第3項)、また、防炎性能を測定するための基準についても定められています（政令第4条の3第5項、規則第4条の3第4項～第7項)。「その材料」とは、防炎対象物品に加工される直前の材料をいい、たとえば、カーテン等の生地などがこれにあたります。「防炎表示」は、防炎性能を有するものとして消防庁長官の認定を受けたものについて、規則別表第1に定める様式により縫付け等の方法により見やすい個所になされることになっています（規則第4条の4第1項)。

なお、防炎表示に類似するものとして指定表示がありますが、これは、工業標準化法、農林物資の規格化及び品質表示の適正化に関する法律または家庭用品品質表示法の規定により表示されるもので、消防法第8条の3第1項の防炎性能の基準と同等以上の防炎性能を有する旨の表示として消防庁長官が指定したものです（政令第4条の4、規則第4条の4第8項)。「これと紛らわしい表示」とは、消防法第8条の3第2項の規定による防炎表示または指定表示として認められていないのに、一般消費者がこれらの法定の表示と混同誤認するおそれのある表示をいいます。

3 責任条件等

248

第 10 章　不正・虚偽表示に関する罪

　本罪は、防炎性能を有しない防炎対象物品等に意識的に防炎表示等を付すものですから故意犯であり、その表示行為自体に真正なものと誤信させる危険を内包することによって犯罪の成立が認められるものですから抽象的危険犯に属します。また、表示が除去されない限り、真正なものと誤信されるおそれが存続しますから継続犯の性質をもつものと解されます。

4　刑罰

　本罪を犯した者は、30 万円以下の罰金または拘留に処せられます。

3　検定対象機械器具等に係る個別検定合格不正表示罪（法第 44 条第 3 号）

1　保護法益

　本罪は、個別検定合格品でないものが真正なものと誤信されることを防止するとともに、合格表示の信頼性を確保することを保護法益としています。

2　構成要件

　本罪は、「消防法第 21 条の 9 第 2 項の規定に違反した」こと、すなわち、個別検定の合格していない検定対象機械器具等に個別検定合格表示を付したり、これと紛らわしい表示を付すことによって成立します。「個別検定」および「検定対象機械器具等」の意義については、第 9 章 **2**、2 の項参照。「これと紛らわしい表示」とは、真正の個別検定合格の表示でないのに、その外観等から一般人が真正なものと誤信するおそれのある表示をいいます。

　なお、責任条件および刑罰については、前 **2** の犯罪の場合と同様です。

4　自主表示対象機械器具等に係る規格適合不正表示罪（法第 44 条第 3 号）

1　保護法益

　本罪は、規格適合品でないものが真正なものと誤信されることを防止する

249

第2編 各 論

とともに適合表示の信頼性を確保することを保護法益としています。

2 構成要件

本罪は、「消防法第21条の16の3第2項の規定に違反した」こと、すなわち、技術上の規格に適合していない自主表示対象機械器具等に規格適合表示を付したり、これと紛らわしい表示を付すことによって成立します。「自主表示対象機械器具等」の意義については、第9章 **3**、2の項を参照してください。

なお、責任条件等および刑罰については、前 **2** の犯罪の場合と同様です。

5 自主表示対象機械器具等に係る不正表示除去・消印命令違反罪（法第44条第17号）

1 保護法益

本罪は、不正表示除去命令の実効の確保を図ることを保護法益としています。

2 構成要件

本罪は、「消防法第21条の16の5の規定による命令に違反した」こと、すなわち、消防の用に供する機械器具等の販売業者が、総務大臣から表示の除去または消印を付すべきことを命じられ、所定の期限が経過してもこれに従わなかったことによって成立します。「除去」とは、不正表示を完全に取り去ることをいい、その方法のいかんを問いません。「消印」とは、表示そのものに×印などを付することによって、当該表示の効力を否定する旨を客観的（具体的）に明示することをいいます。

3 責任条件等

本罪は、故意犯で、抽象的危険犯、即時犯の性質をもっています。

4 刑罰

本罪を犯した者は、30万円以下の罰金または拘留に処せられます。

第11章　虚偽通報に関する罪

1　総　説

　本章の罪は、製造所等の事故に係る虚偽通報罪（法第44条の第10号）と火災の発生または傷病者に係る虚偽通報罪（法第44条第20号）から構成されています。

2　製造所等の事故に係る虚偽通報罪（法第44条第10号）

1　保護法益
　本罪は、虚偽の通報による消防隊の無用な出動の抑止を図ることを保護法益としています。

2　構成要件
　本罪は、「正当な理由がなく消防署、消防法第16条の3第2項の規定により市町村長の指定した場所、警察署または海上警備救難機関に同条第1項の事態の発生について虚偽の通報をした」ことによって成立します。

　「正当な理由がなく」とは、違法にという意味です。「海上警備救難機関」とは、海上保安本部、海上保安監部、海上保安部または海上保安署をいいます。「同条第1項の事態」とは、危険物の流出その他の事故を指します。

　本罪の行為は、虚偽の通報を行うことですから、単に通報を怠っただけでは罪となりません。「虚偽の通報」には事故の内容についも事実と異なる通報を行った場合のほか、事故が発生していないのに事故があった旨の通報を行った場合も含まれます。しかし、いずれの場合でも事実と異なることについて認識していることを必要とします。したがって、事実と異なることと認識していない場合（勘違いなど）は虚偽とはいえず、本罪を構成しません。

　なお、本罪は、軽犯罪法第1条第16号の「公務員に対する災害の虚偽申

第2編 各 論

告罪」の特別犯ですから、本罪が成立するときは、軽犯罪法違反が本罪に吸
収されます。

3 責任条件等

本罪は故意犯、かつ、即時犯ですが、虚偽の通報により、消防隊の無用な
出動をもたらすおそれがあるとして成立するものですから、抽象的危険犯に
属します。

4 刑罰

本罪を犯した者は、30万円以下の罰金または拘留に処せられます。

3 火災の発生または傷病者に係る虚偽通報罪（法第44条第20号）

1 保護法益

本罪は、消防車または救急車の無用な出動の抑止を図ることを保護法益と
しています。

2 構成要件

本罪は、「正当な理由がなく、消防署または消防法第24条（第36条第7
項において準用する場合を含む）の規定による市町村長の指定した場所に火
災発生の虚偽の通報または同法第2条第9項の傷病者に係る虚偽の通報を
した」ことによって成立します。「正当な理由がなく」とは、違法にという
意味です。「市町村長の指定した場所」とは、消防団、警察等ですが、指定
の方法は、当該市町村の公告式条例（地方自治法第16条第4項・第5項）
の定めるところにより行われます。「虚偽の通報」とは、火災あるいは傷病
者が発生した事実がないことを認識しながら、あえて火災や傷病者が発生し
たとして偽って通報することを意味します。したがって、火災や傷病者が発
生していないことについて認識がない場合、つまり火災や傷病者が発生した
ものと勘違いして通報した場合には、本罪を構成しないことになります。火
災発生の虚偽通報のほか、水災を除く他の災害発生の虚偽通報の場合も本
罪を構成することになります。（法第36条第7項）。通報の方法については、

252

119番の電話によって行われるのが通常と思われますが、本罪の保護法益から、必ずしもこの方法のみに限定されず、直接口頭による場合も含まれると解されます。

3　責任条件等

本罪は、故意犯、かつ即時犯ですが、虚偽の通報により、消防車や救急車の無用な出動をもたらすおそれがあるとして成立するものですから、抽象的危険犯に属します。

4　刑罰

本罪を犯した者は、30万円以下の罰金または拘留に処せられます。

第2編　各　　論

第12章　各種届出等義務違反罪

1　総　　説

　本章の罪は①防火管理者の選・解任届出義務違反罪（法第8条第2項違反、法44条第8号）、②圧縮アセチレンガス等の貯蔵・取扱いに係る届出義務違反罪（法第9条の3第1項違反、第44条第8号）、③危険物の品名・数量等の変更届出義務違反罪（法第11条の4・第1項違反、法第44条第8号）、④危険物保安統括管理者の選・解任届出義務違反罪（法第12条の7・第2項違反、法第44条第8号）、⑤危険物保安監督者の選・解任届出義務違反罪（法第13条第2項違反、法第44条第8号）、⑥消防用設備等の設置届出義務違反罪（法第17条の3の2違反、法第44条第8号）、⑦消防用設備等の着工届出義務違反罪（法第17条の14違反、法第44条第8号）から構成されています。

2　防火管理者の選・解任届出義務違反罪（法第44条第8号）

1　保護法益

　本罪は、防火管理者の選・解任届出義務の励行により、その選・解任状況の的確な把握を図ることを保護法益としています。

2　構成要件

　本罪は「消防法第8条第2項の規定による届出を怠った」こと、つまり、防火管理者を置かなければならない防火対象物の管理について権原を有する者が、防火管理者の選・解任を行った場合、遅滞なくその旨を所轄消防長または消防署長に届け出なかったことによって成立します。「防火管理者を置かなければならない防火対象物」とは、次のとおりです。（政令第1条の2・第3項、第2条、規則第1条の2）。

254

① 政令別表第1 (6) 項ロ、(16) 項イおよび (16 の 2) 項の防火対象物 (同表 (16) 項イおよび (16 の 2) 項の防火対象物の場合は、(6) 項ロの用途に供される部分があるものに限る。) で、収容人員が 10 人以上のもの

② 政令別表第1 (1) 項から (4) 項まで、(5) 項イ、ハ、およびニ、(9) 項イ、(16) 項イならびに (16 の 2) 項の防火対象物 (16) 項イおよび (16 の 2) 項の防火対象物の場合は、(6) 項ロの用途に供される部分が存するものを除く。) で、収容人員が 30 人以上のもの

③ 政令別表第1 (5) 項ロ、(7) 項、(8) 項、(9) 項ロ、(10) 項から (15) 項まで、(16) 項ロおよび (17) 項の、防火対象物で、収容人員が 50 人以上のもの

④ 新築工事中の建築物で、収容人員が 50 人以上のもののうち、外壁および床または屋根を有する部分が次のイ、ロ、ハの規模以上で電気工事等の工事中のもの

　イ　地階を除く階数が 11 以上で、かつ、延面積が 1 万平方メートル以上の建築物

　ロ　延面積が 5 万平方メートル以上の建築物

　ハ　地階の床面積の合計が 5 千平方メートル以上の建築物

⑤ 建造中の旅客船で、収容人員が 50 人以上で、かつ、甲板数が 11 以上のもののうち、進水後の旅客船であって、ぎ装中のもの

「管理について権原を有する者」とは、防火対象物の管理を行うことを正当ならしめる原因を有する者、つまり、防火対象物について正当な管理権を有する者のことです。防火対象物の所有者や占有者は一般に、所有権、占有権に付随する権限として管理権をもっていますが、これらの者から管理権を委任された者、たとえば工場長、支店長なども管理について権原を有する者に含まれます。「遅滞なく」とは、事情の許す限り（できるだけ）早くという意味で、正当または合理的な理由に基づく遅延は許されます。一般に行政上の届出義務を課す場合に用いられます。

第 2 編　各　　論

3　責任条件

　本罪は一般的に過失によって行われる場合が多く、忘却犯的な一面をもつことから、その事柄の性質上過失による場合も処罰の対象となると解釈できる余地がありますが、過失犯と捉えるか故意犯とみるかは微妙で意見の分かれるところでしょう。しかし、仮に本罪を故意と捉え、故意がなければ処罰できないとしても、この種届出義務違反については、通常、立入検査等によって事前に届出の指導がなされるであろうから、故意の認定は容易であると思われます。したがって、実務上、本罪については、過失犯であるか故意犯であるかを詮索すべき特段の実益はないように思われます。

　本件届出の形式は要式行為ですから、消防法施行規則別記様式第 1 号の 2 の届出書によってなされなければなりません（規則第 4 条第 1 項）。この様式によらない届出書または口頭による届出は、法第 8 条第 2 項に基づく届出とはいえません。

4　本罪の性質

　本罪は前述のとおり、防火管理者を選・解任した場合に、その事実を消防機関に届け出ることを怠ったことを内容とするものですが、このこと自体によって特段の危険が考えられるわけではありませんから、形式犯の性質をもつものと解されます。

　また、本罪は届出がなされるまで手続違反として存続することから継続犯に属するものと解されます。

5　刑罰

　本罪を犯した者は、30 万円以下の罰金または拘留に処せられます。

3　圧縮アセチレンガス等の貯蔵・取扱いに係る届出義務違反罪（法第 44 条第 8 号）

1　保護法益

　本罪は、火災等の有事の際、重大な危害を与える圧縮アセチレンガス等の

所在について消防機関に届出させ、その貯蔵・取扱いの実態を把握することにより、火災等の未然の防止と火災発生時における消防職団員の不慮の犠牲を防止することを保護法益としています。また、圧縮アセチレンガス等の貯蔵取扱いの廃止に伴う当該施設への特殊な行政配慮の解除をも保護法益としています。

2　構成要件

　本罪は、「消防法第9条の3・第1項（同条第2項において準用する場合を含む）の規定による届出を怠った」こと、すなわち圧縮アセチレンガス、液化石油ガスその他の火災予防または消火活動に重大な支障を生ずるおそれのある物質で、政令で定めるものを貯蔵し、または取り扱う者が、あらかじめ、その旨を所轄消防長または消防署長に届け出なければならないのに、これを怠ったこと、またはこれらの物質の貯蔵・取扱いを廃止する場合にその届出を怠ったことによって成立します。

　「火災予防に重大な支障を生ずる」とは、火災予防業務に従事する消防職員等の身体に有害となり、あるいは、火災が発生した場合、人命に危害を与える要因となることをいい、「消防活動に重大な支障を生ずる」とは、消防活動にあたる消防職団員が、特異、かつ重大な危害を受けるおそれがあることをいいます。「圧縮アセチレンガス」とは、ボンベ硅藻土その他の充てん物および溶媒としてのアセトンを充たし、これにアセチレンを圧縮溶解したもので、一般に溶解アセチレンといわれています。「液化石油ガス」とは、常温常圧のもとではガス状となっている石油系または天然ガス系炭化水素を圧縮し、あるいは同時に冷却して液状にし、耐圧容器断熱容器に充てんしたものをいい、代表的な種類としてプロパン、ブタンなどがあります。

　届出の対象となる「政令で定めるもの」には、40キログラム以上の圧縮アセチレンガス、300キログラム以上の液化石油ガス、200キログラム以上の無水硫酸、500キログラム以上の生石灰のほか、毒物及び劇物取締法第2条第1項または第2項に規定する毒物または劇物のうち、危政令別表第1および第2に掲げられている数量以上の同表に掲げられている物質が含ま

第 2 編　各　　論

れます（危政令第 1 条の 10 第 1 項）。

「あらかじめ」とは、貯蔵または取扱いを開始する前にという意味ですが、本届出規定の趣旨から開始前であればいつでもよいわけではなく、できるだけ早い時期に届け出ることが要請されます。

本届出は、要式行為ですから、危険物の規制に関する規則第 1 条の 5 に定める同規則別記様式第 1 の届出書によってなされなければならず、これによらない場合は無効の届出となります。

なお、消防法第 9 条の 3 第 1 項ただし書により、船舶^(注1)、自動車^(注2)、航空機^(注3)、鉄道^(注4)または軌道^(注5)により貯蔵または取り扱う場合のほか、政令で定める場合^(注6)は、届出の対象から除外されています。

3　責任条件

本罪は、故意に届出義務を怠ることによって成立することもあり得ましょうが、殆どは、うっかりして届出を忘れてしまったというような場合が多いものと思われます。すなわち本罪は、忘却犯の性質をもち、したがって、過失による場合も処罰の対象になるものと解されます。

4　本罪の性質

本罪は、届出を怠ること自体に圧縮アセチレンガス等による不測の危害を受ける危険性が内在するものとして犯罪の成立が認められているものですから、単なる形式犯ではなく、抽象的危険犯に属するものと解されます。また、本罪は届出を怠ったことによって成立しますが、届出がなされるまで法益侵害の状態が続き、終了することがありませんから、継続犯の性質をもつものと解されます。

5　刑罰

本罪を犯した者は、30 万円以下の罰金または拘留に処せられます。

（注 1） 船舶　　　船舶安全法第 2 条第 1 項および同法第 28 条に基づく「危険物船舶運送および貯蔵規則」（昭和 32 年運輸省令 30 号）

（注 2） 自動車　　道路運送車両法第 41 条に基づく道路運送車両の保安基準（昭和 26 年運輸省令 67 号）

第 12 章　各種届出等義務違反罪

(注3) 航空機　　航空法第 10 条第 4 項に基づく航空法施行規則（昭和 27 年運輸省令 56 号）

(注4) 鉄道　　　鉄道営業法第 1 条に基づく鉄道に関する技術上の基準を定める省令（平成 13 年国土交通省令 151 号）

(注5) 軌道　　　軌道法第 14 条に基づく軌道運輸規程（大正 12 年鉄道省令 4 号）および軌道運転規則（昭和 29 年運輸省令 22 号）

(注6) 政令　　　政令で定める場合（危政令第 1 条の 10 第 2 項）高圧ガス保安法第 74 条第 1 項、ガス事業法第 47 条の 5 第 1 項または液化石油ガスの保安の確保及び取引の適正化に関する法律第 87 条第 1 項の規定により通商産業大臣または都道府県知事から消防庁長官または消防長（消防本部を置かない市町村にあっては、市町村長）に通報があった施設において液化石油ガスを貯蔵し、または取り扱う場合

4　製造所等の譲渡・引渡届出義務違反罪（法第 44 条第 8 号）

1　保護法益

　本罪は、製造所等に係る権利関係の変動の実態について的確に把握できるよう、その実効を図ることを保護法益としています。

2　構成要件

　本罪は、「消防法第 11 条第 6 項後段の規定による届出を怠った」こと、すなわち、製造所等の譲渡または引渡しにより許可を受けた者の地位を継承した者が、その旨を遅滞なく市町村長等に届け出なかったことによって成立します。「製造所等の譲渡」とは、売買、贈与等の方法により所有権を移転することをいい、「引渡」とは、賃貸借、相続その他法律上正当な権利を有していると否とに拘らず、施設を事実上支配している場合を指します。

　「遅滞なく」とは、できるだけ早くという意味です。また、本届出は、要式行為ですから、危険物の規制に関する規則の別記様式第 15 の書式によっ

259

第2編 各 論

てなされなければならず（危則第7条）、これによらない届出は無効な届出
となります。

3 責任条件

本罪は、通常、過失によって行われるものですから、過失を処罰できなけ
れば罰則を設けた意味がなくなります。したがって、故意による場合は勿論、
過失による場合も処罰の対象となります。

4 本罪の性質

本罪は、届出を怠ったことによって成立しますが、届出がなされるまで法
益侵害の状態が継続し、終了することがありません。したがって、継続犯に
属するものと解されます。また、届出を怠ったこと自体に特段の危険性が内
在しているとはいえませんから形式犯の性質をもっています。

5 刑罰

本罪を犯した者は30万円以下の罰金または拘留に処せられます。

5 危険物の品名、数量等の変更届出義務違反罪（法第44条第8号）

1 保護法益

本罪は許可された危険物の品名、数量または指定数量の倍数について、一
定範囲の変更をしようとする場合、その事実を届けさせることによって、適
法、かつ安全な貯蔵、取扱いの確保を図ることを保護法益としています。

2 構成要件

本罪は、「消防法第11条の4第1項の規定による届出を怠った」こと、
すなわち、製造所等の位置、構造または設備を変更しないで、当該製造所等
において貯蔵し、または取り扱う危険物の品名、数量または指定数量の倍
数を変更しようとする者が変更しようとする日の10日前までに届出をしな
かったことによって成立します。本罪の適用があるのは製造等の位置、構造
または設備の変更を要しない範囲内の危険物の種類または数量を変更しよう
とする場合です。したがって、位置、構造または設備の変更を要する場合に

260

は、届出義務はなく、製造所等の変更許可および完成検査の手続きをとることを必要とします。なお、危険物の品名、数量等の変更に伴ない、当該製造所等の標識や表示板などを変える必要がありますが、この種の変更は危険物の品名、数量等の変更に随伴する当然の事項として、ここにいう「変更」にはあたりません。

「危険物の品名」とは、消防法別表に掲げる危険物の「品名」をいい、危険物の「類」または一般的名称を指すものではありません。したがって、たとえば、軽油（第2石油類）をガソリン（第1石油類）に変更する場合は、届出の対象となりますが、同じ第2石油類に属する軽油から灯油に変更する場合はここにいう「品名」の変更にはあたらず、届出の対象となりません。「危険物の数量」とは、製造所等の設置または変更許可の基礎となった危険物の貯蔵・取扱量の最大数量を指し、平常時、現実に貯蔵または取り扱っている数量のことではありません。

「変更しようとする日の10日前まで」とは、変更予定日と届出日との間に届出日を含め少なくとも10日以上の期間があることを必要とするという意味です。たとえば、2月20日に変更しようとする場合には少なくとも2月10日あるいはそれ以前に届け出なければならないことになります。

本罪は、その成立以前に許可品名以外または許可数量を超える貯蔵取扱いがなされており、それにもかかわらず届出を怠っているのが通常の形態でありますから、故意犯と解されます。そして、一般に、この種届出義務違反については、立入検査等において事前に是正指導がなされるであろうから、実務上、故意の立証は容易であると思われます。

3　本罪の性質

製造所等の位置、構造または設備の変更を要しない範囲内の危険物の品名・数量等の変更については、届出書を提出し、受理されることによって適法なものとされ、これを怠ったことによって犯罪とされるものにすぎません。したがって、本罪は形式犯に属します。

また、本罪は届出がなされない限り、適法な貯蔵取扱いと認められません

第2編 各 論

から、継続犯の性質をもつものと解されます。

4 刑罰

本罪を犯した者は、30万円以下の罰金または拘留に処せられます。

5 本罪と製造所等における許可品名以外等の危険物の貯蔵取扱い（法第10条第3項＝危政令第24条第1号違反）との関係

両者の関係は、消防法の中でもかなり難しい事項あるいは理解しにくい事項の一つと思われます。すなわち、消防法第11条の4第1項の規定に違反し危険物の品名・数量等の変更届出を怠り、許可品名以外の危険物または許可数量を超える危険物を貯蔵取り扱っている場合（法第10条第3項＝危政令第24条第1号違反）は、併合罪として届出義務違反罪（法第44条第6号）と危険物の貯蔵取扱基準違反罪（法第43条第1項第2号）の2罪が成立するのか、それとも、前者の違反は、後者の構成要件に吸収され、したがって、後者の犯罪のみが成立するのかという問題です。

ところで、この問題を解決するためには、まず、許可品名以外等の危険物の貯蔵取扱い（法第10条第3項＝危政令第24条第1号違反）の構成要件を整序し、届出義務違反との関係を対比して考えてみるのが理解しやすい方法と思われます。

危険物の規制に関する政令第24条第1号の規定は、①許可数量を超える危険物または許可品名以外の危険物の貯蔵取扱いを禁じ、さらに、②届出数量を超える危険物または届出品名以外の危険物の貯蔵取扱いを禁じていますが、製造所等の位置、構造または設備の変更を要しない範囲内での数量、品名の変更であれば、届出を消防機関に提出し、受理されることによって適法に貯蔵取り扱うことができるわけです。したがって、届出を怠ったことまたは届出を提出しても受理されないことが違法な許可品名以外等の貯蔵取扱いの前提要件ということになります。すなわち、消防法第11条の4第1項の危険物の品名・数量等の変更届出義務違反は、同法第10条第3項違反（危政令第24条第1号違反）の構成要件に吸収されますので、両者は法条競合の関係に立ちます。したがって、この場合、許可品名以外等の貯蔵取扱違反

262

のみの1罪が成立することになります。

　なお、届出書を提出して受理された場合はもちろん、消防法第11条の4第1項の届出義務違反はありませんが、その後、届出品名等に変更があった場合は、その適法性が失われ、違法な貯蔵取扱い、すなわち、消防法第10条第3項違反を構成することになります。危険物の規制に関する政令第24条第1号が、届出数量を超える危険物や届出品名以外の危険物の貯蔵取扱いを違法な行為として禁じているのは、このようなケースを想定したもとの思われます。

6 製造所等の用途廃止届出義務違反罪（法第44条第8号）

1 保護法益

　本罪は、譲渡・引渡届出義務違反罪と同様、製造所等に係る権利関係の変動の実態について的確に把握ができるよう、その実効を図ることを保護法益としています。

2 構成要件

　本罪は、「消防法第12条の6の規定による届出を怠った」こと、すなわち製造所等の用途を廃止した関係者が、その旨を遅滞なく市町村長等に届け出なかったことによって成立します。

　「用途を廃止する」とは、製造所等の関係者が製造所等としての使用権を放棄することをいい、その原因や理由のいかんを問いません。製造所等の設置工事着手後、完成検査を受ける前に当該工事を完全に中止しても、施設そのものの使用がなされていないのですから用途の変更とはいえません。

　用途の廃止によって、当該製造所等の許可は、将来に向ってその効力を失い、製造所等として法規制から免れる反面、その後、指定数量以上の危険物を貯蔵、取扱う場合は、無許可施設として規制の対象となります（法第10条第1項、法第16条の6第1項など）

　本届出の場合も要式行為ですから、危険物の規制に関する規則別記様式第

第2編　各　論

17の届出書によってなされなければならず、これによらない場合は無効の届出となります（危則第8条）。

3　責任条件等

本罪が過失犯であり、また、形式犯であること、製造所等の譲渡・引渡届出義務違反の場合と同様ですが、届出を怠ったことによって成立し、終了するものですから即時犯の性質をもつものと解されます。

4　刑罰

本罪を犯した者は、30万円以下の罰金または拘留に処せられます。

7 危険物保安統括管理者の選・解任届出義務違反罪 （法第44条第8号）

1　保護法益

本罪は、危険物保安統括管理者の選・解任届出義務の励行により、その選・解任状況の的確な把握を図ることを保護法益としています。

2　構成要件

本罪は、「消防法第12条の7第2項の規定による届出を怠った」こと、すなわち、同一事業所において政令で定める製造所等の関係者で、政令で定める数量以上の危険物を貯蔵し、または取り扱うものが、政令で定めるところにより危険物保安統括管理者を選・解任しながら、遅滞なくその旨を市町村長等に届け出なかったことによって成立します。「政令で定める製造所等」とは、第4類の危険物を取り扱う製造所、移送取扱所または一般取扱所のうち、危険物の規制に関する規則第47条の4に定めるもの以外のもの（指定施設）をいい（危険令第30条の3第1項）、「政令で定める数量以上の危険物」とは、指定施設において取り扱う第4類の危険物について、指定数量の3,000倍に相当する数量（移送取扱所にあっては、危則第47条の5で定める数量、すなわち、指定数量）を指します。（危政令第30条の3第2項）「政令で定めるところにより」とは危険物の規制に関する政令第30条

264

の3第3項の規定に従いの意ですが、この規定は、選任の要件として、当該事業所において、その事業の実施を統括管理する者としています。「事業所」とは同一の事業主体に属し、同一の事業目的をもって一定の地域に結集し、その事業活動を行う各施設の総称をいい、各施設がそれぞれ別の事業主体に属する場合に別個の事業所となりますが、資本や経営者が共通の場合とか、いわゆる親会社、子会社の関係にある場合は同一の事業所とみなされています（『逐条解説消防法』302頁）。「遅滞なく」とは、できるだけ早くの意味です。本罪の責任条件は、防火管理者の選・解任解任義務違反罪（本章 **2**）の場合と同様です。

本件届出の形式も要式行為ですから、危険物の規制に関する規則別記様式第19の届出書によって行われなければなりません（危則第47条の6）。

本罪の性質および刑罰については、前 **2** の防火管理者の選・解任届出義務違反の場合と同様です。

8 危険物保安監督者の選・解任届出義務違反罪（法第44条第8号）

1　保護法益

本罪は、危険物保安監督者の選・解任届出の励行により、選・解任状況の適正な把握を図ることを保護法益としています。

2　構成要件

本罪は「消防法第13条第2項の規定による届出を怠った」こと、すなわち、製造所等の関係者が、危険物保安監督者を選・解任しながら、遅滞なく市町村長等に届け出なかったことにより成立します。本罪の主体は、危険物保安監督者の選・解任を行った製造所等の関係者であり、「遅滞なく」とはできる限り早くの意味です。

3　責任条件等

本罪は、一般に過失によって行われる場合が多く、忘却犯的な一面をもつことから、その事柄の性質上、過失による場合も処罰の対象となると解さ

第2編 各 論

れます。仮に、本罪を故意犯と捉え、故意がなければ処罰できないとしても、この種届出義務違反については、通常、立入検査等によって事前に届出の提出を指導するはずであるから、故意の認定が可能と思われます。したがって、実務上、本罪については、過失犯であるか、あるいは故意犯であるかを詮索すべき特段の実益はないように思われます。

本件届出の形式は、要式行為ですから、危険物の規制に関する規則別記様式第20の届出書によって行わなければなりません（危則第48条の3）。この様式によらない届出書または口頭による届出書は、消防法第13条第2項に基づく届出とはいえません。

4 本罪の性質

本罪は前述のとおり、危険物保安監督者を選・解任した場合に、その事実を消防機関に届け出ることを怠ったことを内容とするものですが、このこと自体に特段の危険性が内在しているわけではありません。したがって、本罪は、形式犯に属します。

また、本罪は届出がなされるまで手続違反が存続することから、継続犯の性質を有するものと解されます。

5 刑罰

本罪を犯した者は、30万円以下の罰金または拘留に処せられます。

9 消防用設備等の設置届出義務違反罪（法第44条第8号）

1 保護法益

本罪は、届出義務の励行により検査の前提となる消防用設備等の設置状況の的確な把握を図ることを保護法益としています。

2 構成要件

本罪は「消防法第17条の3の2の規定による届出を怠った」ことすなわち、法第17条第1項の防火対象物のうち、特定防火対象物その他の政令で定めるものの関係者が、設備等技術基準に従って設置しなければならな

い消防用設備等（簡易消火用具および非常警報器具を除く）を設置しなが
ら、総務省令（規則第31条の3第1項）で定めるところにより、その旨を
消防長または消防署長に届け出なかったことによって成立します。「特定防
火対象物のその他の政令で定めるもの」とは、政令第35条第1項で定める
もの、すなわち、①政令別表第1（6）項ロ、（16）項イ、（16の2）項およ
び（16の3）項の防火対象物（同表（16）項イ、（16の2）項および（16
の3）項の防火対象物の場合、（6）項ロの、防火対象物の用途に供される部
分が存するものに限る。）②政令別表第1の（1）項から（4）項まで、（5）
項イ、（6）項イ、ハおよびニ、（9）項イ、（16）項イ、（16の2）項および
（16の3）項に掲げる防火対象物（同表（16）項イ、（16の2）項および（16
の3）項の防火対象物の場合、（6）項ロの防火対象物の用途に供される部分
が存するものを除く。）で、延べ面積が300平方メートル以上のもの、③同
表第1（5）項ロ、（7）項、（8）項、（9）項ロ、（10）項から（15）項まで
（16）項ロ、（17）項および（18）項に掲げる防火対象物で、延面積が300
平方メートル以上のもののうち、消防長または消防署長が火災予防上必要が
あると認めて指定するものその他同条同項第4号に定めるものです。「総務
省令で定めるところにより」とは、消防用設備等の設置工事が完了した日か
ら4日以内に規則別記様式第1号の2の3の届出書に消防用設備等に関す
る図書および消防用設備等試験結果報告書を添付してという意味です。

3 責任条件

本罪を過失犯とみるか故意犯と捉えるかについては異論のあるところで
しょうが、仮に故意犯としても、消防用設備等の設置工事にたずさわる消防
設備士は、当然にこの種届出義務について知っているはずであり、設置者に
その手続について要請するであろうから、通常、故意犯の立証は可能と思わ
れます。

4 本罪の性質

本件消防用設備等の設置届出は、設置検査を行うための前提手続ですが、
これを怠ることにより、設置に不適合な部分があってもこれを指導できない

267

第 2 編　各　　論

危険があり得ることから、単なる形式犯ではなく抽象的危険犯に属するものと解されます。また、本罪は設置工事完了後 4 日以内に届出書を提出しないことによって成立し、終了するものですから即時犯の性質をもっています。設置後相当の日時が経過しているのに、これを継続犯として捉え届出書の提出を求めても意味がありません。

5　刑罰

本罪を犯した者は、30 万円以下の罰金または拘留に処せられます。

10 消防用設備等の点検・報告義務違反罪（法第 44 条第 11 号）

1　保護法益

本罪は、届出義務違反とは若干趣きを異にしますが、説明の便宜上、各種届出義務違反罪の項で説明することとします。

本罪の保護法益は、消防用設備等の点検の実施と、点検結果の定期的かつ、眞正な報告の励行により、その機能維持の実効を図ることにあります。

2　構成要件

本罪は「消防法第 17 条の 3 の 3 の規定による報告をせず、または虚偽の報告をした」ことによって成立します。本罪の主体は、一定の防火対象物の関係者ですが、消防法第 17 条第 1 項により設置された消防用設備等についてのみ点検・報告の義務が課されています。「消防法第 17 条の 3 の 3 の

	点検の対象	点検者		報告回数
		消防設備士または消防設備点検資格者	関係者自ら	
1	特定防火対象物	延面積 1,000 平方メートル以上のもの		1 年に 1 回
2	特定防火対象物以外のもの（ただし、舟車等を除く）	延面積 1,000 平方メートル以上のもののうち、消防長または消防署長が火災予防上必要があると認めて指定するもの	延面積 1,000 平方メートル未満のもの	3 年に 1 回

268

第 12 章　各種届出等義務違反罪

　規定による報告をせず」とは、同法第 17 条第 1 項の防火対象物、すなわ
ち、政令別表第 1 に掲げる防火対象物（(20) 項の舟車等を除く）の関係者
が、同法第 17 条の第 1 項の規定に基づき設置した消防用設備等について、
特定防火対象物のうち、延べ面積が 1,000 平方メートル以上のものおよび
特定防火対象物以外のもので延べ面積が 1,000 平方メートル以上のものの
うち消防長または消防署長が火災予防上 必要があると認めて指定するもの
については、消防設備士または消防設備点検資格者に点検させ、その他のも
の（特定防火対象物または特定防火対象物以外のもので延べ面積が 1,000 平
方メートル未満のもの）については、自ら（実際には、消防設備士や消防設
備点検資格者に委託しているのが多いようです）が行い、特定防火対象物に
あっては年に 1 回、特定防火対象物以外のものにあっては 3 年に 1 回（規
則第 31 条の 6 第 3 項）その結果を消防長（消防本部を設置していない市町
村にあっては、当該市町村長）または消防署長に報告しなければならないの
にこれを怠ることを意味します。点検の対象、点検者および報告回数の関係
は前頁の**表**のとおりです。
　「虚偽の報告」とは、意識的に事実と異なる報告を行うことです。たとえば、
実際に点検を行っていないのに、点検を行ったものとして報告する場合や点
検の結果と異なる事項について報告する場合などがこれにあたります。
　点検をしていないために、その結果を報告しようとしても、現実に報告で
きないような場合でも本罪の成立があるか否かの問題があります。本罪は、
点検報告の懈怠に罰則を科すことによって、報告の励行とあわせ、間接的に
報告の前提となる点検の励行の実効をも図っているのですから、点検をして
いないために報告ができないからといって報告を怠った罪責が免れる理由は
ありません。つまり、報告がなされていない以上その原因が何であれ本罪を
形成することになります。
　なお、点検報告は、要式行為ですから、消防法施行規則第 31 条の 6 第 4
項の委任に基づき設けられた消防庁告示 3 号（昭和 50・4・1）第 4 に定め
る「点検の結果についての報告書の様式」に従って報告しなければなりません。

269

第2編 各 論

3 責任条件

本罪のうち、虚偽の報告については、その性質上故意犯ですが、報告の懈怠については過失による場合も処罰の対象となります。

4 本罪の性質

本罪は、点検結果の報告を怠ったり、虚偽の報告がなされることにより、消防用設備等の正確な維持状況の把握が不十分となるため、消防用設備等が欠陥のある状態で使用され、有事の際に支障をきたすおそれが考えられます。したがって、本罪は、抽象的危険犯に属するものと解されます。

また、本罪は、報告を怠ったり、虚偽の報告を行ったことにより直ちに成立し、終了するものですから、即時犯に属します。

5 刑罰

本罪を犯した関係者は、30万円以下の罰金または拘留に処せられます。

なお、本罪が行われた場合は、当該行為者のほか、事業主である法人または人（個人営業の場合）もその監督責任として処罰（罰金30万円以下）の対象となります。（法第45条第3号）。

11 消防用設備等の着工届出義務違反罪（法第44条第8号）

1 保護法益

本罪は消防用設備等の着工届出義務の励行により、消防用設備等の設置に係る消防機関の事前指導と併せ、消防設備士の業務状況の把握を図ることを保護法益としています。

2 構成要件

本罪は、「消防法第17条の14の規定による届出を怠った」こと、すなわち、甲種消防設備士が、消防法第17条の5の規定に基づく政令で定める工事をしようとするときは、その工事に着手しようとする日の10日前までに命令で定めるところにより、消防用設備等の種類、工事の場所その他必要な事項を消防長（消防本部を設置していない市町村においては、当該市町村長）

270

または消防署長に届け出なければならないのに、これを怠ったことによって成立します。「政令で定める工事」とは、消防法施行令第36条の2第1項に定める消防用設備等の設置に係る工事をいい、「工事に着手しようとする日の10日前」とは、工事着工の予定日と届出日との間に届出日を含め10日間の日数が必要であることを意味します。つまり、工事着工の予定日から10日を引いた日が届出日のリミットになるわけです。したがって、たとえば、25日が工事着工の予定日である場合は、15日までには届出書を提出しなければならないことになります。「命令で定めるところにより」とは、消防法施行規則第33条の18に定める工事整備対象設備等着工届出書に当該工事に係る設計に関する図書を添付してという意味です。「当該工事に係る設計に関する図書」としては、①付近見取図、平面図、立面図、断面図および仕上表、②消防用設備等の設計書、仕様書、計算書、系統図および配管または配線図などがあります。

3 責任条件

本罪は故意犯ですが、消防用設備等の設置工事を請負った消防設備士が所定の期限内に届出書を提出しなければならないことは十分に承知しているはずのものですから、通常の場合、故意犯の立証は可能と思われます。

4 本罪の性質

本罪は、届出を怠ることによって事前指導が不可能となり、不適切な設置工事が行われるおそれがあることから抽象的危険犯に属するものと解されます。

また、本罪は、所定の期限内に届出を怠ったことによって成立し、終了するもの（設置工事着手後に届出がなされても意味がありません。）ですから、即時犯の性質をもつものと解されます。

5 刑罰

本罪を犯した者は、30万円以下の罰金または拘留に処せられます。

第2編 各 論

第13章　指定試験機関に関する罪

1 総　説

　本章の罪は、①守秘義務違反罪（法第41条の2）、②試験事務停止命令違反罪（法第41条の3）、③帳簿備付等義務違反罪（法第43条の2第1号）、④報告懈怠・立入検査拒否等の罪（法第43条の2第2号）および⑤無許可事務廃止罪（法第43条の2第3号）から構成されています。

2 守秘義務違反罪（法第41条の2）

1　保護法益
　本罪は、指定試験機関の役・職員等において厳正公正な試験の実施を図ることを保護法益としています。

2　構成要件
　本罪は、「消防法第13条の11第1項の規定に違反した」こと、すなわち指定試験機関の役員もしくは職員（危険物取扱者試験委員および消防設備士試験委員を含む）またはこれらの職にあった者が危険物取扱者試験事務に関して知り得た秘密を洩らすことによって成立します。本罪の主体は、指定試験機関の役員もしくは職員（試験委員を含む）またはこれらの職にあった者です。「指定試験機関」とは、危険物取扱者試験または消防設備士試験の実施に関する事務を行うために総務大臣の指定する法人のことです（法第13条の5〜7、第17条の9）。刑法その他の罰則の適用については、役員および職員のいずれも法令により公務に従事する職員とみなされています（法第13条の11第2項、第17条の9第4項）。「事務に関し」とは、「事務を行うに際し」よりは広く、一般的事務に関連して、直接、間接に知り得た場合を指します。「洩らす」とは、外部に知らせることですが、知らせる方法に

272

ついては、積極的に行う場合だけでなく、消極的に行う場合も含まれます。たとえば、試験問題を外部の者に知り得る状態に置く場合も「洩らす」に該当します。本罪の保護法益である試験事務の公正を阻害する点において両者に差異がないからです。

3　責任条件等

本罪は、故意犯で即時犯に属しますが、秘密をもらすことによって試験事務の公正を阻害する危険があるとされ、犯罪として成立するものですから、抽象的危険犯の性質をもつものと解されます。

4　刑罰

本罪を犯した者は、1年以下の懲役または100万円以下の罰金に処せられます。

3　試験事務停止命令違反罪（法第41条の3）

1　保護法益

本罪は、総務大臣の試験事務停止命令の実効を図ることを保護法益としています。

2　構成要件

本罪は、「消防法第13条の5第1項または第17条の9第1項の規定による都道府県知事の指定を受けた指定試験機関（法人）の役員または職員が、同法第13条の18第2項の規定による自治大臣の試験事務停止命令に違反して試験を実施した」ことによって成立します。

3　責任条件等

本罪は、故意犯であって、抽象的危険犯の性質をもち、即時犯に属します。

4　刑罰

本罪を犯した者は、1年以下の懲役また100万円以下の罰金に処せられます。

第 2 編　各　　論

4 帳簿備付等義務違反罪（法第 43 条の 2 第 1 号）

1　保護法益

本罪は、総務大臣が指定試験機関に対して有する監督権の実効性の確保を保護法益とします。

2　構成要件

本罪は、「消防法第 13 条の 5 第 1 項または第 17 条の 9 第 1 項の規定による都道府県知事の指定を受けた指定試験機関（法人）の役員または職員が、同法第 13 条の 14 の規定に違反して帳簿を備えず、帳簿に記載せず、もしくは帳簿に虚偽の記載をし、または帳簿を保存しなかった」ことによって成立します。帳簿の保存期間は、合格表示の日から 5 年間であり（危則第 58 条の 10 第 2 項）、したがって、この期間内に廃棄すれば帳簿不保存罪が成立します。

本罪のうち、帳簿不備、不記載、不保存のような不作為犯については、指定試験機関の内規等により、直接その事務を担当している者およびその監督者がこれを怠ったときに犯罪の主体となります。また、虚偽の記載の主体については、その性質上、当該指定機関の役員または職員であればよく、帳簿記載の事務担当者のみに限定されません。

3　責任条件

本罪のうち、帳簿不備、不記載および不保存については、故意によって行われる場合もあるにせよ、通常過失によって行われる場合が多いことから、その性質上、過失による場合も処罰の対象となると解されます。虚偽記載については、故意犯ですが、虚偽であることについて認識があることを必要とします。

また、本罪は、帳簿の不備を除き、即時犯に属します。帳簿の不備については、備付けがなされるまでは犯罪が終了することがありませんから、継続犯の性質をもつものと解されます。

274

第 13 章　指定試験機関に関する罪

4　刑罰

本罪を犯した者は、30 万円以下の罰金に処せられます。

5　報告懈怠・立入検査拒否等の罪（法第 43 条の 2 第 2 号）

1　保護法益

本罪の保護法益は、前四の犯罪の場合と同様です。

2　構成要件

本罪は、「消防法第 13 条の 17 第 1 項・第 2 項の規定により総務大臣または委任都道府県知事から報告を求められて、報告をせず、もしくは虚偽の報告をし、または立入検査を拒み、妨げ、もしくは忌避した」ことによって成立します。

本罪のうち、報告懈怠については報告義務者が犯罪の主体となりますが、その義務者は、実際には、指定試験機関の内規等によって決定されましょう。また、虚偽の報告、立入検査の拒否、妨害または忌避については当該指定試験機関の役員、または職員で実際にこれらの行為を行った者が犯罪の主体となります。「拒み」とは、積極的な態度による拒絶をいい、「妨げ」とは、暴行に至らない程度の有形力（物理的の力）の行使をいいます。また、「忌避」とは、消極的な手段による拒絶、たとえば、居留守を使うような場合がこれにあたります。

3　責任条件

本罪のうち、虚偽の報告、立入検査の拒否、妨害または忌避については、その行為の性質上故意犯であり、虚偽の報告の場合、虚偽であることについて認識があることが必要です。また、報告の懈怠については、通常、過失によって行われる場合が多いことから、その性質上過失による場合であっても処罰の対象となると解されます。たとえば、うっかりして報告期限が経過してしまったような場合でも本罪が成立します。

275

第2編 各　論

4　本罪の性質

本罪は抽象犯的危険犯であり、即時犯の性質をもっています。

5　刑罰

本罪を犯した者は、30万円以下の罰金に処せられます。

6 無許可試験事務廃止罪（法第43条の2第3号）

1　保護法益

本罪の保護法益は、前 **4** の犯罪の場合と同様です。

2　構成要件

本罪は、「指定試験機関が、消防法第13条の17第1項（第17条の9第4項において準用する場合を含む）の規定による総務大臣の許可を受けないで危険物取扱試験または消防設備士試験の実施に関する事務の全部を廃止した」ことによって成立します。したがって、一部を廃止したとき、または全部を休止したときは犯罪を構成しないことになります。「休止」とは、一定期間事務をやめることで、一定期間経過後事務を再開することを前提としています。「廃止」は、一定時点以降事務を行わないことを意味し、再開を前提としない点において「休止」と異なります。「廃止の許可」は、危険物の規制に関する規則第58条の12に定める手続きにより申請書を総務大臣に提出して行わなければなりません。

本罪の主体は、指定試験機関の役員または職員で、総務大臣の許可を受けずに試験事務の全部を廃止した者です。

3　責任条件等

本罪は、故意犯であり、抽象的危険犯および即時犯の性質をもっています。

4　刑罰

本罪を犯した者は、30万円以下の罰金に処せられます。

第 14 章　指定検定機関に関する罪

第 14 章　指定検定機関に関する罪

1　総　　説

　本章の罪は、①守秘義務違反罪（法第41条の5）、②検定等業務停止命令違反罪（法第41条の6）③帳簿備付等義務違反（法第43条の5第1号）④報告懈怠・立入検査拒否等の罪（法第43条の5第2号）および⑤無許可業務廃止罪（法第43条の5第3号）から構成されています。

2　守秘義務違反罪（法第41条の5）

1　保護法益

　本罪は、指定検定機関の役員および職員の厳正中立な業務執行の確保を保護法益としています。

2　構成要件

　本罪は、「消防法第21条の50第1項の規定に違反した」こと、すなわち指定検定機関の役員もしくは職員またはこれらの職にあった者が、その職務に関して知り得た秘密を洩らし、または盗用したことによって成立します。本罪の主体は、指定検定機関の役員もしくは職員またはこれらの職にあったものです。「指定検定機関」とは、検定対象機械器具等に関する試験および個別検定を行うものとして総務大臣から指定を受けた法人のことです。刑法その他の罰則の適用については、役員および職員のいずれも法令により公務に従事する職員とみなされています（法第21条の50）。「職務に関し」とは、職務に関連して、直接または間接に知り得た場合を意味します。「秘密」とは、一般に知られていない事実で、知られないことにつき利益があると客観的に認められるものをいうとされています。「洩らす」とは、外部の者に知らせることで、その手段を問いません。「盗用する」とは、秘密事項を外部に知

277

第2編 各 論

らせることなく、自己または検定機関以外の第三者のために利用することをいいます。

3 責任条件等

本罪は、故意犯、かつ。即時犯ですが、検定業務の厳正中立な執行をそこなうおそれがあるものとして成立するものですから、抽象的危険犯に属します。

4 刑罰

本罪を犯した者は、1年以下の懲役または100万円以下の罰金に処せられます。

3 検定等業務停止命令違反罪（法第41条の6）

1 保護法益

本罪は、総務大臣の業務停止命令の実効性の確保を保護法益としています。

2 構成要件

本罪は、「消防法第21条の3第1項による指定を受けた者（指定検定機関）が、同法第21条の57第2項の規定による総務大臣の検定対象機械器具等についての試験および個別検定業務停止命令に違反した」ことによって成立します。犯罪の主体は、命令に違反する業務を現実に行った指定検定機関の役員または職員です。

3 責任条件等

本罪は、故意犯であり、抽象的危険犯および即時犯の性質をもっています。

4 刑罰

本罪を犯した者は、1年以下の懲役または100万円以下の罰金に処せられます。

278

第 14 章　指定検定機関に関する罪

4　帳簿備付等義務違反罪（法第 43 条の 5 第 1 号）

1　保護法益

本罪は、総務大臣が指定検定機関に対して有する監督権の実効を図ることを保護法益としています。

2　構成要件

本罪は、「消防法第 21 条の 3 第 1 項の規定による指定を受けた指定検定機関（法人）の役員または職員が、同法第 21 条の 53 の規定に違反して帳簿を備えず、帳簿に記載せず、もしくは帳簿に虚偽の記載をし、または帳簿を保存しなかった」ことによって成立します。「帳簿に記載しなければならない事項」は、次のとおりです（規則第 44 条の 11 第 1 項）。

ア　検定等を申請した者の氏名または名称

イ　検定等の申請を受けた年月日

ウ　検定等の申請に係る検定対象機械器具等の種類

エ　検定等を行った検定対象機械器具等の形状、構造、材質、成分および性能の概要

オ　検定等を行った年月日

カ　検定等を実施した者の氏名

キ　検定等の成績および合格または不合格の別

ク　その他指定検定機関の代表者が定める事項

帳簿の保存期間は、検定を行った日から 5 年間であり（規則第 44 条の 11 第 2 項）、したがって、この期間内に廃棄すれば、帳簿の不保存罪が成立します。

帳簿の備付義務については、消防法第 21 条の 53 の規定により指定検定機関に課せられており、したがって、行政上の義務違反の主体は当該指定検定機関ですが、罰則の適用については、違反を行った指定検定機関の役員または職員が犯罪の主体となります。

具体的には、帳簿の不備、不記載、不保存のような不作為犯については、

279

第2編　各　論

指定検定機関の内規等により直接その事務を担当している者およびその監督者がこれを怠ったときに犯罪の主体となります。また、虚偽記載の主体については、その性質上当該違反を行った指定検定機関の役員または職員であればよく、帳簿記載の事務担当者のみに限定される理由がありません。

3　責任条件

本罪のうち、帳簿の不備、不記載および不保存については、故意によって行われる場合もあるにせよ、通常過失によって行われる場合が多いことから、その性質上、過失による場合も処罰の対象となると解されます。虚偽記載については、虚偽であることについて故意があることを必要とします。

4　本罪の性質

本罪は、形式犯に属し、また、帳簿の不備を除き即時犯の性質を有します。帳簿の不備についてほ、備付がなされない間は犯罪の終了がないことから継続犯の性質をもつものと解されます。

5　刑罰

本罪を犯した者は、30万円以下の罰金に処せられます。

5　報告の懈怠・立入検査拒否等の罪（法第43条の5第2号）

1　保護法益

本罪の保護法益は、前 4 の犯罪の場合と同様です。

2　構成要件

本罪は、「消防法第21条の55の規定により総務大臣から検定等の業務に関し必要な事項の報告を求めれられて報告をせず、もしくは虚偽の報告をし、または立入検査を拒み、妨げ、もしくは忌避した」ことによって成立します。

本罪のうち、報告懈怠については報告義務者が犯罪の主体となりますが、その義務者は、実際には、指定検定機関の内規等によって決定されましょう。また、虚偽の報告、立入検査の拒否、妨害または忌避については、当該指定検定機関の役員、または職員で実際にこれらの行為を行った者が犯罪の主

280

体となります。「拒み」とは、積極的な態度による拒絶をいい、「妨げ」とは、暴行に至らない程度の有形力（物理的の力）の行使をいいます。また、「忌避」とは、消極的な手段による拒絶、たとえば、居留守を使うような場合がこれにあたります。

3　責任条件

本罪のうち、虚偽の報告、立入検査の拒否、妨害または忌避については、その行為の性質上、故意犯であり、虚偽の報告の場合、虚偽であることについて認識があることが必要です。また、報告の懈怠については、通常、過失によって行われる場合が多いことから、その性質上、過失による場合であっても処罰の対象となると解されます。たとえば、うっかりして報告期限が経過してしまったような場合でも本罪が成立します。

4　本罪の性質

本罪は、いずれも抽象的危険犯であり、かつ、即時犯の性質を有します。

5　刑罰

本罪を犯した者は、30万円以下の罰金に処せられます。

6　無許可業務廃止罪（法第43条の5第3号）

1　保護法益

本罪の保護法益は、前**4**の犯罪の場合と同様です。

2　構成要件

本罪は「指定検定機関が、消防法第21条の56第1項の規定による総務大臣の許可を受けないで、検定対象機械器具等についての試験および個別検定の業務の全部を廃止した」ことによって成立します。廃止の許可は、消防法施行規則第44条の12に定めるところにより総務大臣に申請書を提出して行わなければなりません。

3　責任条件等

本罪は故意犯であり、抽象的危険犯および即時犯の性質をもっています。

281

第2編　各　　論

4　刑罰

　本罪を犯した者は、30万円以下の罰金に処せられます。

第15章　危険物保安技術協会・ 日本消防検定協会に関する罪

1　総　説

　本章の罪は、守秘義務違反罪（法第41条の4）および報告懈怠・立入検査拒否等の罪（法第43条の3）から構成されています。

2　守秘義務違反罪（法第41条の4）

1　保護法益

　本罪は、危険物保安技術協会および日本消防検定協会の役員または職員について、厳正、中立な業務の執行を図ることを保護法益としています。

2　構成要件

　本罪は、「消防法第16条の32または同法第21条の34の規定に違反した」こと、すなわち、危険物保安技術協会および日本消防検定協会の役員もしくは職員またはこれらの職にあった者が、その職務に関し知り得た秘密を洩らし、または盗用したことによって成立します。「危険物保安技術協会」とは、危険物等の貯蔵取扱い、または運搬に関する保安の確保を図ることを目的として、総務大臣の認可を得て設立された法人で、市町村長等の委託に基づく屋外タンク貯蔵所に係る審査、危険物または指定可燃物の貯蔵取扱い、または運搬の安全に関する試験、調査および技術援助などの業務を行うものですが、その組織、業務内容等については、消防法第3章の2に規定されています。

　「日本消防検定協会」とは、火災その他の災害による被害の軽減に資することを目的として設立された法人で、検定対象機械器具等についての試験および個別検定ならびに消防の用に供する機械器具等に関する研究、調査お

283

第2編 各 論

および試験を行うものですが、その組織、業務内容等については、消防法第4章の3第1節に規定されています。これらの協会の役員および職員は、いずれも刑法その他の罰則の適用については、法令により公務に従事する職員とみなされます（法第16条の33、法第21条の35）。

「職務に関し」とは、職務に関連して知り得た場合を意味します。したがって、職務に関連して知ったものである以上、直接知った場合であると間接に知った場合であるとを問いません。「秘密」とは、一般に知られていない事実で、知られないことにつき利益があると客観的に認められるものをいうとされています。「洩らす」とは、外部に知らせることをいい、その手段を問いません。「盗用する」とは、秘密事項を外部に知らせることなく、自己または検定機関以外の第三者のために利用することをいいます。

3 責任条件

本罪は、故意犯で、抽象的危険犯および即時犯の性質をもっています。

4 刑罰

本罪を犯した者は、1年以下の懲役または100万円以下の罰金に処せられます。

3 報告懈怠・立入検査拒否等の罪（法第43条の3）

1 保護法益

本罪は、危険物保安技術協会または日本消防検定協会に対する総務大臣の監督権である報告徴収権および立入検査権の実効の確保を図ることを保護法益としています。

2 構成要件

本罪は、「危険物保安技術協会または日本消防検定協会の役員または職員が、法第16条の48第1項もしくは第21条の43第1項の規定による総務大臣から報告を求められて報告せず、もしくは虚偽の報告をし、またはこれらの規定による立入検査を拒み、妨げもしくは忌避した」ことによって成立

します。

本罪のうち、報告の懈怠については報告義務者が本罪の主体となりますが、その義務者は、実際には、危険物保安技術協会等の内規等によって決定されましょう。また、虚偽の報告、立入検査の拒否、妨害または忌避については、当該協会の役員、または職員で実際にこれらの行為を行った者が犯罪の主体となります。「拒み」とは、積極的な態度による拒絶をいい、「妨げ」とは、暴行に至らない程度の有形力（物理的な力）の行使をいいます。また「忌避」とは、消極的な手段による拒絶、たとえば、居留守を使うような場合がこれにあたります。

3　責任条件

本罪のうち、虚偽の報告、立入検査の拒否、妨害または忌避については、その行為の性質上故意犯であり、虚偽の報告の場合、虚偽であることについて認識があることが必要です。また、報告の懈怠については、通常、過失によって行われる場合が多いことから、その性質上、過失による場合であっても処罰の対象となると解されます。たとえば、うっかりして報告期限が経過してしまったような場合でも本罪が成立します。

4　本罪の性質

本罪は、抽象的危険犯であり、即時犯の性質をもっています。

5　刑罰

本罪を犯したものは、30万円以下の罰金に処せられます。

第 2 編　各　　論

第 16 章　その他の罪

　その他の罪は、映写室の構造等違反罪（法第 41 条第 1 項第 4 号）、無資格者による消防用設備等の設置等の罪（法第 42 条第 1 項第 10 号）および火災警報発令時等の火気使用制限違反罪（法第 44 条第 18 号）から構成されています。

1 映写室の構造等違反罪（法第 41 条第 1 項第 4 号）

1　保護法益

　本罪は緩燃性でない映画を映写する映写室の安全性の確保を保護法益としています。

2　構成要件

　本罪は、「消防法第 15 条の規定に違反した」こと、すなわち、常時映画を上映する建築物その他の工作物に設けられた映写室で、緩燃性でない映画を映写することを業とする者が、政令で定める技術上の基準（危政令第 39 条、危則第 66 条・第 67 条）に適合しない映写室を設置して映写を行うことによって成立します。「常時映画を上映する建築物……に設けられた映写室」には、常設映画館、必要に応じ映画の上映も行える構造となっている興行場、常時映画の試写の用に供される場所などが含まれます。「緩燃性でない映画」とは、易燃性または速燃性のある映画フィルムをいいますが、通常、ニトロセルロースを主成分とし、燃焼速度が大であるとされています。一方、緩燃性の映画フィルムは、アセチルセルロース（酢酸セルロース）を主成分とし、燃焼速度が緩慢で、近時の映画フィルムのほとんどは、緩燃性のものとされています。

　なお、通常、緩燃性の映画を上映する常設映画館の映写室であっても、緩燃性でない映画を上映することがある場合は、その限りにおいて本罪の対象

286

第 16 章　その他の罪

となります。

本罪の保護法益から、緩燃性でない映画を一時的あるいは臨時的に上映するからといってこれを免責する理由がないからです。

本罪の主体は、政令で定める技術上の基準に適合しない映写室を設けて緩燃性でない映画を映写した関係者です。

3　責任条件

本罪は、故意犯で、緩燃性でない映画フィルムについて認識のあることが必要です。

4　本罪の性質

本罪は、政令の基準に適合していない映写室において緩燃性でない映画フィルムを映写すること自体に危険性が内在するものとして犯罪の成立が認められているものですから、抽象的危険犯に属します。また、前記映写室において緩燃性でない映画フィルムを映写したことによって犯罪が成立し終了しますから、即時犯の性質を有します。

5　刑罰

本罪を犯した者は、1 年以下の懲役または 100 万円以下の罰金に処せられますが、情状により懲役刑と罰金刑を併科することができます。

なお、本罪が行われた場合は、当該行為者のほか、事業主である法人または人（個人営業の場合）もその監督責任として処罰の対象となります。

2　無資格者による消防用設備等の設置等の罪（法第 42 条第 1 項第 10 号）

1　保護法益

本罪は、消防設備士の業務独占を担保することにより、消防用設備等の設置工事または整備の欠陥を防止することを保護法益としています。

2　構成要件

本罪は、「消防法第 17 条の 5 の規定に違反した」こと、すなわち消防設

第2編　各　　論

備士免状の交付を受けていない者が、消防法第10条第4項の技術上の基準または設備等の技術基準に従って設置しなければならない消防用設備等の設置工事または整備のうち、政令で定めるものを行ったことにより成立します。

「消防法第10条第4項の技術上の基準」とは、製造所等の位置、構造および設備の技術上の基準ですが、ここで特に関係のあるのは、設備等の技術基準です。「設備等の技術基準」とは、消防法第17条第1項の政令もしくはこれに基づく命令または同法第17条第2項の規定に基づく火災予防条例で定める技術上の基準を意味します。「政令で定めるもの」とは、消防法施行令第36条の2第1項に定める消防用設備の設置工事と同条第2項に定める整備で、次のとおりです。

（設置工事・整備）

①　屋内消火栓設備（電源、水源および配管部分を除く。）

②　スプリンクラー設備（電源、水源および配管部分を除く。）

③　水噴霧消火設備（電源、水源および配管部分を除く。）

④　泡消火設備（電源部分を除く。）

⑤　不活性ガス消火設備（電源部分を除く。）

⑥　ハロゲン化物消火設備（電源部分を除く。）

⑦　粉末消火設備（電源部分を除く。）

⑧　屋外消火栓設備（電源、水源および配管部分を除く。）

⑨　自動火災報知設備（電源部分を除く。）

⑩　ガス漏れ火災警報設備（電源部分を除く。）

⑪　消防機関へ通報する火災報知設備（電源部分を除く。）

⑫　金属製避難はしご（固定式のものに限る。）

⑬　救助袋

⑭　緩降機

（整備）

①　消火器

②　漏電火災警報器

第 16 章　その他の罪

3　責任条件

本罪は、消防設備士でないのに、消防設備士でなければ行うことができない消防用設備等の設置工事または整備をあえて行うものですから故意犯に属します。

4　本罪の性質

本罪は、消防設備士でないものが、行ってはならない一定の消防用設備等の設置工事または整備を行うこと自体に、欠陥のある消防用設備等が現出する危険が内在するものとして犯罪の成立が認められるもので、具体的な危険の存在を必要としませんから、抽象的危険犯に属します。また、本罪は、無資格者が設置工事または整備を行ったことによって成立し、終了するものですから、即時犯の性質をもっています。

5　刑罰

本罪を犯した者は、6月以下の懲役または50万円以下の罰金に処せられますが、情状により懲役刑と罰金刑を併科することができます。

なお、本罪が行われた場合は、当該行為者のほか、事業主である法人または人（個人営業の場合）もその監督責任として処罰の対象となります。

3　火災警報発令時等の火気使用制限違反罪（法第44条第18号）

1　保護法益

本罪は、火災警報発令中における火災の防止ならびに火災が特に発生しやすい場所、延焼拡大や多数の人命損傷の危険が予想される場所または重要な財宝等が焼失するおそれのある場所における火災の防止を図ることを保護法益としています。

2　構成要件

本罪は、「消防法第22条第4項または第23条の規定による命令に違反した」こと、すなわち、市町村の区域内にある者が、火災警報発令中に、当該市町村条例で定める火の使用の制限に従わなかったこと、または市町村長が

289

第2編 各　　論

火災警戒上特に必要があると認め、期間を限って指定した一定区域内におけるたき火または喫煙の制限に従わなかったことによって成立します。

本罪の主体には限定がなく、何人も処罰の対象となります。

「市町村条例で定める火の使用の制限」の内容については、火災予防条例（例）によれば、次のとおりです（条例第29条）。

①　山林、原野等において火入れをしないこと。

②　煙火を消費しないこと。

③　屋外において火遊びまたはたき火をしないこと。

④　屋外においては、引火性または爆発性の物品その他の可燃物の付近で喫煙をしないこと。

⑤　残火（たばこの吸殻を含む）、取灰または火粉を始末すること。

⑥　屋内において裸火を使用するときは、窓、出入口等を閉じて行うこと。

「火入れ」とは、森林法に基づく火入れのほか、原野、堤防等の区域内において、草木等を焼却除去しようとする行為のすべてを指します。「煙火」には、規制の性格上、がん具煙火も含まれます。

「たき火」とは、火を使用する設備器具を用いないで、またはこれらの設備器具を用いる場合であってもその本来の使用方法によらないで火をたく形態を指します。

「引火性の物品」とは、ガソリンなどのように点火源により発炎燃焼をおこす蒸気を発するものをいいます。「爆発性の物品」とは、火薬類などのように燃焼速度がきわめて速く、瞬時に燃焼するものをいいます。「裸火」とは、赤熱部（酸化反応を伴うもののみ）またはこれより発する炎が外部に露出している火をいいます。

「期間」については、おおむね1年以内の範囲内において、火災警戒上の必要性により具体的に決定され、更新することも可能です。「一定区域内」とは、市町村の区域の一部をいい、市町村全域を意味するものではありません。「たき火または喫煙の制限」は、住民の権利、自由の制限にかかわるものですから市町村規則の定めるところにより「公示」するほか立札等の掲出

により周知を図ることが必要です。なお、緊急の制限措置を行う場合は、広報車等により応急的な周知措置をとることが要請されます。

3 責任条件等

本罪は、故意犯で、抽象的危険犯および即時犯の性質をもっています。

4 刑罰

本罪を犯した者は、30万円以下の罰金または拘留に処せられます。

第2編 各 論

第17章 火災予防条例違反罪

1 総 説

　市町村の制定する火災予防条例は、消防法第9条の4の委任に基づいて
制定する委任条例と地方自治法第14条第1項に基づく行政事務条例から構
成され、後者については、法令に違反しない限りにおいて罰則を設けること
ができるとされていることから、火災予防条例の罰則については、市町村に
よって必ずしも一様ではありません。

　したがって、ここでは、市町村の火災予防条例が火災予防条例（例）［昭
和36年11月22日自消甲予発第73号消防庁長官］第49条および第50条
に準拠して罰則規定を設けたものとして説明することとします。

　火災予防条例違反罪は①少量危険物貯蔵取扱基準違反罪（条例第49条第
1号・第2号）および②指定可燃物貯蔵取扱基準違反罪（条例第49条第3
号）から構成され、これらの犯罪のすべてについて両罰規定の適用がありま
す。（条例第50条）。

2 少量危険物取扱基準違反罪（条例第49条第1号・第2号）

1 保護法益

　本罪は、指定数量以上の5分の1以上指定数量未満の危険物の貯蔵・取
扱いにかかる火災等の災害の防止を保護法益としています。

2 構成要件

　本罪は、「火災予防条例（例）第30条の規定に違反して指定数量の5分
の1以上指定数量未満の危険物を貯蔵し、または取り扱ったことのほか、
第31条の規定に違反したこと」によって成立します。

　したがって、指定数量の5分の1未満の危険物の貯蔵取扱いの過程にお

292

第 17 章　火災予防条例違反罪

いてこれらの規定に違反しても本罪は構成しません。

　本罪の主体は、少量危険物の貯蔵取扱基準に違反した者です。通常の場合、少量危険物施設の関係者または従業員が予定されていますが、これらの者以外の者が基準に違反する行為を行った場合でも本罪を構成します。

3　責任条件

　本罪は、原則として、故意に基準に違反したことによって成立する犯罪ですが、危険物の漏れ、あふれ（条例第 30 条第 3 号）にかかる違反などについては、通常、過失によって行われ、故意に行われるのは希有のことですから、過失を処罰できないとすれば、基準の存在意義が失われることになります。

　したがって、このような場合には、理論上過失の場合をも処罰できる法意と解され実務上処理されてきました。

　ところが、火災予防条例（例）の改正により、同条例（例）第 30 条第 3 号の文言が、「……危険物が漏れ、あふれまたは飛散しないようにすること。」から「……危険物が漏れ、あふれまたは飛散しないように必要な措置を講ずること。」に改められました。この改正は、危険物の規制に関する政令第 24 条第 8 号の規定に準じたものですが、ここにいう「必要な措置を講ずること」とは、故意を徴表する文言であることから、必要な措置をとらずに（故意に）危険物の漏出等をさせた場合に本罪が成立し、過失による場合は、本罪を構成しない結果となっています。

4　本罪の性質

　本罪は、少量危険物の貯蔵取扱基準に違反すること自体に危険性が内在するものとして犯罪の成立が認められているのですから、抽象的危険犯の性質を有し、また、犯罪が成立すると同時に終了してしまうものですから、即時犯に属します。

5　刑罰

　本罪を犯した者は、30 万円以下の罰金に処せられます。

　なお、本罪が行われた場合は、当該行為者のほか事業主である法人または人（個人営業の場合）もその監督責任として処罰の対象となります（条例第

293

第2編 各 論

50条）。両罰規定ただし書は、「法人または人の代理人、使用人その他の従業者の当該違反行為を防止するため、当該業務に対し相当の注意及び監督が尽くされたことの証明があったときは、その法人又は人については、この限りでない。」として両罰規定の適用を除外しています。しかし、両罰規定は、本来、法人等の事業主の監督責任（監督不行届）を問うものですから、このようなただし書の有無にかかわらず監督責任のない場合は処罰されません。近時の両罰規定に関する立法例は、ただし書を設けていないのが一般です。ちなみに、消防法の両罰規定は、昭和46年の改正（法律第97号）により削除されています。

本罪のほか少量危険物施設に対する改修、除去命令等の違反（法第5条第1項命令違反）がある場合には、本罪と消防法第5条命令違反との併合罪を構成します（刑法第45条）。

3 指定可燃物貯蔵取扱基準違反罪（条例第49条第3号）

1 保護法益

本罪は、指定可燃物の貯蔵取扱いにかかる火災等の災害の防止を図ることを保護法益としています。

2 構成要件

本罪は、火災予防条例（例）第33条または第34条の規定に違反して指定可燃物を貯蔵し、または取扱ったことによって成立します。「指定可燃物」とは、わら製品、木毛その他の物品で火災が発生した場合にその拡大が速やかであり、または消火の活動が著しく困難となるものとして、危険物の規制に関する政令第1条の12で定めるもの、すなわち、別表第4の品名欄に掲げる物品で、同表の数量欄に定める数量以上のものをいいます。

3 責任条件等

本罪が故意犯であり、抽象的危険犯、即時犯の性質を有すること前**2**の少量危険物貯蔵取扱基準違反罪の場合と同様です。

294

第 17 章　火災予防条例違反罪

4　刑罰

本罪に対する刑罰は、前 **2** の犯罪の場合と同様です。

第2編　各　論

第18章　両罰規定

1　両罰規定の意義

　両罰規定とは、法人（事業主）の代表者または法人もしくは人（個人営業の事業主＝自然人）の代理人、使用人その他の従業者が、法人等の業務に関し違反行為をしたときは、その行為者を処罰するほか、法人等の事業主を処罰する規定のことです。この規定は、法人等の事業主に刑事責任を負わせる根拠規定となっており、法人等の事業主の処罰を定めた点において、刑法第8条にいう「特別規定」に該当します。両罰規定は、行政犯に多く存在しますが、人の健康に係る公害犯罪の処罰に関する法律「公害犯罪処罰法」が規定する人の生命・身体に対して危険を生じさせる罪のような刑事犯についても規定されています。

2　法人処罰の根拠（法意）

　かつては（戦前においては）、事業主の犯罪能力が否定され、事業主の責任の根拠については、使用人等の責任が事業主に転嫁されるいわゆる無過失責任であると解されてきました。判例も無過失責任説に立っていましたが、戦後、まず自然人である事業主の責任について、両罰規定は、事業主として行為者（従業員）らの選任・監督その他違反行為を防止するために必要な注意を尽さなかった過失の存在を推定した規定であるとして、過失推定説を採用しました（最高裁昭和32年11月27日判決）。ついで、その法意は、事業主が法人で、行為者が代表者でない従業員である場合にも、当然に推及されるべきものであるとして、法人処罰についても、過失推定説に立つことを明らかにしました（最高裁昭和40年3月26日決定）。ここでは、法人事業主の処罰の根拠が「違反行為を防止するために必要な注意を尽さなかった過

296

失」に求められ、しかも、その過失が推定され、無過失の証明がなされない限り処罰されると解されています（法人の監督過失責任）。

なお、上記の判決では言及されていませんが、法人の代表者が違反行為を行った場合は、その代表者が処罰されるほか、両罰規定により法人も行為責任を問われることになると解されます。

3 両罰規定における事業主に対する刑罰

両罰規定が定める事業主に対する刑罰は、罰金刑であり、従来の事業主に対する罰金刑の上限は、使用人等の違反行為者（自然人）に対する罰金刑と同額でした。しかし、それでは、法人に対する刑罰としては十分でない場合が考えられることから、このような罰金額の連動には理由がないものとされ、法人に対しては、自然人に対する罰金刑とは別個に高額の罰金が科されるようになっています（法第45条第1号・第2号等）。

4 両罰規定と公訴時効

両罰規定における事業主である法人または人に対する公訴時効は、その法人または人に対する罰金刑について定められた3年を経過したことによって完成します（最高裁昭和35年12月21日判決）。

5 消防刑法上の両罰規定

消防法第45条は、両罰規定の一般的な条文形式にならい、「法人の代表者又は法人若しくは人の代理人、使用人その他の従業者が、その法人又は人の業務に関し、次の各号（省略）に掲げる規定の違反行為をしたときは、行為者を罰するほか、その法人に対して当該各号（省略）に定める罰金刑を、その人に対して各本条の罰金刑を科する。」と規定しています。

第2編 各 論

　ここで、「行為者を罰するほか」とは、事業主である法人または人（個人営業）の従業者が、事業主の業務に関し違反行為を行った場合は、当該従業者が違反行為者として処罰されるほか、法人または人もその監督責任（過失責任）として処罰の対象となり、法人の代表者（自然人）が法人の業務関し違反行為を行った場合は、当該代表者が違反行為として処罰されるほか、法人も行為責任を問われて処罰の対象となるということです（東京高裁平成2年8月15日判決［ホテル・ニュージャパン火災事件］）。

　同高裁判決は、管理権原者について、「法人が防火対象物を所有するとともに、これを占有、管理して事業を行っている場合、その管理権原者は、法人そのものではなく、自然人であり、それも、原則として、法人の代表者であると解けるのが正当である。」と判示し、さらに、消防法第45条の両罰規定について、「法人の役職員である管理権原者が違反行為をしたときは、行為者である役職員が処罰されるほかに、法人をも処罰する旨を定めたものと解すべきであって、同法第45条の規定をもって、法人が管理権原者であることを前提として、現実の行為者のほかに管理権原者である法人をも罰する旨を定めたものであるなどと解することはできない。」と判示しています。また、同判決は、ホテル・ニュージャパンの代表取締役社長について言及し、消防法第17条第1項にいう「関係者」である上に、同法第17条の4にいう「関係者で権原を有するもの」であると認定しています。この判決は、消防法上の管理権原者、両罰規定、さらには措置命令の名あて人となる関係者で権原を有するものなどについて直接判断を示した唯一の判決として消防行政上重要な意味をもっています。

　なお、上告審である最高裁判所の決定では、これらの点について特に触れていませんが、このことは、東京高等裁判所の本件判決を正当なものと肯認していることにほかなりません。もし、東京高等裁判所の判断に誤りがあるとすれば、制度上職権判断により、これを否定することが可能であっただけでなく、否定されるべきものであったはずだからです。

　以上のことから、ある会社（株式会社）の従業員が、当該会社の業務に関し、

その敷地内に指定数量以上の危険物を無許可で貯蔵している場合、当該従業員が消防法第10条第1項違反（法第41条第1項第3号）の行為者として処罰される（1年以下の懲役または100万円以下の罰金）ほか、両罰規定第45条第2号により、会社もその監督責任として3,000万円以下の罰金の対象となります。

また、あるホテルの代表取締役（管理権原者）が、消防法第8条第4項の防火管理業務適正執行命令に違反した場合は、当該代表取締役（自然人）が命令違反者（法第41条第1項第2号）として処罰される（1年以下の懲役または100万円以下の罰金）ほか、両罰規定第45条第2号により、法人（ホテル）も3,000万円以下の罰金の対象となります。

ただ、例外的なケースとして、行政法規が事業主（法人または人）自体に対し一定の義務を課し（事業主を一定の義務を履行すべき名あて人とし）、当該事業主の義務違反に対し罰則規定とあわせ、両罰規定を置いている場合、法人の代表者や従業者は義務者でないことから、直接罰則規定の適用を受けることはありませんが、事業主の業務に関し、罰則規定に定める違反行為を行ったときは、両罰規定にいう「行為者を罰するほか」の文言により、違反行為者として処罰を受けることになります（最高裁昭和55年11月7日決定）。

事業主である法人や人自体に義務を課し、当該義務に違反した事業主を処罰する規定を設けている法令としては、廃棄物の処理及び清掃に関する法律第14条第1項本文、第25条第1号、第30条、地方税法第119条第2項、第122条第1項・第4項、建設業法第3条、第45条第1項第3号などがあります。

しかし、消防法上、事業主である法人自体に履行義務を定めた命令規定は存在せず、命令の名あて人は、関係者、関係者で権原を有するものなどの自然人となっています。

第2編 各 論

第19章 追 補

1 総 説

　本書の旧版（消防刑法入門）が出版されたのち、消防法の改正に伴い、新たに加わった罪として、①防火対象物の使用禁止・停止等命令違反罪（法第5条の2第1項、法第39条の2の2）、②防火対象物内の物件等に対する火災予防措置命令違反罪（法第5条の3第1項、法第41条第1項第1号）、③防火対象物の点検報告義務違反罪（法第8条の2の2第1項、法第44条第11号）、④点検虚偽表示罪（法第8条の2の2第3項、法第44条第3号）、⑤点検虚偽表示除去・消印命令違反罪（法第8条の2の2第4項、法第44条第17号）、⑥特例認定虚偽表示罪（法第8条の2の3第8項、法第44条第3号）、⑦特例認定虚偽表示除去・消印命令違反罪（法第8条の2の3第8項、法第44条第17号）があります。

2 防火対象物の使用禁止・停止等命令違反罪 （法第5条の2第1項、法第39条の2の2）

1 保護法益

　本罪は、消防法第5条の2第1項の命令に違反して使用されている防火対象物に内在する火災予防上の危険（出火・拡大危険）、消防活動上の障害または火災が発生した場合の人命危険（以下「火災危険等」という。）の排除（火災危険等からの安全の確保）を保護法益としています。

2 構成要件

　本罪は、「消防法第5条の2第1項の規定による命令に違反した」こと、すなわち消防長（消防本部を置かない市町村においては、市町村長）または消防署長から消防法第5条の2第1項による防火対象物の使用禁止・停止

300

第 19 章　追補

等の命令を受けた受命者が、当該命令に違反して防火対象物を使用したことによって成立します。

　なお、本命令は、消防法第 5 条第 1 項の命令または同法第 17 条の 4 第 1 項の命令等が履行されないことにより、依然として火災危険等が存続していると認められる場合（同項第 1 号）、あるいは同法第 5 条第 1 項の命令の対象となる消防法令違反や火災予防上の欠陥（建築基準法令違反など他法令の防火に関する規定違反）または同法第 17 条の 4 第 1 項の命令の対象となる第 17 条第 1 項違反等が二以上にわたって複合しているため、個々の命令によっては火災危険等を排除できないと認められる場合（同項第 2 号）に発動できるものです。

3　責任条件

　本罪は故意犯ですが、違反者が命令を受けながら、あえてこれを履行しなかったものである以上、本罪の故意は常に認められることになります。

4　本罪の性質

　本罪は、命令に違反した事実があれば、そのこと自体に火災危険等の公益侵害のおそれがあるものとし成立するものですから、抽象的危険犯に属します。消防法第 5 条の 2 第 1 項の命令を発動する場合には、前述のごとく防火対象物に具体的な火災危険等が存在することを必要としますが、これは、あくまでも命令を発動する場合の「命令要件」の問題であって、命令権者がこの要件に該当するものとして命令を発した以上、その履行期限内に命令事項が履行されなければ直ちに命令違反としての犯罪が成立するのです。本罪の構成要件が、「消防法第 5 条の 2 第 1 項の規定による命令に違反した」となっており、このほかに犯罪の成立について何らの要件も付加していないのは、このことを意味しています。命令を発動する場合の「命令要件」と命令違反が成立するための「構成要件」とは違うのです。

　また、本罪は、消防法第 5 条の 2 第 1 項の命令を受けた受命者が、当該命令に違反して防火対象物の使用を開始した時点で成立しますが、その使用状態（法益侵害の状態）を継続しているとしても、すでに使用を開始した時

301

第2編　各　　論

点で違法の評価を受け処罰の対象となっていることから、その使用継続の事実については、もはや処罰の対象とはなりません。したがって、本罪は、状態犯の性質をもつものと解されます。

5　本罪と防火対象物に対する火災予防措置命令違反罪（法第5条第1項、法第39条の3の2第1項）との関係

　消防法第5条第1項に基づく防火対象物に対する火災予防措置命令が履行されていないため、依然として火災危険等が存続しているものとして、同法第5条の2第1項第1号により当該防火対象物の使用禁止、停止等の命令を発動したが、当該命令をも履行していなかった場合には、防火対象物に対する火災予防措置命令違反罪と本罪の構成要件のいずれにも該当しますが、前者の構成要件は、後者の構成要件の一部を構成するものとしてこれに吸収されます。したがって、法条競合により本罪のみが成立することになります。

　なお、このことは、本罪と防火管理者選任命令違反罪（法第8条第3項、法第42条第1項第1号）消防用設備等設置命令違反罪（法第17条の4第1項・第2項、法第41条第1項第5号）等との関係にも等しくあてはまります。

6　刑罰

　本罪を犯した者は、3年以下の懲役または300万円以下の罰金に処せられますが、情状により懲役刑と罰金刑を併科することができます。

　なお、本罪については、当該命令違反者のほか、事業主である法人や人（個人営業の場合）も、その監督責任として処罰（1億円以下の罰金）の対象となります。（法第45条第1号）。

第 19 章　追補

3 防火対象物内の物件等に対する火災予防措置命令違反罪 （法第 5 条の 3 第 1 項、法第 41 条第 1 項第 1 号）

1　保護法益

本罪は、防火対象物における火災予防上危険な行為や物件、あるいは消防活動の障害となる物件を規制することによって管理面における火災危険等の排除（火災危険等からの安全の確保）を図ることを保護法益としています。

2　構成要件

本罪は、「消防法第 5 条の 3 第 1 項の規定による命令に違反した」こと、すなわち消防長（消防本部を置かない市町村においては、市町村長）または消防署長から消防法第 5 条の 3 第 1 項の命令を受けた受命者が、所定の期限内に命令事項を履行しなかったことによって成立します。

3　責任条件

本罪は、故意犯ですが、故意の成立が常に認められることは、前 **2** の命令違反罪の場合と同様です。

4　本罪の性質

本罪が状態犯の性質をもっていることについても、前 **2** の命令違反罪の場合と同様です。

5　本罪と防火対象物の使用禁止・停止等命令違反罪（法第 5 条の 2 第 1 項第 1 号、法第 39 条の 2 の 2）との関係

消防法第 5 条の 3 第 1 項に基づく防火対象物内の物件等に対する火災予防措置命令が履行されていないことにより、依然として火災危険等が存続しているものとして、同法第 5 条の 2 第 1 項第 1 号により、当該防火対象物の使用禁止・停止等の命令を発動したが、当該命令をも履行していない場合には、本罪と防火対象物の使用禁止・停止等命令違反罪のいずれの構成要件にも該当しますが、前者の構成要件は、後者の構成要件の一部を構成するものとしてこれに吸収されます。したがって、法条競合により後者の罪（防火対象物の使用禁止・停止等命令違反罪）のみが成立することになります。

303

第2編 各　論

6　刑罰

　本罪を犯した者は、1年以下の懲役または100万円以下の罰金に処せら
れますが、情状により懲役刑と罰金刑を併科することができます。

　なお、本罪については、当該命令違反者のほか、事業主である法人または
人（個人営業の場）も、その監督責任として、処罰（100万円以下の罰金）
の対象となります（法第45条第3号）。

---

4 防火対象物の点検報告義務違反罪
（法第8条の2の2第1項、法第44条第11号）

1　保護法益

　本罪は、定期点検報告を義務づけられている一定の防火対象物の管理権原
者に対し、防火対象物点検資格者による火災予防点検の実施とその結果の報
告を励行させることによって、当該防火対象物における防火管理業務の消防
法令への適合性を確保することを保護法益としています。

2　構成要件

　本罪は、「消防法第8条の2の2第1項の規定による報告をせず、または
虚偽の報告をした」こと、すなわち定期点検報告を義務づけられている防火
対象物（政令第4条の2の2、規則第4条の2の2、第4条の2の3）の管
理権限者が、定期点検の報告を怠り、または虚偽の報告をしたことによって
成立します。「虚偽の報告」とは、意識的に事実と異なる報告を行うことで
す。例えば、実際点検を行っていないのに、点検を行ったものとして報告す
る場合や点検の結果と異なる事項について報告する場合などがこれにあたり
ます。

　定期点検の報告は、点検を実施したのち、すみやかに行われることが必要
です。

　なお、点検報告は要式行為ですから、消防法施行規則第31条の6・第4
項の委任に基づいて設けられた消防庁告示3号（昭和50年4月1日）第4

304

第 19 章 追補

に定める「点検の結果についての報告書の様式」に従って報告しなければなりません。

3 責任条件

本罪のうち、虚偽の報告については、その性質上故意犯ですが、報告の懈怠については過失による場合も処罰の対象となります。

4 本罪の性質

本罪は、定期点検の報告を怠ったり、虚偽の報告が行われることによって、防火管理業務の消防法令への適合性の把握に支障をきたすおそれがあるとして成立するものですから、抽象的危険犯に属します。また、本罪は、定期点検報告を怠ったり、虚偽の報告を行ったことによって直ちに成立し、終了するものですから、即時犯の性質をもっています。

5 刑罰

本罪を犯した者は、30万円以下の罰金（または拘留）に処せられます。

5 点検虚偽表示罪（法第8条の2の2第3項、法第44条第3号）

1 保護法益

本罪は、虚偽表示や点検表示と紛らわしい表示を禁止することによって、適正な点検表示の促進と点検表示の信頼性の確保を図ることを保護法益としています。

2 構成要件

本罪は、「消防法第8条の2の2第3項の規定に違反した」こと、すなわち防火対象物の定期点検の結果、点検対象事項が点検基準に適合していないのに、これに適合しているものとして虚偽の表示をした場合または正規の点検表示と混同したり誤認するおそれのある表示をしたことによって成立します。これらの行為を行った者は、当該防火対象物の管理権原者、防火管理者、防火対象物点検資格者等に限らず何人も犯罪の主体となります。

305

第 2 編 各　　論

3　責任条件等

　本罪は、故意犯、かつ、即時犯であり、また、虚偽表示や正規の表示と紛らわしい表示を行ったことにより、点検表示の信頼性を損うおそれがあるとして成立するものですから、抽象的危険犯に属します。

4　刑罰

　本罪を犯した者は、30 万円以下の罰金または拘留に処せられます。

6　点検虚偽表示除去・消印命令違反罪
（法第 8 条の 2 の 2 第 4 項、法第 44 条第 17 号）

1　保護法益

　本罪は、消防長（消防本部を置かない市町村においては、市町村長）または消防署長の除去・消印命令による虚偽表示や紛らわしい表示の排除と点検表示の信頼性の確保を図ることを保護法益としています。

2　構成要件

　本罪は、消防法第 8 条の 2 の 2 第 4 項の規定による命令に違反した」こと、すなわち消防長（消防本部を置かない市町村においては、市町村長）または消防署長の点検虚偽表示除去・消印命令を履行期限までに履行しなかったことによって成立します。「除去」とは、虚偽表示を取り去ることで、その方法のいかんを問いません。「消印」とは表示そのものに×印を付することによって、当該表示の効力を客観的に消去することです。

3　責任条件等

　本罪が故意犯、かつ、状態犯であり、故意の成立が常に可能であることは、前 **2** および **3** の命令違反罪の場合と同様です。

4　刑罰

　本罪を犯した者は、30 万円以下の罰金または拘留に処せられます。

第19章　追補

7　特例認定虚偽表示罪（法第8条の2の3第8項、法第44条第3号）

1　保護法益

本罪は、優良表示にかかる虚偽表示や紛らわしい表示を禁止することによって適正な優良表示の励行と優良表示の信頼性の確保を図ることを保護法益としています。

2　構成要件

本罪は、「消防法第8条の2の3第8項の規定に違反した」こと、すなわち消防法第8条の2の3第1項による特例認定を受けていないのに虚偽の認定表示を行った場合または優良表示と紛らわしい表示を行ったことによって成立します。「認定表示」とは、消防法第8条の2の3第1項により特例認定を受けた防火対象物であることを表示するものです。

これらの行為を行った者は、当該防火対象物の管理権原者、防火管理者、防火対象物点検資格者等に限らず、何人も本罪の主体となります。

3　責任条件等

本罪は、故意犯、かつ、即時犯であり、また、虚偽の認定表示や認定表示と紛らわしい表示を行ったことにより、優良表示の信頼性を損うおそれがあるとして成立するものですから、抽象的危険犯に属します。

4　刑罰

本罪を犯した者は、30万円以下の罰金または拘留に処せられます。

8　特例認定虚偽表示除去・消印命令違反罪（法第8条の2の3第8項、法第44条第17号）

1　保護法益

本罪は、消防長（消防本部を置かない市町村においては、市町村長）または消防署長の除去・消印命令による虚偽の優良表示や紛らわしい優良表示の排除と認定表示の信頼性の確保を図ることを保護法益としています。

307

第2編 各 論

2 構成要件

本罪は、「消防法第8条の2の3第8項の規定による命令に違反した」こと、すなわち消防長（消防本部を置かない市町村においては、市町村長）または消防署長の特例認定虚偽表示除去・消印命令を履行期限までに履行しなかったことによって成立します。「除去」とは、虚偽表示を取り去ることで、その方法のいかんを問いません。「消印」とは、表示そのものに×印を付することによって、当該表示の効力を客観的に消去することです。

3 責任条件等

本罪が故意犯、かつ、状態犯であり、故意の成立は常に可能であることは、前 **6** の命令の場合と同様です。

4 刑罰

本罪を犯した者は、30万円以下の罰金または拘留に処せられます。

参考文献 （順不同）

1) 平野・刑法総論 （有斐閣）

2) 団藤・刑法綱要 （創文社）

3) 山口・刑法総論 「補訂版」 （有斐閣）

4) 西田・刑法総論 （弘文堂）

5) 福田・刑法各論 （評論社）

6) 熊谷・日本刑法各論 （敬文社）

7) 江家・刑法概論 「各論」 （千倉書房）

8) 久保・基本刑法 （日世社）

9) 田中・行政法総論 （有斐閣）

10) 福田・行政刑法 （有斐閣）

11) 藤木・行政刑法 （学陽書房）

12) 判例時報 （判例時報社）

13) 逐条解説消防法 （東京法令出版）

索　引

あ

圧縮アセチレンガス　*257*
圧縮アセチレンガス等の貯蔵・取
　扱いに係る届出義務違反罪　*256*
あらかじめ　*258*

い

維持　*235*
意思（犯意）標準説　*113*
移送　*207*
移送取扱所　*184*
一時的　*228*
一事不再理の原則　*236*
一定区域内　*290*
一般取扱所　*184*
移動タンク貯蔵所　*183*
違法　*23*
違法性　*41*
違法性阻却事由　*23*
違法に　*211, 212*
因果関係　*40, 164*
引火性の物品　*290*
隠匿　*156*

う

運搬　*205*
運搬方法　*204*

え

映写室の構造等違反罪　*286*
液化石油ガス　*257*
演習信号　*157*

お

応急消火義務者　*179*
応急消火義務者等の消火活動等妨
　害罪　*179*
応急措置　*233*
屋外消火栓設備　*150*
屋外タンク貯蔵所　*183*
屋外貯蔵所　*183*
屋外における火災予防等措置命令
　違反罪　*220*
屋内消火栓設備　*150*
屋内タンク貯蔵所　*183*
屋内貯蔵所　*183*
乙種危険物取扱者　*189*
恩赦　*143*

か

概括的故意　*54*
海上警備救難機関　*251*
火気　*239*
確定的故意　*54*
確定判決を経た事件　*236*
学問上の刑罰　*127*
科刑上の１罪　*118*
火災警戒区域　*239*
火災警戒区域における火気使用の
　禁止・退去命令等違反罪　*239*
火災警報信号　*157*
火災警報発令時等の火気使用制限
　違反罪　*289*
火災現場における情報提供拒否等
　の罪　*181*
火災信号　*157*
火災による被害状況調査拒否罪
　218
火災の危険　*161*

311

索引

火災の発生または傷病者に係る虚
　偽通報罪　*252*
火災の予防　*230*
火災の予防のための必要　*231*
火災報知機　*150*
火災報知機、消火栓等の損壊・撤
　去罪　*147*
火災報知機等の濫用・使用妨害罪
　147, 154
火災予防に重大な支障を生ずる
　257
過失　*49, 56*
過失による危険物の漏出等の罪
　166
過失の要件　*57*
過失犯処罰の法意の認定基準　*95*
過剰避難　*46*
過剰防衛　*45*
可罰的違法性　*42*
科料　*129*
簡易タンク貯蔵所　*183*
関係保険会社　*218*
慣習法禁止の原則　*19*
完成検査　*187*
完成検査前使用の罪　*187*
間接教唆　*105*
間接従犯　*108*
間接正犯　*100*
監督責任　*293*
緩燃性でない映画　*286*
緩燃性の映画フィルム　*286*
観念的競合　*118, 149*
管理について権原を有する者　*255*

き

期間　*290*
危険犯　*36*
危険物　*161*
危険物取扱者同乗義務違反罪　*207*
危険物取扱者免状携帯義務違反罪
　209

危険物取扱者免状返納命令違反罪
　229
危険物の運搬基準違反罪　*204*
危険物の運搬容器　*204*
危険物の数量　*261*
危険物の品名　*261*
危険物の品名、数量等の変更届出
　義務違反罪　*260*
危険物の無許可貯蔵取扱違反罪
　195
危険物保安監督者の選任義務違反
　罪　*188*
危険物保安監督者の選・解任届出
　義務違反罪　*265*
危険物保安監督者を定めなければ
　ならない製造所等　*189*
危険物保安技術協会　*283*
危険物保安統括管理者の選・解任
　届出義務違反罪　*264*
規制的（抑制的）機能　*18*
期待可能性　*23, 49*
軌道　*258*
規範的責任論　*49*
忌避　*212*
器物損壊罪　*149*
基本法優先の原則　*115*
客観的要件　*102*
休止　*276*
吸収関係　*115*
救助を要する者の存否　*181*
給油取扱所　*184*
教唆行為　*104*
教唆犯　*98, 104*
教唆犯の要件　*104*
教唆、幇助犯の錯誤　*110*
行政刑法　*15*
共同正犯　*99, 101*
共同正犯相互間の錯誤　*109*
共犯　*98*
業務　*167*
業務上過失　*60*
業務上過失致死傷　*60*

312

索 引

業務上失火 *60*
虚偽 *222*
虚偽通報罪 *155*
虚偽の情報の提供 *182*
虚偽の通報 *251, 252*
虚偽の報告 *269, 304*
緊急避難 *41, 45*
緊急避難と特別義務者 *47*
緊急避難の要件 *46*
禁錮 *128*

く

具体的危険犯 *37*
具体的事実の錯誤 *109, 110*

け

経過 *198*
経済刑法 *15*
形式犯 *36, 261*
刑事未成年者 *51*
警鐘台 *147*
継続犯 *39, 262, 266*
携帯 *209*
刑の加減の順序 *136*
刑の加重 *132*
刑の加重事由 *132*
刑の減軽 *135*
刑の減軽の方法 *135*
刑の時効の完成 *141*
刑の執行の免除 *142, 143*
刑の執行の免除、減免 *141*
刑の執行猶予 *138*
刑の執行猶予言渡しの要件 *138*
刑の執行猶予の期間 *139*
刑の執行猶予の効果 *140*
刑の執行猶予の取消し *139*
刑の執行猶予と保護観察 *139*
刑の変更 *21*
刑の量定の標準 *132*
刑罰権の消滅 *141*

刑罰の執行方法 *137*
刑法第8条 *17*
刑法典 *15*
刑法に正条がある場合 *180*
消印 *250, 306, 308*
結果的加重犯 *53, 163, 180*
結果の回避可能性 *57*
結果の予見可能性 *57*
結合犯 *117*
煙火 *290*
原因において自由な行為 *51*
減刑 *143*
権原を有する者 *235*
限時法 *21*
建造物等損壊罪 *149*
建造物等損壊致死傷罪 *149*
限定責任者 *50*
限定責任能力者 *51*
検定対象機械器具等 *242, 249*
検定対象機械器具等の違法販売等
　の罪 *242*
検定対象機械器具等に係る個別検
　定合格不正表示罪 *249*
検定等業務停止命令違反罪 *278*
牽連犯 *120, 164*

こ

故意 *49, 52, 53*
故意による危険物の漏出等の罪
　160
故意犯 *261*
行為 *31*
公共の危険 *162*
航空機 *258*
工事に着手しようとする日の10日
　前 *271*
甲種危険物取扱者 *189*
構成要件標準説 *113*
構造または設備に関する事項で政
　令で定めるもの *216*
公務執行妨害罪 *155, 178*

313

拘留 *129*
誤想避難 *46*
誤想防衛 *45*
拒み *212, 275*
個別検定 *242, 249*
これと紛らわしい表示 *248, 249*

さ

罪刑法定主義 *18*
財産刑 *127*
再犯加重 *136*
裁判上の減軽事由 *135*
行為標準説 *113*
錯誤 *55*
妨げ *212, 275*
山林火災信号 *157*

し

事業所 *265*
死刑 *128*
死刑の執行 *137*
試験事務停止命令違反罪 *273*
事実の過失 *59*
事実の錯誤 *55, 109*
自主表示対象機械器具等に係る規
　格適合不正表示罪 *249*
自主表示対象機械器具等 *245*
自主表示対象機械器具等に係る不正
　表示除去・消印命令違反罪 *250*
自主表示対象機械器具等の違法販
　売等の罪 *244*
自然人 *27*
市町村長の指定した場所 *252*
実質 *36*
指定可燃物貯蔵取扱基準違反罪
　294
指定検定機関 *277, 279*
指定試験機関 *272*
指定消防水利の無届撤去等の罪
　147, 158

指定表示 *248*
自動車 *258*
事務に関し *272*
社会的責任論 *49*
酌量減軽 *136*
酌量減軽の方法 *136*
重過失 *61*
自由刑 *127*
集合犯 *99, 116*
重大な過失 *58*
集団犯 *99*
主観的要件 *102*
受刑主体 *28*
守秘義務違反罪 *272, 277, 283*
使用 *187*
消火栓 *150*
消火妨害罪 *149, 178*
消火用の物 *156*
条件説 *40*
状態犯 *39, 221*
使用の停止 *227*
消防活動に重大な支障を生ずる
　257
消防警戒区域 *240*
消防警戒区域からの退去命令等違
　反罪 *240*
消防計画の作成命令 *226*
消防計画の変更命令 *226*
消防刑法 *15*
消防刑法における犯罪の保護法益
　35
消防刑法の効力 *20*
消防自動車 *176*
消防車 *176*
消防車通過妨害罪 *176*
消防信号 *157*
消防信号等の濫用罪 *147, 157*
消防水利 *151, 158*
消防設備士免状返納命令違反罪
　238
消防団員 *178*
消防団員の消火活動等妨害罪 *178*

314

索引

消防の用に供する機械器具等の販売業者等の報告義務違反・検査拒否等の罪 *217*
消防の用に供する貯水施設 *151*
消防法第14条の3第1項の規定による検査 *215*
消防用車両 *176*
消防用設備等・特殊消防用設備等の設置・維持命令違反罪 *234*
消防用設備等の設置検査拒否等の罪 *214*
消防用設備等の設置届出義務違反罪 *266*
消防用設備等の着工届出義務違反罪 *270*
消防用設備等の点検・報告義務違反罪 *268*
少量危険物取扱基準違反罪 *292*
除去 *250, 306, 308*
職務に関し *277, 284*
処断刑 *131*
処罰条件 *24*
処罰阻却事由 *24*
侵害犯 *36*
人格的責任論 *49*
心神耗弱者 *51*
心神喪失者 *51*
真正不作為犯 *31*
身体刑 *127*

す

水災 *178*

せ

制限 *228*
製造所 *183, 195*
製造所等 *161, 183*
製造所等における危険物の貯蔵取扱基準違反罪 *199*
製造所等に係る資料提出命令・報

告徴収違反罪 *233*
製造所等に対する応急措置命令違反罪 *232*
製造所等の事故に係る虚偽通報罪 *251*
製造所等の使用停止命令違反罪 *227*
製造所等の譲渡 *259*
製造所等の譲渡・引渡届出義務違反罪 *259*
製造所等の無許可設置・変更の罪 *184*
製造所等の用途廃止届出義務違反罪 *263*
正当業務行為 *41*
正当な業務行為 *48*
正当な理由がなく *251, 252*
正当防衛 *41, 44*
正当防衛の要件 *44*
正犯 *99*
生命刑 *127*
政令で定める屋外タンク貯蔵所または移送取扱所 *216*
政令で定める工事 *271*
政令で定める時期 *216*
政令で定める製造所等 *264*
政令で定める数量以上の危険物 *264*
責任 *48*
責任条件 *52*
責任能力 *49, 50*
責任無能力者 *50*
接続犯 *116*
絶対不定期刑の禁止 *20*
設置、変更または修理の請負に係る工事に使用する *244, 245*
設備等の技術基準 *288*
宣告刑 *131*
船舶 *258*

315

そ

走行中の移動タンク貯蔵所に対する停止措置拒否等の罪 214
相当因果関係説 41
総務省令で定めるところにより 267
そ及処罰禁止（刑罰不そ及）の原則 19
即時犯 38
属地主義 21
属人主義 21
その材料 248
その他消火もしくは延焼の防止または人命の救助のため必要な事項 182
その他総務省令で定める者 181
その他の災害 178
その他の事故 233
損壊 147

た

第1種販売取扱所 184
対向犯 99
大赦 143
第2種販売取扱所 184
たき火 290
たき火または喫煙の制限 290
択一関係 116
択一的故意 54
多衆犯 99
立会い 202
立入検査拒否等の罪 211
単独正犯 99, 100

ち

治外法権 22
地下タンク貯蔵所 183
遅滞なく 255, 259, 265
中止犯 112

抽

抽象的危険犯 37, 148
抽象的事実の錯誤 109, 110
懲役 128
懲役・禁錮・拘留の執行 137
帳簿備付等義務違反罪 274, 279
帳簿に記載しなければならない事項 279
帳簿の備付義務 279
帳簿の不保存罪 279
帳簿の保存期間 279
直接正犯 100
貯水施設 151
貯蔵 196
貯蔵所 183, 195
陳列 244, 245

つ

通過を妨害した 177
罪数 113

て

定期点検記録の作成・保存義務違反罪 191
停止 227, 228
適合していると認められる 187
鉄道 258
点検虚偽表示罪 305
点検虚偽表示除去・消印命令違反罪 306
点検記録 191
点検記録の記載事項 191
点検記録の保存期間 191
点検記録の未作成 192

と

同一犯罪 236
当該工事に係る設計に関する図書 271
当該消防対象物の関係者 181

索引

当該消防対象物の構造 *181*
道義的責任論 *49*
同時犯 *100*
同時犯（同時正犯）*174*
同条第1項の事態 *251*
盗用する *277, 284*
道路交通法上の緊急車 *176*
徒過 *198*
時に関する効力 *20*
特赦 *143*
特例認定虚偽表示除去・消印命令
　違反罪 *307*
特定防火対象物のその他の政令で
　定めるもの *267*
特別関係 *115*
特別規定 *89, 296*
特別刑法 *15*
特別の規定 *89*
特例認定虚偽表示罪 *307*
取扱い *196*
取扱所 *183, 195*
取締る事柄の本質に鑑み *93*

に

日本国内 *21*
日本消防検定協会 *283*
任意的共犯 *98*
任意的減軽事由 *135*
認可 *193*
認識ある過失 *55*
認識ない過失 *58*
認定表示 *307*

は

廃止 *276*
廃止の許可 *276*
爆発性の物品 *290*
場所に関する効力 *21*
裸火 *290*
罰金 *129*

罰金・科料・没収の執行 *138*
犯罪 *17*
犯罪構成要件 *23*
犯罪の客体 *33*
犯人の死亡 *142*
販売 *243, 245*
販売業者等 *217*

ひ

火入れ *290*
被害状況 *218*
引渡 *259*
非現住建造物等放火罪 *163*
必要的共犯 *98*
必要的減軽事由 *135*
必要な措置を講ずること *293*
人に関する効力 *22*
非難可能性 *23*
避難訓練の実施命令 *226*
秘密 *277, 284*

ふ

不確定的故意 *54*
不可抗力 *58*
不作為犯 *31*
不真正不作為犯 *32*
復権 *143*

へ

併合罪の加重 *136*
併合罪 *122, 164*
併合罪の科刑 *123*
併合罪の加重 *132*
変更 *185*
変更しようとする日の10日前まで
　261

317

ほ

保安検査拒否等の罪 *215*
法益（結果）標準説 *113*
防炎性能 *248*
防炎対象物品 *247*
防炎対象物品に係る不正防炎表示罪 *247*
防炎表示 *248*
妨害 *178*
防火管理業務適正執行命令違反罪 *226*
防火管理者 *224*
防火管理者選任命令違反罪 *224*
防火管理者の選・解任届出義務違反罪 *254*
防火管理者を置かなければならない防火対象物 *254*
防火対象物内の物件等に対する火災予防措置命令違反罪 *303*
防火対象物に係る資料提出命令・報告徴収違反罪 *222*
防火対象物に対する火災予防措置命令違反罪 *223*
防火対象物の使用禁止・停止等命令違反罪 *300*
防火対象物の点検報告義務違反罪 *304*
包括1罪 *114*
包括1罪（広義） *116*
包括的1罪（狭義） *117*
包括的背景事情 *103*
忘却犯 *209, 258*
報告懈怠・立入検査拒否等の罪 *275, 284*
報告の懈怠・立入検査拒否等の罪 *280*
防衛刑法 *15*
法条競合 *114, 115, 149*
幇助犯 *98, 107*
幇助犯の処罰 *107*
幇助犯の要件 *107*

法性阻却事由 *41*
法定刑 *130*
刑法上の刑罰 *128*
法律上の減軽 *136*
法律上の減軽事由 *135*
法律上の減軽の方法 *135*
法律による復権（資格回復） *144*
法律の過失 *59*
法律の過失（違法性の過失） *59*
法律の錯誤 *55*
法令による行為 *41, 47*
望楼 *147*
望楼、警鐘台の損壊・撤去罪 *147*
保護的機能 *18*
保護の客体 *34*
保護法益 *34*
補充関係 *115*
保障的機能 *18*
没収 *130*

み

みだりに *147*
未必の故意 *55*
身分犯 *30, 111*

む

無許可業務廃止罪 *281*
無許可試験事務廃止罪 *276*
無資格者による危険物の取扱違反罪 *202*
無資格者による消防用設備等の設置等の罪 *287*

め

名誉刑 *127*
命令で定めるところにより *271*
命令で定める者 *239, 240*

も

洩らす *272, 277, 284*

ゆ

有責な行為 *23*

よ

要式行為 *256, 266, 304*
用途を廃止する *263*
予防規程 *193, 231*
予防規程作成義務違反罪 *192*
予防規程変更命令違反罪 *230*

り

領海 *21*
領海法 *21*
領空 *22*
両罰規定 *296*

る

類推解釈の禁止 *20*
累犯の加重 *133*

ろ

労働刑法 *15*
漏出、流出、放出または飛散 *161*

著者略歴　　関　東一（せき　とういち）

茨城県日立市出身
中央大学法学科卒
消防大学校客員教授
元 茨城大学講師
日本公法学会（行政法部会）会員

〈主な著書および執筆書〉
（著書）

「消防行政法要論」東京法令出版　　　　　　　「新訂・消防活動の法律知識」近代消防社
「消防関係行政・刑事判例の解説」近代消防社　「新版・立入検査の法律知識」近代消防社
「防火管理責任の基礎」近代消防社　　　　　　「消防法令解釈の基礎」東京法令出版
「火災予防違反処理の基礎」近代消防社　　　　「新版・消防法の研究」近代消防社
「消防官のためのやさしい行政法入門」近代消防社　「救急・救助業務の法律知識」近代消防社

（執筆書）

「火災予防査察便覧第1編・第5編」東京法令出版　「違反処理関係行政実例集」東京法令出版
「予防査察の要点」近代消防社　　　　　　　　「査察執行要領第1編（理論編）」東京法令出版
「消防判例の要点」近代消防社　　　　　　　　「消防作用法第5章〜第7章」ぎょうせい

編集・著作権及び
出版発行権あり
無断複製転載を禁ず

新版 消防刑法入門	定価（本体 2,667 円＋税）
	（〒340 円）

編　者　　関　東　一（せき とういち）　© 2010 Toichi Seki
発　行　　平成 22 年 3 月 25 日（初　版）
発行者　　近　代　消　防　社
　　　　　　三　井　栄　志

発行所

近　代　消　防　社

〒105-0001　東京都港区虎ノ門2丁目9番16号
（日本消防会館内）
TEL　東京（03）3593－1401（代）
FAX　東京（03）3593－1420
URL　http://www.ff-inc.co.jp
E-mail　kinshou@ff-inc.co.jp
〈振替　00180-6-461　00180-5-1185〉

ISBN978-4-421-00790-9 C2032〈乱丁・落丁の場合はお取替え致します。〉